公安院校创新应用型
精品规划系列教材

治安学专业实训教程

Professional Practice Tutorial of Public Security Science

主　编　刘振华　刘　轶　李　骥
副主编　杨纪恩　刘力皲　安福强　皮中旭
撰稿人（以撰写项目先后为序）
贺红梅　安福强　莫莲娣　曹春艳　刘力皲
蒋荣清　刘振华　聂英斌　张　献　皮中旭
杨纪恩　陈俊豪　申剑锋　李　骥　周李娟
刘　霞　刘　轶　李天明

WUHAN UNIVERSITY PRESS
武汉大学出版社

图书在版编目(CIP)数据

治安学专业实训教程/刘振华,刘铁,李骥主编．—武汉:武汉大学出版社,
2015.8(2023.1 重印)
公安院校创新应用型精品规划系列教材
ISBN 978-7-307-16475-8

Ⅰ.治…　Ⅱ.①刘…　②刘…　③李…　Ⅲ.治安管理—高等学校—教材　Ⅳ.D035.34

中国版本图书馆 CIP 数据核字(2015)第 178776 号

责任编辑:田红恩　　　　责任校对:汪欣怡　　　　版式设计:马　佳

出版发行:**武汉大学出版社**　(430072　武昌　珞珈山)
(电子邮箱:cbs22@ whu.edu.cn 网址:www.wdp.com.cn)
印刷:武汉邮科印务有限公司
开本:787×1092　1/16　印张:17.25　字数:440 千字　插页:1
版次:2015 年 8 月第 1 版　　2023 年 1 月第 3 次印刷
ISBN 978-7-307-16475-8　　定价:59.00 元

公安院校创新应用型精品规划系列教材编委会名单

前　言

实践教学是高等教育的一个重要环节和组成部分，是理论联系实际和培养学生能力的重要手段，发挥着理论教学不可替代的作用。在公安高等教育中，为公安机关培养具有扎实的理论功底、较强实践能力和创新精神的人才是公安教育的宗旨；加强公安院校实践教学活动，提高学生的能力，已是公安院校的共识。治安学专业作为公安院校传统主干专业之一，如何开展专业实践教学以提高学生的能力，一直是“治安学人”探索和思考的重要问题。而实践教学的关健又在于如何设计、组织、实施好专业实训项目。鉴于此，我们组织了湖南警察学院、湖北警官学院和甘肃警察职业学院等公安院校中长期从事治安学专业教学和科研的老师编写了《治安学专业实训教程》，为公安院校治安学专业的实践教学服务。

在本教材编写过程中，编写组始终以马列主义、毛泽东思想、邓小平理论、“三个代表”重要思想为指导，贯彻落实科学发展观，以培养合格的复合型应用型公安人才为目标，紧密结合公安实践，以治安管理法律法规为依据，力求较系统地反映治安学最新的研究成果和动态，为公安院校治安学专业实践教学提供指导。

本教材具有如下三个特点：

一是“新颖性”。编写组秉承“贴近实战、围绕实战、服务实战”的宗旨，将治安管理岗位业务和培养相应职业能力有机结合，把教材的基本框架设定为治安防范（服务）、治安管理和治安问题查处三大模块，在每个模块下设置若干实训项目，每个项目按照基础知识、情景设定、实训目的、实训内容、实训场地器材、实训步骤方法与注意问题以及实训考核等体例编写，打破了传统学科体系和教材编写体例，使教材内容体系清晰和合理，并且在每个实训项目后面增加了思考题和参考文献，便利于学生在课后进行复习和阅读；同时，教材内容紧密结合公安实践，反映最新的治安管理法律法规的规定，力求做到体现最新的治安学的研究动态和成果。

二是“精炼性”。由于治安管理业务范围十分广泛，在教材编写过程中，编写组针对公安院校实践教学的具体情况和治安管理工作实践的需要，精选了教材编写内容，突出了对治安管理中常用且学生今后必备能力的项目进行编写。编写过程中尽量做到语言精炼和规范，解决好每个项目之间的相互衔接，避免了与相关教材内容的重复。

三是“实用性”。教材本着培养复合型应用型公安人才为目标，紧密结合公安实践，贯彻培养学生的警察职业能力这一主线，采取实训项目的体例形式，突出教材的实用性和可操作性，以满足学生今后从事治安管理工作的需要。

本教材由主编提出编写思想、框架和大纲，经过编写组成员多次讨论修改确定。参加本教材的编写人员及承担编写任务的有：贺红梅（实训项目一）、安福强（实训项目二）、莫莲娣（实训项目三）、曹春艳（实训项目四、五）、刘力皲（实训项目六、十五）、蒋荣清（实训项目七、八、九、十九、二十）、刘振华（实训项目十、二十三）、聂英斌（实训项目十一）、张献（实训项目十二、十三）、刘霞（实训项目十四、二十八、三十一）、皮中旭

（实训项目十六、十七）、杨纪恩（实训项目十八、二十七）、陈俊豪（实训项目二十一、二十二）、申剑锋（实训项目二十四）、李骥（实训项目二十五）、周李娟（实训项目二十六）、刘轶（实训项目二十九、三十、三十三）、李天明（实训项目三十二）。

本教材在编写过程中，编写组得到了湖南警察学院各级领导的关心和帮助，得到了公安实践部门的大力支持。同时，还广泛收集和借鉴了有关教材、专著和某些论文的观点。在此一并向有关领导和作者表示衷心的感谢。

《治安学专业实训教程》编写组

2015 年 6 月

目　录

治安防范（服务）篇

治安管理篇

治安问题查处篇

治安防范（服务）篇

实训项目一　社会治安状况调查

一、基础知识

（一）社会治安状况调查的内容

社会治安状况调查，是指公安机关治安管理部门和治安民警为了掌握社会治安情况，获取相关信息，进行专门考察、调查所采取的措施。调查的结果能为治安管理决策和各种治安管理手段方式的运用提供材料和基本依据。治安状况调查的内容，主要包括以下几个方面：

1. 不同时期社会重大变动对社会各阶层、各方面的反映

这里所说的社会重大变动，既包括法律、法规的颁布实施，也包括党和国家在各个时期制定的方针、政策，以及各级党委和政府各种重大措施的出台，还包括国内外发生的重大突发事件等。

2. 维护治安稳定的社会治安控制力调查

控制力主要是指政法机关的人员数量、素质、装备、经费和工作效率以及社会治安防范力量的数量和所发挥的作用等。

3. 各种违法犯罪活动与灾害事故的情况、规律与特点

调查某一地区刑事案件、治安案件、群体性事件、治安灾害事故的发案数以及财产损失和人员伤亡数。将各种违法犯罪活动与灾害事故的规律和特点进行总结和统计，找出不同时间、空间、对象等方面呈现出的规律和特点。

4. 社会公众的安全感及公众心态

主要调查群众对社会治安秩序的总体评价，群众对违法犯罪的态度，群众对公安机关、司法部门的信任感以及工作和作风的评价。

5. 一定区域范围的治安环境

治安环境调查的主要内容有：一是基本情况调查。即对区域历史沿革和地理情况的调查，如行政区划、道路、单位、场所行业情况的调查等。二是人口状况的调查。包括人口素质、人员流动和人口变化等问题的调查，人口的年龄、性别、职业结构和实有人口结构及人际环境的调查。三是治安影响因素的调查。包括治安的消极因素及其影响情况，本区域内各种违法犯罪状况和各类突出社会矛盾等。

6. 互联网产生的治安影响

互联网是一种公用信息的载体，具有快捷性、普及性，是当今最流行、最受欢迎的传媒之一，是当代先进生产力的重要标志。但由于互联网上身份的隐匿性，容易产生出大量不良信息或不良言论，甚至出现一些不良导向，对公众容易产生消极和负面影响，有的甚至形成

影响治安的潜在心理和情绪因素。因此，互联网产生的治安影响也是治安状况调查的内容。

（二）社会治安状况调查的方法

根据调查所依托的方式可分为：

1. 观察法

观察法是指通过人的视觉器官或借助某种工具，有意识、有目的地对治安情况进行了解和考察的方法。这种方法真实可靠，是获取第一手资料的常用方法。

2. 访谈法

访谈法是指通过询问、谈话、座谈等方式了解和获取有关情况、信息的调查方法。这种方法了解内容广泛，深入细致，问、听、记简便易行。

3. 实验法

实验法是指为了掌握和了解某治安状况的真实、准确与否，而采取具有针对性的调查方法。一般是对较为重要的治安状况信息所采取的方法。

4. 文献法

文献法是指通过查阅文献资料获得信息的一种方法。

5. 问卷法

问卷法是指将调查内容设计成问卷或表格，通过被调查者进行笔答或代为填写，然后收回问卷进行分析统计，从而获取信息的调查方法。问卷法一般采用选择题、简答题等形式进行。

根据调查所选择的对象不同，可分为以下几类：

1. 全面调查

全面调查是指对研究对象各个方面进行大规模的综合性普查活动。这种调查有助于获取全局性和整体性的信息。

2. 重点调查

重点调查是指对社会治安状况的不同方面以及选择不同角度进行的调查活动。这种调查可以深入了解事物的某一性，得到具有较高价值的信息。

3. 典型调查

典型调查是指从总体对象中选择典型的、具有代表性的对象所进行的调查活动。这种调查既能说明和反映总体对象的基本情况，又能相应地节约人力、物力、财力和时间。

4. 抽样调查

抽样调查是指从需要调查的全部对象中，随机抽出若干调查对象进行调查，并由抽样调查结果来获取全部对象信息的方法。

（三）社会治安状况调查的步骤

1. 明确任务

明确任务主要是明确调查的目的，明确调查人员的具体任务。

2. 分析情况

分析情况主要是了解与调查有关的一切情况：包括调查可能花费的人力、物力和财力，调查中可能涉及的单位、集体和群体、个人，对调查人员的组成、年龄结构、知识层次等进行必要的了解。

3. 提出方案

根据已确定的任务和已知调查情况的分析，推断未知事实或潜在的情况、计划，以便采取措施去发现和收集各种治安状况的信息。一项调查可以设计出多种方案，调查者可选择最合理、最有效并最具可操作性的方案来实施。

4. 收集资料

按实事求是、准确规范的要求，全面细致地收集需要的信息，认真审查核实收集的资料，必要时可进行实验和科学鉴定。

5. 归类整理

对收集的信息进行整理和分析，去伪存真、去粗求精；同时，对提炼出来的各种信息进行归类，找出具有规律性的统计数据，并进行及时的判断和评价。

（四）社会治安状况评估指标体系

目前，我国没有在全国范围内进行治安状况评价的制度，因此也没有法定的治安状况评价指标体系，1994 年，由公安部牵头，由国家计委、国家统计局、北京大学、中国人民大学、中国人民公安大学等各方面专家参加的“社会治安评价体系”课题组，经过三年多的研究工作，提出了如下治安状况评价指标体系。

	违法犯罪和治安灾害事故	维护治安的投入和保障条件	维护治安工作
存量	1. 每万人口报警案件数 2. 每万人口治安事故数 3. 每万人口杀人案件数 4. 每万人口伤害案件数 5. 每万人口抢劫案件数 6. 每万人口强奸案件数 7. 每万人口盗窃案件数	1. 每万人口公安民警数 2. 每万人口检察官数 3. 每万人口法官数 4. 每万人口司法工作人员数 5. 每万人口治保组织数	1. 公安民警人均办案数 2. 公安民警人均抓获违法犯罪人数 3. 法官人均办理一审案件数
质量	1. 每万人口违法犯罪被害死亡人数 2. 机动车万车死亡率 3. 每万人口严重暴力案件数 4. 违法犯罪和治安事故损失额占 GDP 比重 5. 每起刑事案件平均损失额	1. 政法经费占政府财政预算拨款比重 2. 公安民警中专以上文化程度者所占比重 3. 公安民警人均汽车数 4. 公安民警人均电话数 5. 公安民警人均计算机数 6. 政法经费占 GDP 比重	1. 公安民警人均刑事破案数 2. 检察院批捕人数占抓获违法犯罪人员比重
结构	1. 杀人案件比重 2. 公共场所发生刑事案件比重	1. 派出所民警比重	1. 群众扭送违法犯罪人员比重 2. 巡逻抓获违法犯罪人员比重

续表

	违法犯罪和治安灾害事故	维护治安的投入和保障条件	维护治安工作
变动度	1. 每万人口报警案件数变动度 2. 每万人口治安事故数变动度 3. 每万人口杀人案件数变动度 4. 每万人口伤害案件数变动度 5. 每万人口抢劫案件数变动度 6. 每万人口强奸案件数变动度 7. 每万人口盗窃案件数变动度 8. 每万人口违法犯罪被害死亡人数变动度 9. 机动车万车死亡率变动度 10. 杀人案件比重变动度	1. 每万人口公安民警数变动度 2. 政法经费占政府财政预算拨款比重变动度 3. 政法经费占 GDP 比重变动度	1. 公安民警人均办案数变动度 2. 公安民警人均破案数变动度 3. 群众扭送违法犯罪人员比重变动度 4. 巡逻抓获违法犯罪人员比重变动度

二、情景设定

《刑法》第 133 条规定，在道路上醉酒驾驶机动车的，处拘役，并处罚金。

《道路交通安全法》第 91 条规定，饮酒后驾驶机动车的，处暂扣 6 个月机动车驾驶证，并处 1000 元以上 2000 元以下罚款。因饮酒后驾驶机动车被处罚，再次饮酒后驾驶机动车的，处 10 日以下拘留，并处 1000 元以上 2000 元以下罚款，吊销机动车驾驶证。

醉酒驾驶机动车的，由公安机关交通管理部门约束至酒醒，吊销机动车驾驶证，依法追究刑事责任，5 年内不得重新取得机动车驾驶证。

饮酒后驾驶营运机动车的，处 15 日拘留，并处 5000 元罚款，吊销机动车驾驶证，5 年内不得重新取得机动车驾驶证。

醉酒驾驶营运机动车的，由公安机关交通管理部门约束至酒醒，吊销机动车驾驶证，依法追究刑事责任；10 年内不得重新取得机动车驾驶证，重新取得机动车驾驶证后，不得驾驶营运机动车。

饮酒后或者醉酒驾驶机动车发生重大交通事故，构成犯罪的，依法追究刑事责任，并由公安机关交通管理部门吊销机动车驾驶证，终生不得重新取得机动车驾驶证。

以上法律规定从 2011 年 5 月 1 日开始实施。

问题：

（1）以上关于酒驾的法律规定实施以后，公安机关的执行情况怎样？相关社会治安状况如何？

（2）群众对以上法律规定实施的看法和自觉遵守情况如何？

（3）群众对以上法律规定的实施有哪些建议？

三、实训目的

通过模拟实训，使学生掌握社会治安状况调查问卷制作的基本方法，现场调查访问的方法选择和现场调查技巧的运用，并学会对调查情况进行分析和总结，同时培养学生的口头语言表达能力、统计分析能力以及与群众沟通交流的能力，为今后开展社会治安状况调查活动和从事治安管理工作服务。

四、实训内容

实训内容包括：

（1）社会治安状况调查表的制定；

（2）社会治安状况调查的步骤；

（3）社会治安状况调查的方法；

（4）调查资料的统计分析；

（5）调查结论的运用。

五、实训场地与器材

（一）实训场地

（1）实训场地可在学校周边或附近的区域，调查对象为学校周边的商户、居民和治安社会防范力量。

（2）实训场地也可在本校校区，调查对象为本校在校学生、培训学员、学校老师和工作人员。

（二）实训器材

（1）问卷调查表；

（2）记录本和笔；

（3）人民警察证、居民身份证；

（4）照相机、录像机和电脑等。

六、实训步骤、方法与注意问题

（一）实训步骤

（1）设定调查内容，并选定调查区域。治安状况调查的内容有很多，可以选定一种调查内容，也可以选定几种调查内容，根据调查内容，选择合适的调查区域。

（2）设计和制作问卷调查表。根据所要调查的内容，制定符合实际的、能反映被调查区域治安状况的调查表格。

（3）小组人员分工。实训前对学生分组，每组5~10人为宜，进行问卷的发放，找人访谈；结合本次实训给定情形，由学生小组负责人对本组学生进行内部人员分工。

（4）选定调查对象，通过问卷调查和现场访谈的形式开展调查。

（5）以小组为单位对回收的问卷和访谈内容进行分析和总结。

（6）实训后讲评。先由学生小组派代表互评，然后教师讲评。

（二）注意事项

（1）调查对象的选定要具有代表性，调查的时候态度要诚恳，方法要得当。

（2）调查的组织者和实施者要站在客观的立场，不先入为主，不把个人感情和见解加入到调查的事实之中，更不能主观臆断甚至编造材料，对各种情况和信息不夸大、不缩小。

（3）调查活动应对涉及社会治安秩序的人、物、事多问、多听、多看，多方收集资料，了解情况的来龙去脉及其相互联系，掌握社会治安的各个方面情况及其有机联系，并将治安状况调查的各个方面按照一定的关系形成一定的体系。

（4）深入开展调查工作，力争掌握第一手资料，并对掌握的情况和资料进行查证核实，切忌道听途说和模棱两可，做到时间、空间、人物、事件、因果关系等清楚无误。

（5）注意所调查信息的时效性。社会治安情况和信息，往往随着时间、地点、条件的变化而变化，因此，必须注意所调查信息的时效性。

（6）严格按照社会治安状况调查的要求进行操作。

七、实训考核

（一）实训考核要求

（1）严格按照考核标准进行考核。

（2）考核要公平、公正和客观。

（3）实训成绩按一定比例记入期末考核成绩。

（二）实训考核标准

考核模块	考核要点	考核分值	考核得分
知识运用模块	1. 社会治安状况调查表的制定	20	
	2. 社会治安状况调查的步骤	15	
	3. 社会治安状况现场调查方法	10	
组织协调模块	4. 人员的分工与协调	5	
	5. 实训器材的准备	5	
	6. 实训中的纪律	5	
能力培养模块	7. 口头表达能力	10	
	8. 调查方法运用能力	10	
	9. 现场调查技巧的运用	10	
	10. 群众工作能力	10	
考核得分合计			

八、思考题

1. 社会治安状况调查的内容有哪些？
2. 社会治安状况调查的方法有哪些？
3. 社会治安状况调查的步骤有哪些？
4. 社会治安状况调查应注意哪些问题？

附表：

________区域社会治安状况调查问卷

为了更好地维护广大人民群众的人身财产安全，确保本地区社会治安稳定，使我局开展辖区治安整治工作更加有针对性、更加有效，特制作此调查问卷，请各相关部门领导和受访人员客观真实地填写。谢谢您的关心与支持！

公安局

年　月　日

1. 您感觉本地区治安状况如何？

A. 很好　B. 较好　C. 一般　D. 较差　E. 很差

2. 您认为本地区社会治安状况与以往相比怎样？

A. 有明显好转　B. 略有好转　C. 说不清楚

D. 略有恶化　E. 有明显恶化

3. 在本地区，您感觉公安派出所或社区警务室标识明显吗？

A. 非常明显　B. 一般明显　C. 没有注意

D. 不太明显　E. 很不明显

4. 在本地区，您感觉治安防范宣传工作开展得如何？

A. 很好　B. 较好　C. 一般　D. 较差　E. 很差

5. 本地区公安派出所民警或巡防队员开展治安巡逻的频率如何？

A. 每天 2 次以上　B. 每天 1 次　C. 2~3 天 1 次

D. 偶尔巡 1 次　E. 从未有人巡逻

6. 您认为在本地区发生治安灾害事故的概率有多高？

A. 没有可能　B. 概率很低　C. 不清楚

D. 概率较低　E. 概率很高

7. 本地区交通复杂地段交通警察指挥交通的频率如何？

A. 每天 2 次以上　B. 每天 1 次　C. 2~3 天 1 次

D. 偶尔 1 次　E. 从未有人指挥

8. 您认为在本地区治安重点区域的防范工作做得如何？

A. 很好　B. 较好　C. 一般　D. 较差　E. 很差

9. 您所居住的小区或酒店安全保卫做得如何？

A. 很好　B. 较好　C. 一般　D. 较差　E. 很差

10. 您认为派出所对辖区发生的违法犯罪活动的打击力度如何？

A. 能及时出警，及时破案　B. 能及时出警，但未能破案

C. 说不清　D. 不闻不问，打击不力

E. 执法不严，执法不公

11. 您对本地区公安机关打击“二抢一盗”违法犯罪满意程度如何？

A. 很满意　B. 较满意　C. 一般　D. 不满意　E. 很不满意

12. 您对本地区公安机关打击“六合彩”赌博违法犯罪满意程度如何？

A. 很满意　B. 较满意　C. 一般　D. 不满意　E. 很不满意

13. 您对本地区公安机关打击吸贩毒违法犯罪满意程度如何？

A. 很满意　B. 较满意　C. 一般　D. 不满意　E. 很不满意

14. 您对本地区公安机关整治学校周边环境的满意程度如何？

A. 很满意　B. 较满意　C. 一般　D. 不满意　E. 很不满意

15. 您对本地区公安机关整治集贸市场秩序状况满意程度如何？

A. 很满意　B. 较满意　C. 一般　D. 不满意　E. 很不满意

16. 您对本地区公安机关窗口部门服务情况的满意程度如何？

A. 很满意　B. 较满意　C. 一般　D. 不满意　E. 很不满意

17. 您对本地区公安机关维护治安秩序工作的满意度如何？

A. 很满意　B. 较满意　C. 一般　D. 不满意　E. 很不满意

18. 您对公安机关在维护本地社会治安方面的意见和建议有哪些？

实训项目二　社区治安情报信息的采集与使用

一、基础知识

（一）社区治安情报信息的概述

1. 社区治安情报信息的概念

社区治安情报信息主要是关于社区治安管理工作和社区治安形势、治安状况以及治安环境的具体表征和反映。也就是说，社区中一切与治安管理工作、治安形势、治安状况以及治安环境有关的人、物、时、空、事涉及的各种信息都是社区治安情报信息。

2. 社区治安情报信息的作用

社区治安情报信息是管理部门制定有关工作计划，对社区治安工作作出正确预测和科学决策的重要依据；是加强社区警务中各部门合作联系和推动各项治安管理工作的必要手段；是治安管理工作者了解社区、熟悉公众、掌握社区动态，有效开展本职工作的前提和基础；同时，社区治安情报信息可以对指导、培训公众维护自身信息安全，动员、组织公众维护社会公共安全提供可靠支持。

3. 社区治安情报信息的内容

（1）反映社区治安动态的信息。包括社区敌情、政情、社情和敌对组织、邪教、会道门以及其他非法组织活动的情报信息；社区居民对国内外重大事件、热点问题的反映；可能引发群体性事件的线索及苗头；治安灾害事故发生及所造成的损失；人民群众安全感及反映强烈的问题等。

（2）反映社区治安防控对象和治安环境发展变化的信息。包括社区内行业、场所的数量、运营及日常管理情况；社区内自然环境、人文环境发展变化情况；社区人口变化情况；重点人口的管控措施落实情况；社区车辆、物品管理等方面的情报信息。

（3）社区治安防范组织设置及人员配备情况。包括社区警务机构设置、警力配备、队伍素质、装备水平、工作效率及效果等情况；保安人员数量、工作职责履行、业务技能训练、规章制度落实等情况；社区内群众性治安防范组织建设及人员配备、装备水平、工作开展等情况；其他与公安机关履行治安防范和社会管理职能相关的情况。

（4）与社区警务工作和社会综合治理相关的法律、法规、规章、制度、政策等规范方面的情报信息。

（二）社区治安情报信息采集

1. 社区治安情报信息采集应遵循的原则

（1）采集准确性原则。

（2）采集广泛性原则。

（3）采集规范性原则。

（4）录入及时性原则。

2. 社区治安情报信息采集的渠道

社区治安情报信息采集的渠道很多，具体来说，可以归纳为以下几种：

（1）通过社区民警在日常治安管理活动、安全防范与社区工作中发现和采集。

（2）通过查处各类案件、治安灾害事故和各种违法犯罪嫌疑人时发现和采集。

（3）通过社区矫正、重点人口管理、帮教违法人员中发现和采集。

（4）通过治安巡逻实地观察发现和采集。

（5）通过治安管理工作专项行动或专题调查研究发现和采集。

（6）通过日常接待群众来信来访或检举揭发时发现和采集。

（7）通过系统内部上情下达，下情上报和兄弟单位、部门、地区之间的横向联系发现和采集。

（8）通过治安耳目、刑事特情和治安积极分子发现和采集。

（9）通过查阅档案资料发现和采集。

（10）通过大众传媒或网络发现和采集。

3. 采集社区治安情报信息的力量

（1）公安派出所民警。公安派出所民警通过基础调查、人口管理、阵地控制、治安防范等日常工作发现掌握情报信息，这是社区治安情报信息搜集的主要力量。

（2）秘密力量。包括治安信息员、联络员、各种治安耳目等，这是搜集深层次社区治安信息的重要力量。

（3）基层组织骨干。主要通过基层组织（单位）负责人搜集掌握社区治安情报信息。

（4）治安积极分子。

（三）社区治安情报信息的处理与使用

1. 社区治安情报信息的鉴别

社区治安情报信息的鉴别是保证情报信息质量的重要环节，它贯穿于社区治安情报信息采集、处理和使用的全过程，用以确保情报信息的真实性、准确性和有效性。鉴别的主要方法有：

（1）根据情报信息所反映的组织、人员、事件和以往的活动情况判断是否具有可能性。

（2）从情报信息内容分析是否前后连贯、合理，有无矛盾或矛盾能否合理排除。

（3）从治安信息员、联络员、治安耳目的工作条件、政治态度、一贯表现以及获取该情报的过程和方法，分析他们能否得到该情报。

（4）通过对已获取的情报信息进行相互核实、印证进行鉴别。

2. 社区治安情报信息分析研判

社区治安情报信息分析研判是情报信息工作中的核心环节，它是指运用科学严谨的研究方法，对社区获取的各种治安情报信息线索、零星脱节信息进行深度加工整理，并与其他信息进行比对分析，由此产生一个预测性或判定性结果的过程。社区治安情报信息分析研判的方法主要有：

（1）综合研究法。通过对采集到的分散的、零碎的、相关的素材数据进行全面集中整理，探寻它们之间内在联系，推理出新的结论或有价值的情报信息。

（2）归纳演绎法。从许多零散素材中找到共性结论或根据共性规律推理论证得出特殊的情报信息。

（3）实例印证法。通过具体的治安案（事）件和数字来证实或印证所提出的观点、意见或结论。

（4）统计分析法。从不同的角度对影响社区治安的相关数据进行统计，把握涉及治安问题的各类事实或现象之间内在的数量关系的方法。

3. 社区治安情报信息的使用

（1）社区违法犯罪防范。通过对社区治安情报信息的采集、鉴别、分析研判，发现并揭示社区违法犯罪活动的变化规律和发展态势，使职能部门及时明确防控的重点区域和重点对象，采取针对性的防范措施和办法，有效预防和遏制违法犯罪的发生，切实为社区防控工作提供有力支持，解决防控工作目标不清、方向不明的问题。

（2）社区违法犯罪预警。通过对社区治安情报信息分析研判，在内容上对违法犯罪、重点人口、治安形势予以预警，实现对多发性、倾向性、苗头性案件的防控，网上实时列管控制。在方式方法上可采取非涉密信息网上公开发布、涉密信息机要渠道发布、紧急情报召开会议通报等多种形式，及时发布预警通报，提出指令性、指导性、参考性工作意见，要求有关地方公安机关迅速贯彻执行并反馈应用情况。还可通过媒体向社会发布警示，促进公众搞好防范。

（3）开展治安专项行动。根据社区治安情报信息研判结果，可以有效整合各种巡逻力量和社会治安资源，对群众反映强烈的治安问题开展专项整治活动。

二、情景设定

2015 年 4 月 10 日，社区民警小蒋在管辖的小区入户走访中，居民张某向民警反映其小孩被楼上 903 租房户的周某（甘肃临夏人）所养的一只狗吓到，目前小孩正在发高烧。张某要求周某赔偿，如果周某不赔礼道歉和赔偿，扬言要弄死狗（该狗系无证犬）。居委会先期已进行协商调解，双方没有达成一致协议。

民警接报后，立即向居委会干部、周某的邻居了解周某夫妇的情况。居委会干部反映，该夫妻平时早出晚归，找不到人。有一次居委会干部上门开展工作，其开门时只开了一条缝，鬼鬼祟祟的，在其家中发现有许多陌生人员，并发现餐桌上有吸管、吸纸，还嗅到其家中有种怪味。民警与居委会干部一起将张某和周某双方约至居委会协商调解纠纷。周某夫妻在调解时，很不配合，民警从其外表及神情判断，觉得周某夫妻有吸毒嫌疑。

经民警调查，周某在临夏县有盗窃、吸毒前科。周妻没有正当职业，有一个男孩（6 岁，上幼儿园）。目前周某夫妇在兰州市某高档小区租住，收入同支出明显不符。社区民警在调解纠纷的同时，对周某有吸毒嫌疑的情况，同其户籍所在地的民警调查联系，并在公安网上查询，发现周某曾先后有盗窃、吸毒、骗取出境证件以及违反枪支管理的违法犯罪经历。随后民警对周某夫妇展开全面的调查，民警到物业及周某邻居处了解情况，均反映周某一家比较神秘。民警在了解到大量的线索后，对周某夫妇实施了抓捕行动。在其住所发现了吸食毒品的工具，毒品海洛因、冰毒，并搜查出涉毒相关物品，在沙发的每一个座垫下都放有大砍刀，床的四周放了四把管制刀具。

问题：

1. 民警开展入户走访前应做哪些准备工作？

2. 从这个案情中可以获取哪些治安情报信息？

3. 如何运用分析研判采集到的社区治安情报信息指导民警日常工作？

三、实训目的

通过对社区治安情报信息进行采集、分析研判和处理的实训，使学生掌握获取社区治安情报信息的渠道和方法，提高学生掌握社区治安动态的能力；初步了解和掌握对采集到的社区治安情报信息分析研判的方法和技巧，同时对情报信息的价值进行甄别评判；要求学生从所采集到的社区治安情报信息中获取相关线索，提高学生对治安调解、重点人口管控、执法检查等关联业务知识的综合运用能力。

四、实训内容

（1）通过入户走访或社区调研获取社区治安情报信息；

（2）组织对所采集到的情报信息进行分析研判和运用；

（3）掌握治安调解、重点人口管控、执法检查等关联业务知识。

五、实训场地与器材

（一）实训场地

学生宿舍、模拟派出所和学院附近的社区。

（二）实训器材

（1）单警装备、录音笔、照相机；

（2）人民警察证；

（3）登记本、钢笔、社区治安情报信息登记表若干。

六、实训步骤、方法与注意问题

（一）实训步骤和方法

1. 实训前准备

布置实训场地，准备实训器材，确定访谈及询问提纲。

2. 学生分组

对学生进行分组，根据入户走访要求，每组以10人为宜，2人扮演入户走访民警，1人扮演住户，5人扮演邻居、居委会工作人员，2人扮演违法犯罪嫌疑人员，确定小组组长。

3. 实训实施

实训按以下步骤进行：

（1）表明身份。社区民警向访谈人员（住户张某、邻居若干人、居委会工作人员）出示有关证件，表明执法身份。

（2）认真听取访谈人员陈述并做好记录。认真听取住户张某陈述并做好记录；走访周某（嫌疑人员）并做好记录；走访居委会工作人员、邻居并做好记录。

（3）组长组织对采集到的各种情报信息进行汇总。

（4）认真填写《社区治安情报信息登记表》。

（5）组织对所采集到的情报信息进行分析研判并归纳总结。

通过分析，可以获取的信息有：一是走访发现周某为暂住人口；二是社区走访发现周某形迹可疑、交往人员复杂且室内有怪味；三是通过调解不愿配合怀疑有吸毒嫌疑；四是查询发现有前科劣迹；五是周某收入同支出明显不符；六是搜查发现毒品及管制刀具。

（6）根据分析结果，确定社区民警下一步应该开展的重点工作。

根据以上信息，周某很有可能存在吸贩毒嫌疑。需要开展以下工作：

一是社区民警要通过外围调查和秘密跟踪等方法，查清周某是否被登记为暂住人口、目前从事的职业和经济收入、是否有同住人员和潜在的重要关系人，摸清其通信的手机号码。

二是要通过公安人口信息系统、全国禁毒系统、全国违法犯罪信息系统、八大资源库及其他系统开展关联查询，核清周某有无前科等违法犯罪记录和同户关系人。

三是社区民警要根据查询到的信息分析周某是否具有承租该房屋的能力和水平，以便在后期的工作中做到有的放矢。

四是通过技侦等部门，调取其近3个月的通话记录进行分析，确定联系交往的重要关系人，分析是否存在贩毒的可能。

五是要请求情报部门协查周某的银行交易信息，通过查询的信息调取银行交易的流水信息，是否存在大额资金流动。

六是请求情报部门查询周某的同行同住人员，再次确定交往人员。

通过对周某基本信息的查询、话单分析、银行交易、旅店同住、经济收入、关系人分析后，确定周某有贩毒嫌疑，同时有可能参与其他违法犯罪活动。

4. 实训总结

在完成以上步骤后，最后需要进行总结。

（二）实训注意的问题

（1）入户走访前要做好充分准备，讨论走访要获取的重点问题并列出提纲。

（2）入户走访中要注意群众工作方法，语言要规范，举止要文明。

（3）《社区治安情报信息登记表》填写要符合规范。

（4）社区治安情报信息分析要严谨、科学，分析研判结果的运用要有操作性。

（5）实训学生要注意各自角色，实训中要相互配合。

七、实训考核

（一）实训考核的要求

（1）学生应在安排的时间内全部完成规定的实训内容。

（2）实训进行中要互相配合，互相协作。

（3）执法角色定位、访谈笔录制作、关联材料汇总、材料分析及要点总结等要严格按照规定进行。

（4）实训成绩的评定严格按照下表所列标准执行，所列要点未完成的不能得分，不符合要求的适当扣分。各项得分总和为最终得分。

（二）实训考核标准

考核模块	考核要点	考核分值	考核得分
知识运用模块	1. 执法角色定位是否准确	5	
	2. 访谈笔录制作是否规范	10	
	3. 关联材料汇总是否科学	5	
	4. 材料分析、要点总结是否全面	10	
	5. 依据情报信息应开展的工作是否清楚	20	
	6. 关联业务知识运用是否熟练	10	
	7. 实训报告内容是否齐全	5	
组织协调模块	8. 实训前期准备是否到位	5	
	9. 角色分工是否明确	5	
	10. 实训组织是否有序	5	
能力培养模块	11. 口头表达能力	5	
	12. 记录能力	5	
	13. 问题分析和解决能力	10	
考核得分合计			

八、思考题

1. 采集社区治安情报信息的力量主要有哪些？
2. 社区治安情报信息分析研判的方法和技巧有哪些？
3. 民警入户访查发现现场存在异常情况后，应采取哪些措施？

附表：

《社区治安情报信息登记表》

<table>
<tr><td colspan="6">社区治安情报信息基本情况</td></tr>
<tr><td>编　号</td><td colspan="2"></td><td>来　源</td><td colspan="2"></td></tr>
<tr><td>案　别</td><td colspan="5"></td></tr>
<tr><td>作案工具</td><td colspan="2"></td><td>作案时段</td><td colspan="2"></td></tr>
<tr><td>来源渠道</td><td colspan="5"></td></tr>
<tr><td>秘密编号</td><td colspan="2"></td><td>案件编号</td><td colspan="2"></td></tr>
<tr><td colspan="6">情报信息内容：</td></tr>
<tr><td>填报人</td><td></td><td>联系电话</td><td></td><td>填报时间</td><td></td></tr>
<tr><td colspan="6">□秘密情报不能公开</td></tr>
<tr><td colspan="6">被反映人基本情况</td></tr>
<tr><td>姓　名</td><td></td><td>性　别</td><td></td><td>出生日期</td><td></td></tr>
<tr><td>别　名</td><td></td><td>绰　号</td><td></td><td>身　高</td><td></td></tr>
<tr><td>体貌特征</td><td colspan="3"></td><td>联系电话</td><td></td></tr>
<tr><td>户籍地</td><td colspan="2"></td><td>现住地</td><td colspan="2"></td></tr>
<tr><td>工作单位</td><td colspan="2"></td><td>证件类型及号码</td><td colspan="2"></td></tr>
<tr><td>有无前科</td><td></td><td>作案规律、特点</td><td colspan="3"></td></tr>
</table>

实训项目三　社区治安宣传教育

一、基础知识

社区治安宣传教育是指基层公安机关、社区相关单位和个人运用多种文字符号载体和传播方式，积极主动地向社区群众传播法律法规、安全防范知识以及各种社会治安信息，引导社区群众全面了解社区治安状况，使之不断提高安全防范意识和遵纪守法水平，并积极参与社区治安管理活动的一项群众性工作。

（一）社区治安宣传教育的作用

1. 喉舌作用

宣传党和政府关于公安工作的方针、政策和法律法规，宣传良好的道德规范和习俗，让人民群众知道社会生活中的行为哪些是值得提倡的、哪些是必须反对的甚至是禁止的，让群众养成良好的遵法守法意识和行为习惯。

2. 纽带作用

配合党的中心工作和公安机关在不同阶段的中心任务，宣传公安机关的工作重点，使群众了解社会治安形势，理解公安工作，起到警民之间的纽带、桥梁作用。

3. 弘扬和激励作用

通过宣传先进事迹和突出成绩，在社会上弘扬正气，树立典型，调动广大群众自觉维护社会治安的积极性。

4. 提高安全防范能力的作用

通过社区宣传教育活动，使社区群众掌握自我防范知识和安全防范技能，提高社区群众对违法犯罪活动的识别能力、应变能力和处置能力。

5. 促进队伍建设作用

通过宣传工作，使民警认清每个阶段公安工作的目标和任务，认清新形势下社会治安的客观规律，正确认识公安工作的地位和作用；及时了解其他地区公安工作的好经验、好方法，促进自身工作的开展；引导社区群众对公安工作的监督，促进基层公安机关民警改进工作态度和工作方法。

（二）社区治安宣传教育的特点

1. 针对性

根据社区治安管理或治安防范的实际需要，基层公安机关应有的放矢地选择宣传方式和宣传内容，从而有针对性地解决社区安全防范方面的问题。

2. 广泛性

从宣传教育内容看，社区治安宣传教育不仅包括党的方针、政策、法律法规，也包括安全防范知识、技能和典型案例等，内容十分丰富；从宣传教育的对象看，既包括社区群众，也包括社区内的单位、组织等；从宣传教育的主体看，社区治安宣传教育的主体是多元的，既有基层公安机关，也有社区中热心治安工作的单位、组织和群众。

3. 多样性

社区治安宣传教育形式应多样，不仅需要传统的宣传教育方式，也需要现代的宣传教育方式。

4. 层次性

治安宣传教育要面向社会公众，其层次极其多元化，既有性别、年龄上的差别，也有社会身份、文化状况和需求的差别，因此，治安宣传教育必须符合不同层次的需要才能收到效果。

(三) 社区治安宣传教育的内容

1. 政策宣传教育

围绕公安工作和社会管理综合治理的工作重点，宣传有关方针和政策，以及各地区、各部门积极开展社会管理综合治理工作的新情况、新做法和新成效；宣传各级党委政府预防和打击违法犯罪、维护社会治安稳定的最新成效，促进社会管理综合治理工作的开展。

2. 法制宣传教育

根据我国法律法规的制定情况以及社会管理综合治理工作的需要，有针对性地选择法制教育内容，有重点地开展法制宣传教育工作。

3. 道德、习俗的宣传教育

道德是调整人与人、人与社会之间共同生活及行为的规范和准则的总称。它以善与恶、正义与非正义等评价人们的行为，对人们的思想和行为产生强有力的影响，它是社区治安宣传教育的内容之一。其中，社会公德、职业道德、家庭美德是道德的核心内容，应作为宣传教育的重点。

4. 社区治安状况通报

社区治安状况通报主要是及时向社区群众通报当前社会治安形势和发展变化，社区存在的突出治安问题、事件及其解决情况，社会管理综合治理的开展情况，社区群众主动参与情况等。

5. 治安防范知识的宣传教育

主要是通过社区治安防范知识的宣传教育，培养社区群众的治安防范意识和自我防范能力。让公众更多地了解社区治安问题并对违法犯罪、治安灾害事故的状况、特点和规律，在发现不安全因素时，能采取有效措施消除安全隐患，避免引发治安问题。

6. 报警知识的宣传教育

报警知识的宣传主要是宣传及时报警的重要性、范围、方法，以及违法犯罪现场保护、证据保全等。提高全社会对及时正确报警的重要性的认识，将报警的要求详细告诉公众，做到家喻户晓，对公安机关迅速出警，及时有效打击各种犯罪活动，树立公安机关和人民警察的良好形象具有十分重要的意义。

7. 先进人物事迹宣传

社区治安宣传教育要充分发挥榜样的力量，大力宣传社区先进人物和事迹，调动广大社区群众参与维护社区治安稳定的积极性。

8. 公安业务工作宣传

通过公安业务工作的宣传，使社区群众在正确认识公安业务工作的基本内容、程序和职权的同时，也知晓自己享受的权利和应承担的义务。

(四) 社区治安宣传教育的方法

1. 报告

报告是开展社区治安宣传教育的重要方法，它主要包括：

（1）动员报告。动员报告是为了完成某项重要任务，向群众动员，讲明完成任务的目标、意义、要求和步骤。

（2）工作报告。工作报告是在完成某项工作任务的过程中或工作进行到一定阶段，为了总结经验教训，把工作继续推向前进所作的报告。

（3）形势报告。形势报告是在社会治安形势发生较大变化时，民警及时向群众讲明当前社会治安形势和治安状况，引导群众正确认识治安形势并支持公安工作。

（4）辅导报告。为群众学习法律常识和安全防范知识所进行的辅导报告。

2. 座谈讨论

这是民警对社区群众进行宣传教育的方法，也是向社区群众学习的过程。通过座谈讨论，让民警掌握相关的治安情报信息，了解社区群众的思想动态，对某个问题达到统一思想、提高认识的目的。

3. 运用传统媒体宣传

利用报纸、刊物、简报、墙报、黑板报、宣传栏等媒介进行宣传，传统媒介宣传的特点是宣传范围大、影响力持久。

4. 利用现代媒体宣传

互联网、手机短信等信息容量大、传播速度快、覆盖范围广，具有高度的开放性和交互性，是继广播、电视、报纸之后的又一重要传播媒体。目前一些社会上影响较大的事件，大多是通过互联网、手机短信等现代媒体传播，因此，公安机关要有效占领网络宣传阵地，掌握网络舆论宣传的主导权，正确引导社会舆论。

(五) 社区宣传教育应注意的问题

1. 宣传内容要三贴近

贴近群众、贴近实际、贴近生活。

2. 宣传方法要灵活

针对不同场所、不同人群的特点采取灵活多样的方法宣传，防止引起群众反感。

3. 宣传形式要多样

宣传形式要因人、因地、因时、因事而异，以群众容易接受的方法为最佳。

二、情景设定

某市中心广场是该市的繁华商业区，在商业区内有国芳百货商城、地下商场和肯德基、必胜客、好食多、大红袍火锅等单位，由于商店和餐饮店内顾客和货物众多，存在较大的火灾隐患；同时由于中心广场人流量大，流动人口多，社会治安状况复杂，少数顾客因安全防范意识不强，盗窃案件时有发生。2015 年 4 月 19 日，辖区公安派出所接到一个在必胜客就餐顾客的报警称，他大约 5 分钟前在必胜客就餐时被盗钱包一个，派出所民警迅速出警，及时调查了解情况，将被盗的钱包追回，抓获经常在中心广场进行盗窃活动的 3 名犯罪嫌疑人员。公安派出所拟针对中心广场社会治安问题和安全隐患，准备开展一次社区治安宣传活动。

问题：

1. 辖区公安派出所可采取什么方式来开展社区治安宣传教育活动？
2. 辖区公安派出所进行社区治安宣传教育的内容有哪些？
3. 辖区公安派出所开展社区治安宣传教育的作用有哪些？

三、实训目的

通过实训，让学生掌握公安派出所开展社区治安宣传教育的基本方法，并根据具体治安情况提出具体的治安宣传措施。要求学生利用所学知识，制定社区治安宣传教育方案，开展有针对性的治安防范宣传教育活动，从而达到掌握治安宣传教育的内容、基本方法、技巧和应注意的问题，培养学生开展社区治安宣传教育的能力，为学生今后参加治安管理工作奠定良好的基础。

四、实训内容

（1）社区治安宣传教育的方案制作；

（2）社区治安宣传教育的内容；

（3）社区治安宣传教育的方法；

（4）社区治安宣传教育工具的使用；

（5）社区治安宣传教育的步骤。

五、实训场地与器材

（一）实训场地

学院的实训广场内的模拟街区和模拟派出所，实训前任课教师对模拟街区进行相应的布置。

（二）实训器材

（1）制作纸质宣传单、宣传警示牌、治安宣传条幅、防火防盗宣传画等；

（2）桌椅 5 套；

（3）扩音设备 1 套；

（4）盗窃作案时使用的工具若干；

（5）被盗财物。

六、实训步骤、方法与注意问题

（一）实训步骤和方法

（1）学生分组。确定15个学生为一组，5名学生担任社区治安宣传教育民警，10名学生扮演社区群众，确定小组负责人，作好记录，每组学生实训后进行轮换。

（2）实训前准备。布置实训场地，准备实训器材。

（3）汇总分析研判结果。通过对实训材料分析，各组讨论适用不同的社区治安宣传教育方式。

（4）确定宣传方案。根据不同的案情和宣传场所制定不同的社区治安宣传教育方案。

（5）根据确定的社区治安宣传教育方案，制作宣传材料。

（6）联系报告。要求组长在社区治安宣传教育过程中及时与上级公安机关进行联系报告。

（7）问题处理。宣传过程中对发现的治安问题和需要进行调整的事项进行处理。

（8）工作记录。要求宣传民警做好宣传工作记录表。

（9）了解宣传效果。采访街面群众，了解近期发案情况；翻阅报案记录，通过报案情况了解宣传效果。

（10）每组负责人总结小组实训情况。

（11）教师对区队学生实训情况进行点评，并且要求每组学生交一份实训报告。

（二）注意事项

（1）实训学生要严肃认真，不能走过场。

（2）社区治安宣传教育活动的各环节要紧凑，贴近实战。

（3）扮演角色可轮换。

（4）实训过程中教师要全程监督、适时指导；各小组要互派人员全程进行观摩考核。

七、实训考核

（一）实训考核的要求

（1）学生应在安排的时间内全部完成规定的实训内容。

（2）实训进行中要互相配合，互相协作。

（3）活动角色定位、宣传教育材料汇总、材料分析及宣传教育活动总结等要严格按照要求进行。

（4）实训成绩的评定严格按照下表所列标准执行，所列要点未完成的不能得分，不符合要求的适当扣分。各项得分总和为最终得分。

(二) 实训考核标准

考核模块	考核要点	考核分值	考核得分
知识运用模块	1. 分析材料，选择宣传场所	10	
	2. 根据场所情况安排宣传警力	10	
	3. 制作宣传教育方案	20	
	4. 联系报告	10	
	5. 制作宣传教育材料	20	
	6. 宣传教育活动效果反馈	10	
组织协调模块	7. 角色分工是否明确	5	
	8. 实训组织是否有序	5	
能力培养模块	9. 群众工作能力	5	
	10. 治安宣传能力	5	
考核得分合计			

八、思考题

1. 公安机关进行社区治安宣传教育的内容有哪些？
2. 公安派出所针对某一场所治安状况如何进行有效的社区治安宣传教育？
3. 结合某一类案件，谈谈如何做好预防该类违法犯罪的宣传教育？
4. 新时期、新形势对公安机关的治安宣传工作提出了哪些新的要求？

实训项目四　入户走访

一、基础知识

（一）入户走访的概念

入户走访是社区民警通过走进居民家中，详细登记辖区内实有人口和出租房屋情况，全面了解社会治安状况，认真听取群众对公安机关和民警个人的意见、建议和要求，及时掌握社会治安动态，发现违法犯罪线索，以不断改进与完善治安基层基础工作，密切警民关系，更好地维护社会治安的一种工作方法。它既是社区民警获取人口信息、治安情报信息的主要渠道和基本工作方法，也是社区民警的一项经常性的基础工作，所以，社区民警必须练好入户走访这项基本功。

（二）入户走访的目的

1. 密切警民关系

通过入户走访，与群众进行面对面的交流，让老百姓认识民警、熟悉民警、相信民警，进而支持民警及公安工作，增进相互间的情感交流和沟通，改善警民关系。

2. 收集情报信息

情报信息是行动的指南，也是警务工作的基础和前提，“情报信息主导警务”已成为一种新的警务理念和工作模式。入户走访是情报信息收集的主要途径之一，也是最为常用的方法。通过入户走访，广泛收集治安情报信息，对社会治安情况及其发展趋势进行认真分析研究，为公安决策提供依据。

3. 发现案件线索

犯罪产生于社会，预防犯罪、打击犯罪的主要力量也蕴藏于社会。通过入户走访，发现和收集案件线索，为打击犯罪提供线索和证据，为预防犯罪提供方向。

（三）入户走访的原则

1. 服务原则

入户走访作为社区民警密切警民关系的基本手段与方法，首先体现服务与被服务关系。入户走访过程中社区民警始终要摆正自己的位置，倾听群众的呼声，体察群众的情绪，了解群众的诉求，关心群众的疾苦，不断改进与创新公安机关及公安民警的工作方法，更好地服务群众。

2. 平等原则

社区治安必须依靠警察来维护，群众需要警察；社区工作需要群众支持，警察离不开群众。社区群众与警察在维护社会治安的关系上应当是合作伙伴关系。入户走访中民警与居民也是一对利益主体，社区民警一定要克服以管理者自居的高高在上的心态，做老百姓的贴心人、好朋友，以诚相待，以理服人。

3. 互惠原则

入户走访不仅是公安机关、社区民警联系群众的方式，是密切群众关系的纽带，同时对社区居民来说，也是获得安全防范知识、社区治安信息的重要途径，对公安机关、社区民警和居民群众都是互惠互利的好事。

（四）入户走访的要求

1. 明确走访目的，做到心中有数

入户走访群众不是盲目的闲聊，而是带有一定目的的座谈。走访前要了解走访对象的基本情况、习惯、民族信仰、禁忌及癖好等，做到心中有数，明确走访目的，做好相应的物质准备。入户走访还应针对不同的人、家庭和事情采取不同的方法，做到有的放矢。

2. 针对不同对象，采取不同策略

针对入户走访对象的不同情形，采取不同的入户走访策略。在每次入户之前，先向居委会干部详细了解每户居民的情况，对积极配合的，可以直接切入正题，请居民在社区防范上支招，了解想掌握的相关情况；对能够配合的，可以首先征求他们对安全防范工作的意见和建议，并通过聊天的方式掌握相关情况；对不配合的，通过居委会主任或周围邻居引见，可多次反复上门沟通，有意识的与他们多接触，取得信任和支持。

3. 合理安排时间，讲求工作实效

传统的群众上班我上班，群众下班我下班的工作模式显然不适合现代高节奏的生活。为保障入户走访的全面、细致，做到“住户一个不漏，信息一项不丢”，在入户之前应进行详细规划。在时间安排上，要根据居民的时间适时安排；在数量安排上，坚持每天走一个楼门，每周走一栋楼，一般情况下一年就能够实现入户走访100%的工作目标；在内容安排上，将各项业务工作捆绑采集，分类筛选。

（五）入户走访的基本方法

1. 开门见山，直接询问

即直接说明来意，询问有关情况。使用这种方法简单明了，适用于一些有特定调查目的或与社区民警接触次数多，且较熟悉的群众以及性格外向的群众。

2. 点题引导，主题控制

与性格外向、言语较多的群众交谈时，可选择一些话题，但社区民警要注意掌握谈话的主动权，对跑题、偏题的要适时打断或转变话题，对错误言论要立场鲜明、语气婉转地批评指正，不能让他们打乱你的工作计划，牵着你的鼻子走。

3. 分门别类，错时走访

针对居民在家中的时间段不同，先依据户籍底册和相关情况，对住户进行分类，掌握住户基本情况，明确入户目的后进行入户调查，从而提高入户调查的工作效率。

4. 以点带面，辐射拓展

要求社区民警紧紧把握住每一个与群众接触的机会，拓展多方面的社区工作。利用调解居民纠纷、办理证照、登记人口信息项目变动等机会主动上门进行入户走访，先完成居民需要办理的事情，再进行安全防范宣传，指出住宅安全隐患及整改措施，留下警民联系卡，根据工作需要有针对性地向该户居民了解邻居情况，宣传邻居互助的方法和好处，起到走访一户、了解一块、联系一片的效果。

5. 重点布建，全面掌握

充分发挥群众的力量，扩大信息来源。实际工作中，社区民警可以根据辖区群众不同的性格、从事的岗位、工作的特性布建信息员，帮助社区民警收集各类治安信息，为公安机关研判警情提供依据。

6. 参与活动，转换角色

社区民警因地制宜、因时制宜积极参加社区组织的文娱、公益等活动。或充分利用与小区物业管理人员接触频繁、密切的有利条件，随同物业人员到居民家服务，达到入户目的。同时，还可以充分利用法制辅导员的身份，与孩子交朋友，通过孩子接近家长。

7. 声东击西，迂回询问

对于群众不敢或不愿提及的话题，可以通过迂回询问的方式，引导群众说出真相，达到走访目的。

8. 利用科技，创新方法

科技是推动公安工作跨越式发展的源动力，如何把科技手段与社区警务工作有效结合、提升警务效能，成为当前摆在各级公安机关面前的一个新课题。各地公安机关充分利用网络平台和信息化管理，在科技创新方面做了许多有益的尝试，为公安工作开创了多种警民交流的途径。

（六）入户走访中应注意的问题

1. 注意风俗习惯

社区民警在入户走访前，要了解当地的风俗习惯，尊重少数民族风俗习惯。

2. 掌握生活常识，特别是农村生产生活的常识

丰富的社会知识是社区民警必备的素质，可以为工作带来很多便利和帮助，与工作对象有共同语言，有助于工作的开展。

3. 保持工作热情

入户走访是一项需要长期坚持的工作，需要保持极大的工作热情。在群众反映问题的时候认真记录，并及时调查了解，及时反馈，这样群众才愿意反映问题。要保持积极的工作态度，体现出大度的情怀，用自己的热情打动他们，感染他们。唯有如此，才能与群众“打成一片”，才能真正走到群众中去。

4. 注意言行细节

（1）行为要恰当。社区民警的一言一行都代表着公安机关人民警察的形象，克服不好的行为习惯。礼貌得体的行为举止能够给人留下深刻的印象，能够得到人民群众的尊重与信赖。在走访的过程中，要把自己看成普通老百姓。要想做一名合格的社区民警，必须放下架子，与人民群众打成一片，开创工作的新局面。

（2）穿着装扮要适合环境和职业。入户走访着警服时要按规范着装，着便服时要注意符合自己的职业特点，让着装与周围环境相统一。

（3）掌握好语言技巧。称谓要恰当，说话要和气，语题要通俗，以更好的达到熟悉群众、了解群众的目的。

二、情景设定

2015 年 6 月 5 日，某小区 14 楼居民刘某向公安派出所举报，小区 15 楼 8 号房居民家中经常深夜还播放着非常大声的音响，地板发出很大的有节奏的响声，似在家中开舞会，而且 8 号房中经常有陌生人出入，有男有女，大多是年轻人，穿着很时尚暴露，而且经常在电梯内搂搂抱抱，进门后门窗紧闭，请公安派出所派人调查。接报后，公安派出所派社区民警前往小区进行调查，社区民警分别走访了小区 14、15、16 楼五户居民和小区保安。经走访发现，1508 房属出租房，但出入人员不固定，似有吸毒或卖淫嫖娼嫌疑。社区民警通过小区物业公司联系业主李某，李某提供材料显示租户系一中年女子王某，本地人，无职业。社区民警以登记出租房为名进入该住户家调查，发现 1508 房内除 5 个床铺外，几乎无其他家具，一组大功率音响摆在客厅，房间非常凌乱，客厅的地上满是啤酒瓶，垃圾桶里有锡箔纸和废弃的注射器。经传唤王某询问，王某交代了提供场所供他人吸毒的犯罪事实。

问题：

1. 此案中对一般居民的入户走访应注意哪些问题？
2. 结合此案例对王某的入户走访应做哪些准备？
3. 入户走访过程中可以采取哪些方法调查取证？

三、实训目的

入户走访是社区民警的基本工作方法，社区民警要深入群众，掌握第一手信息，得到居民的认可，获得群众信任，构建良好的警民关系，首先就要让居民认识自己。通过入户走访，让社区民警面对面地向居民展示自己的能力与学识，通过运用有效的沟通与聆听技巧，让居民向社区民警敞开心扉，谈想法，说困难，提要求，树立社区民警温和、亲民的形象。入户走访实训的目的是通过了解群众对公安机关的意见与看法及对社区治安防范的建议，让学生亲身体验应怎样与群众沟通交流，明确入户走访中应注意具体事项，提高学生的人际交往能力和随机应变能力，为以后从事社区警务工作奠定基础。

四、实训内容

（1）入户走访对象的确定；

（2）入户走访顺序的确定；

（3）入户走访内容的确定；

（4）入户走访应注意的问题；

（5）询问笔录的制作要求；

（6）入户走访过程中的取证。

五、实训场地和器材

（一）实训场地

场地为学院实训广场内的模拟街区，实训前由任课教师对实训基地按照家庭模式进行相应布置。

（二）实训器材

（1）桌椅等家居用品；
（2）笔录纸、格式化的笔录纸首页；
（3）笔记本；
（4）啤酒瓶、锡箔纸、注射器若干；
（5）照相机；
（6）人民警察证（学生证代替）。

六、实训步骤、方法与注意问题

（一）实施步骤、方法

（1）学生分组。对学生进行分组，根据入户走访的要求和情景设定的实际需要，每组以 12 人为宜，8 人扮演社区民警，4 人扮演被走访对象，并确定小组负责人员。

（2）实训前准备。布置实训场地，准备实训器材。

（3）小组人员分工。结合本次实训给定情形，由学生小组负责人对本组学生进行内部人员分工和角色定位。

（4）选定走访对象，训练学生入户走访的方法、步骤和技巧。

（5）调查取证。由各学生小组负责人组织本组学生根据分工，组织本组学生对相关人员进行询问，对吸毒等证据进行提取、固定，并制作相关笔录。

（6）将核实了的治安情报信息录入相关系统。

（7）卷宗制作。由各组学生分别制作一份卷宗，根据调查材料提出处理意见，履行法律手续，并将案卷材料装订成册；要求按实战部门的规范化要求，规范装订卷内文件，且卷内文件顺序、卷面内容填写不能出错。

（8）训后讲评。先由学生小组派代表互评，然后教师讲评。

（二）注意问题

（1）实训目的是提高学生群众工作能力和案件办理能力，因此，重点应突出学生对各种不同走访对象的把握和临场应变的能力培养。

（2）扮演社区民警的学生必须着警服，扮演当事人和证人的学生着便装。

（3）整个模拟过程必须要严肃、真实。

（4）教师和考核人员在实训过程中要全程进行监督。

七、实训考核

（一）实训考核要求

（1）严格按照考核标准进行考核。

（2）考核要公平、公正和客观。

（3）实训成绩按一定比例记入期末考核成绩。

（二）实训考核标准

考核模块	考核要点	考核分值	考核得分
知识运用模块	1. 走访对象的确定	5	
	2. 走访顺序的确定	5	
	3. 询问笔录制作	5	
	4. 走访内容的确定	5	
	5. 相关物证的采集与固定	5	
	6. 卷宗整理	5	
组织协调模块	7. 人员的分工	5	
	8. 实训中的组织	10	
	9. 实训中的纪律	10	
	10. 警察形象的维护	10	
能力培养模块	11. 组织管理能力	10	
	12. 记录能力	5	
	13. 口头表达能力	10	
	14. 问题处理能力	10	
考核得分合计			

八、思考题

1. 入户调查应注意哪些问题？
2. 如何运用好入户走访工作方法来加强警民联系？
3. 入户调查的方法和步骤有哪些？

实训项目五　社区安全防范检查

一、基础知识

（一）社区安全防范检查的概念及特征

社区安全防范检查是指治安管理基层组织为了维护社区安全，依靠社会力量，在社区范围内实施的发现并消除各类安全隐患的检查活动。它具有如下属性特征：

1. 预防性

社区安全防范的目的是为了预防和控制社区各种社会治安问题，保障社会安全。治安问题是影响社会稳定、破坏社会安全的基本现象。因此，开展社区安全防范检查的目的就是采取各种措施、手段和方法，努力减少、控制和消除可能导致治安问题的各种因素和条件，保障公共安全，维护社会稳定。

2. 指导性

社区安全防范检查的主体是基层治安管理组织。基层派出所负有维护辖区社会治安稳定的责任，也即对社区各类安全防范措施的落实担负着督促、检查、指导的责任。

3. 主动性

社区安全防范检查是对社会治安问题实施的提前预防、主动应对的行为。对社会治安问题可以采取事前的防范行为和事后的追查、打击行为。比较而言，安全防范行为对社会治安问题的防控更加积极、更加主动。

4. 监督性

治安基层组织通过社区安全防范检查，督促社区内的单位、家庭和个人等积极开展社区安全防范工作，落实社区安全防范制度，防止和减少治安问题的发生。

5. 基础性

社区安全防范检查是治安管理工作中一项基础性工作，对防范社区治安问题的发生具有重要的作用。

（二）社区安全防范的主要内容

社区安全防范工作的内容极为广泛。随着社会治安形势的变化，多发且具有可防性的治安问题集中表现为火灾、盗窃、诈骗、抢夺、抢劫以及各类治安灾害事故。因此，社区安全防范检查工作的主要内容是“防火、防盗、防骗、防抢、防人身伤害、防治安灾害事故”。

1. 防火

火灾是在时间空间上失去控制的燃烧造成灾害，它发生在人们生产、生活的各个领域，直接威胁人们的生命财产安全，防范火灾是社区安全防范的重要工作。

2. 防盗

盗窃是一种多发性案件，直接侵害公私财产的安全，影响群众的安全感。社区防盗可以分为个人防盗、家庭防盗、社区公共防盗等多方面。个人防盗主要包括随身物品安全与车辆及车内物品安全。家庭防盗包括门窗安全、家庭贵重物品保管及必要的技防措施。社区防盗主要包括规划设计、管理制度与社区防范措施的实施。

3. 防骗

诈骗是以非法占有为目的，用虚构事实或者隐瞒真相的方法，骗取数额较大的公私财物的行为，这是社区中的多发性案件。随着社会治安形势的发展变化，诈骗案件在传统的诈骗方式之外，诈骗方法越来越多样，如电话诈骗、网络诈骗、银行卡诈骗等，涉案金额也越来越大。告诫社区群众提高警惕、识别骗术是社区防骗的关键。

4. 防抢

抢劫案件属于严重威胁人民群众生命财产安全的案件。社区防抢主要包括防入室抢劫、外出防抢及汽车防抢。入室抢劫多发于假借事由入室抢劫和转化型抢劫。外出防抢多表现为飞车抢劫和暴力型抢劫。汽车抢劫多发生在临时停车或故意“碰瓷”。

5. 防人身伤害

人身伤害是指生命、健康和身体遭受的侵害。防人身伤害主要要加强自我防范意识，增强自救能力。

6. 防治安灾害事故

治安灾害事故是指由于违反治安管理法规或者安全操作规程，造成财物损失或人员伤亡，并因此对人们心理和社会安定产生消极影响的灾难事故。它包括火灾、中毒、放射性事故、爆炸、交通肇事、翻沉船、空难和因为公共秩序混乱造成的挤压死伤事故等。

（三）社区安全防范检查的内容

1. 社区安全管理制度的落实情况

社区安全管理制度包括安全责任制度、值班巡查制度、事故报告处理和责任追究制度、安全教育制度等。

2. 社区消防安全设施的配置与运行及使用情况

包括供电设备、燃油燃气设施的使用和管理是否符合安全要求；灭火器、消防栓、应急照明灯等设备的配置是否符合安全标准，消防通道、建筑物楼梯和走道是否畅通无阻；是否安装消防报警系统并正常运行；易燃、易爆、有毒物品的存放、使用和管理是否规范得当，危险设施设备是否有明显警示标志；是否定期举行安全自救逃生演练，能否正确使用消防器材和掌握逃生自救的方法等。

3. 社区公共安全隐患及整改情况

基层公安机关和相关单位需定期或者不定期地对社区公共安全进行检查，通过检查发现安全隐患并提出整改意见，要求相关单位和社区对这些安全隐患进行整改，基层公安机关对这些整改后的情况进行复查。

4. 社区技术防范措施及设备运行情况

视频监控图像是否稳定、清晰；监视图像是否保存30天；是否安装入侵报警系统等。

5. 社区居民家庭防范情况

是否设置防盗安全门、安全窗；邻里照看落实情况；安全防范宣传落实情况等。

（四）社区安全防范检查的基本方法

1. 日常检查

日常检查是指基层治安管理部门对社区安全防范工作所进行的日查、周查和月查，其目的是对物的不安全状态和人的不安全行为进行督促、指导，并通过检查加以控制和整改，以防止案件、事故发生。

2. 定期检查

基层治安管理部门根据社区情况组织的全面安全检查，如季节性检查、季度检查、年中或全年检查等。

3. 专项检查

根据设备和工艺特点进行的专业检查，如电气、锅炉、电梯、防火、防爆检查等。

4. 群众督查

群众督查是指发动群众普遍进行的安全检查。

二、情景设定

2015 年某市公安局依据每月发布的案件监测预警通报，对全市今年以来居民区入室盗窃案件做分析，发现当前入室盗窃案件的特点极其鲜明。从发案区域看，以开放居民区为主。入室盗窃案件主要集中在一些居住环境较混乱、管理较薄弱的居民小区、临街店铺等地方。从侵入方式和作案手段看，犯罪分子从门侵入的有 32 起，其中，技术开锁 12 起，破坏明锁 12 起，撬门 4 起，溜门 4 起；从窗户侵入 18 起。从窗户侵入的入室盗窃案件主要集中在居民住宅一、二楼和顶层楼房；采用技术开锁被盗的 12 位受害群众，全部居住在开放式居民楼，楼层集中在 3~5 层。从作案时间上看，从门侵入的案件多发生在白天，时间段主要集中在上午 9 时至 11 时，下午 15 时至 17 时；从窗侵入的案件多发生在下半夜，主要集中在凌晨 4 时至 6 时。

问题：

1. 社区安全防范的主要内容包括哪些？
2. 怎样防范入室盗窃案件？
3. 怎样做好社区安全防范检查工作？

三、实训目的

社区安全防范检查是公安派出所的一项基本职责。通过社区民警对社区住户、单位进行专业性指导与检查，以预防案件、事件的发生，保障人民群众的生命财产安全。通过进行社区安全防范检查实训，让学生了解与掌握社区安全防范检查的主要内容和基本方法，如何指导居民进行安全防范，安全防范的漏洞主要存在哪些方面，并怎样通过与居民、单位、物业公司沟通开展社区安全防范活动，促其整改隐患，堵塞漏洞，预防案件、事件的发生。

四、实训场地和器材

（一）实训场地

学院和学院周边社区。通过检查学院和学院周边社区的社区安全防范情况，发现并提出整改意见。

（二）实训器材

（1）人民警察证；
（2）工作记录本；
（3）隐患整改通知书；
（4）照相机。

五、实训内容

（1）治安视频监控设备的运用；
（2）消防设施的配备、使用、检查；
（3）办公室、教学楼、学生公寓和居民家庭等防盗设施配备；
（4）各项安全防范制度的落实情况；
（5）保安、门禁等岗位设置；
（6）整改通知书的制作；
（7）安全检查工作总结。

六、实训步骤、方法与注意问题

（一）实施步骤、方法

1. 学生分组

对学生进行分组，根据社区安全防范检查的要求，每组以 4 人为宜，2 人扮演社区民警，2 人扮演被检查对象，并确定小组负责人员。

2. 实训前准备

选择实训场地，准备实训器材。

3. 小组人员分工

结合本次实训给定情形，由学生小组负责人对本组学生进行内部人员分工和角色定位。

4. 社区安全防范检查

由各学生小组负责人组织本组学生根据分工，组织本组学生对相关人员进行询问，检查制度落实情况、防范设施使用情况和家庭以及个人的安全防范意识等，对存在的安全隐患进行拍照固定，并制作相关笔录。

5. 安全隐患整改通知书制作

要求各组学生共同讨论，严格按体例要求，制作一式三份规范的书面《隐患整改通知书》。

6. 卷宗制作

由各组学生分别制作一份卷宗，要求按实战部门的规范化要求，规范装订卷内文件，且卷内文件顺序、卷面内容填写不能出错。

7. 训后讲评

先由学生小组派代表互评，然后教师讲评，要求学生提交实训报告。

（二）注意问题

（1）遵守实训纪律，不许大声喧哗。

（2）扮演民警的学生必须着警服，可以用学生证代替《人民警察证》。

（3）实训过程必须要严肃、认真、真实。

（4）教师和考核人员在实训过程中要全程进行监督。

七、实训考核

（一）实训考核要求

（1）严格按照考核标准进行考核。

（2）考核要公平、公正和客观。

（3）实训成绩按一定比例记入期末考核成绩。

（二）实训考核标准

考核模块	考核要点	考核分值	考核得分
知识运用模块	1. 场地选择	5	
	2. 安全隐患检查的内容	15	
	3. 检查的方法	5	
	4. 检查记录	5	
	5. 整改意见	10	
组织协调模块	6. 人员的分工与合作	10	
	7. 实训器材的准备	5	
	8. 实训中的纪律	10	
能力培养模块	9. 组织管理能力	10	
	10. 口头表达能力	10	
	11. 记录能力	5	
	12. 问题处理能力	10	
考核得分合计			

八、思考题

1. 社区治安电子监控系统布局应考虑哪些因素？
2. 社区安全防范中如何加强对人的防范？
3. 分析开放型社区与封闭型社区在安全防范方面有哪些优缺点？

附表1：

治安隐患整改通知书（存根）

（　）公治整字　　第　　号

＿＿＿＿＿＿＿＿＿＿＿：

年　　月　　日　　　　　　派出所对　　　　　　　　　　　进行安全检查时，发现存在下列治安安全隐患，限你单位在　　日内进行整改，并将整改结果书面报告我所。

主要安全隐患	
整改意见	

被检查单位签字：

派出所（公章）

年　　月　　日

治安隐患整改通知书

（　）公治整字　　第　　号

＿＿＿＿＿＿＿＿＿＿＿：

年　　月　　日　　　　　　派出所对　　　　　　　　　　　进行安全检查时，发现存在下列治安安全隐患，限你单位在　　日内进行整改，并将整改结果书面报告我所。

主要安全隐患			
整改意见			
签发单位（公章）		签发日期	

市公安局制

表 2：

社区安全防范检查表

检查单位：　　　　　　　　被检查单位：　　　　　　　　检查日期：

序号	检查项目		实际检查情况	检查结果	备注
一、安全管理制度					
1	安全责任制度	是否签订安全管理责任书，第一责任人、直接责任人和专人具体负责安全的工作机制是否落实			
2	值班巡查制度	门卫制度和干部值班制度（含节假日及敏感期值班）是否落实			
3	事故报告处理和责任追究制度	是否建立事故报告和快速处理制度，是否建立和严格执行责任追究制度			
4	安全教育制度	是否重视和坚持开展安全宣传，居民安全意识是否得到增强			
5	应急管理	安全应急预案是否完善，演练是否备案			
		是否建立专（兼）职应急救援队伍，是否配备及定期维修应急救援设备			
二、安全防范措施					
6	消防安全情况	供电设备、燃油燃气设施的使用和管理是否符合安全要求			
		灭火器、消防栓、应急照明灯等设备的配置是否符合安全标准，消防通道、建筑物楼梯和走道是否畅通无阻			
		易燃、易爆、有毒物品的存放、使用和管理是否规范得当，危险设施设备是否有明显警示标志			
		是否定期举行安全自救逃生演练，能否正确使用消防器材和掌握逃生自救的方法			
7	视频监控系统	监视图像是否稳定、清晰，监视图像是否保存30天			
8	人力防范	防范人员年龄是否在18~60岁之间			
		从业人员是否经过安全、法制、技术培训，并经岗位考核合格			
9	实体防范	重要防范部位是否设有防攀爬设施			
		是否按规定要求设置防盗安全门、安全窗			
		是否设置防盗保险柜			
		是否安装入侵报警系统			
10	其他情况				

实训项目六　社区人民调解工作

一、基础知识

（一）社区人民调解的概念

调解，是指中立的第三方在查明事实、分清是非和矛盾双方平等自愿的基础上，通过对当事双方采取说服教育、劝导协商等方法，促成当事双方互谅互让、逐步达成协议，从而消除纷争的全过程。当前我国的调解形式主要有人民调解、行政调解和司法调解等。其中，社区人民调解是指社区人民调解委员会通过说服、疏导等方法，促使当事人在平等协商基础上自愿达成调解协议，解决民间纠纷的活动。

（二）社区人民调解的性质

社区人民调解是社区人民群众进行自我管理、自我服务、自我约束、自我教育的一种形式，在性质上属于群众性自治活动，它具有基层性、群众性和自治性。

（三）社区人民调解的适用范围

社区人民调解广泛适用于民间纠纷，即发生在公民与公民之间、公民与法人或其他社会组织之间涉及民事权利义务争议的各种纠纷。

（四）社区人民调解的主体

1. 人民调解委员会

人民调解委员会作为社区群众性自治组织，它是村民（居民）委员会的内设机构，每个村民（居民）委员会均必须设立，企业事业单位则根据需要设立。调解委员会由3~9名委员组成，设主任1人，可以设副主任若干人，其成员中应当有女性，多民族居住地区还应当有人数较少的民族成员。人民调解委员会委员由村民（居民）会议或者村民（居民）代表会议推选产生；企业事业单位设立的人民调解委员会委员则由职工（职工代表）大会或者工会组织推选产生。每届任期3年，可以连选连任。人民调解委员会的各项工作应当接受群众监督。

2. 人民调解员

人民调解员由人民调解委员会委员和调解委员会聘任的人员担任。人民调解员应当公道正派、热心人民调解工作，并具有一定文化水平、政策水平和法律知识。县级人民政府司法行政部门应当定期对人民调解员进行业务培训。调解工作中，如果调解员存在偏袒一方当事人、侮辱当事人、索受财物及牟取其他不正当利益，或者泄露当事人个人隐私、商业秘密等情形，其所在的人民调解委员会应给予批评教育、责令改正，情节严重的，应当予以罢免或者解聘。

（五）社区人民调解应遵循的原则

1. 当事人自愿、平等原则

当事人在调解过程中享有平等的法律地位，可自由选择是否接受调解或是否继续进行调解；可接受调解委员会安排的调解员，也可自主选择调解员；既可接受调解员提出的调解方案，也可自行提出调解方案；同时还可以自由选择是否达成书面协议或口头协议等。

2. 不违背法律、法规和国家政策原则

调解应在法律框架内进行，应遵循“以事实为依据、以法律为准绳”原则；调解结果和当事人权利义务确定，应符合法律、法规和国家政策；同时，调解程序必须合法。

3. 尊重当事人权利原则

调解、仲裁、行政或司法途径等都是当事人依法维权的可选方式；选择哪种方式维权是当事人真实意愿的表现，应当得到尊重；调解组织和调解员不得因调解而阻止当事人依法通过仲裁、行政、司法等途径维护自己的权利。

4. 及时原则

当纠纷发生时，人民调解组织和个人应及时介入，尽量将矛盾化解在萌芽阶段，切实抓早、抓小、抓好，最大限度地防止民间纠纷转化为治安（刑事）案件。

5. 教育原则

充分利用人民调解这个平台，以事说法，以事明理。通过以社区群众身边的人说社区群众身边的事，以社区群众身边的事说国家法制、社会公德、传统美德，积极拓展人民调解的社会教化作用，倡导公序良俗，力争调解一案、教育一片、引导一方。

（六）当事人在人民调解中的权利和义务

1. 权利

当事人的权利包括：选择或者接受人民调解员；接受调解、拒绝调解或者要求终止调解；要求调解公开进行或者不公开进行；自主表达意愿、自愿达成调解协议。

2. 义务

当事人的义务包括：如实陈述纠纷事实；遵守调解现场秩序，尊重人民调解员；尊重对方当事人行使权利。

（七）社区人民调解的程序

社区人民调解在社区人民调解委员会的主持下，通过人民调解员具体组织实施，且不收取任何费用。

1. 调解受理

受理调解可因当事人申请而受理，也可因人民调解员主动介入调解而受理。值得注意的是，基层人民法院、公安机关对因婚姻、家庭、继承、劳动等适合通过调解方式解决的纠纷，也可在受理前告知当事人向人民调解委员会申请调解。但当事人一方明确拒绝调解的，不得调解。

2. 确定调解员

根据纠纷调解的实际需要，可由人民调解委员会指定1名或者数名人民调解员进行调解，也可由当事人选择1名或者数名人民调解员进行调解。

3. 调查取证

调解员在受理调解后，应及时对导致纠纷的事实依法进行全面、深入、客观的调查取证，尽快查明与纠纷有关的客观事实，制作好相关笔录，并对相关证据进行提取或固定。

4. 当事人协商

查明纠纷事实真相后，调解员应当就地、及时召集双方当事人明法析理和在自愿平等、互谅互让的基础上进行协商，对当事人之间的矛盾进行耐心疏导、劝解，并提出解决纠纷的方案，帮助当事人自愿达成调解协议。协商的地点与是否公开进行，可根据当事人意愿灵活选择。同时，根据实际需要，调解员在征得当事人同意后，还可以邀请当事人的亲属、邻居、同事、社会人士或具有专门知识和特定经验人员参与调解。人民调解委员会应当支持当地公道正派、热心调解、群众认可的社会人士参与调解。调解过程中，如当事人要求终止调解，调解员应终止调解；如调解不能达成一致协议或调解达成协议后当事人反悔，调解员应告知当事人可依法通过仲裁、行政、司法等途径维权；属治安案件的，公安机关应依法妥善处置。

5. 形成调解协议

调解协议有书面和口头两种形式，如果是口头协议，调解员应将协议内容在调解记录中准确记载。如果是书面调解协议，则应在协议中载明下列事项：（1）当事人基本情况；（2）纠纷的主要事实、争议事项以及各方当事人责任；（3）当事人达成调解协议的内容，履行的方式、期限。调解协议书一式三份，协议书自各方当事人签名、盖章或者按指印，人民调解员签名并加盖人民调解委员会印章之日起生效；口头调解协议自各方当事人达成协议之日起生效。生效的调解协议，具有法律约束力。

6. 履行调解协议

协议生效后，当事人应依约履行；人民调解委员会应对协议履行情况进行监督；如当事人就协议内容或履行发生争议的，可依法向人民法院提起诉讼。

7. 建档备存

民间纠纷调解完毕后，调解员应将纠纷调解的相关资料，整理成卷，建档备存。

（八）社区人民调解的保障

《人民调解法》规定，县级以上地方人民政府对人民调解工作所需经费应当给予必要的支持和保障，对有突出贡献的人民调解委员会和调解员应按照国家规定给予表彰奖励；村民委员会、居民委员会和企业事业单位也应为人民调解委员会提供开展工作的办公条件和必要的工作经费；调解员从事调解工作应给予适当的误工补贴；因从事调解工作致伤致残、生活发生困难的，当地人民政府应当提供必要的医疗、生活救助；在人民调解工作岗位上牺牲的人民调解员，其配偶、子女按照国家规定享受抚恤和优待。

二、情景设定

2015年夏季，由于持续多天高温，导致湖南大面积出现干旱。湖南某市某乡滨西村村民王某考虑到自家3亩稻田严重干涸、再不设法灌溉将会颗粒无收，于是和妻子李某商量购买小型水泵，从相距自家稻田约50米处的小河中抽水抗旱。8月7日凌晨6点多钟，王某夫妻俩一大早就带着新购置的小型柴油机、水泵、引水管、支撑架等来到自家稻田附近的小河边，先安装好柴油机和水泵，用支撑架将引水管从高到低、由小河边经同组村民于某的两丘稻田上空铺设到自家稻田里，然后发动柴油机开始抽水灌田。机器发动后，王某的妻子李某回家做早餐，早晨7点多钟，王某看到抽水事宜一切正常，便也回家吃饭去了。当日上午9点多钟，王某、李某夫妻俩到自家稻田处查看灌输情况时，发现于某正在田边巡视、且引水管中的水正由水管接头处汩汩地流向于某家的稻田，因而怀疑于某故意拧松水管接头偷水灌田，引发与于某的争执，继而导致相互推揉撕扯，恰在这时，同村村民吴某路过现场，将双方的纠扯制止。纠扯中，于某扯破了王某的衣服，李某打了于某两个耳光。

问题：

1. 此案的性质是什么？是否适合人民调解？
2. 假如此案适合人民调解，该如何启动调解程序？
3. 人民调解的基本程序是什么？
4. 假如你是该村的人民调解委员会主任，你将如何组织对该案的调解工作？

三、实训目的

在市场经济环境下，社区内因田土山林、宅基地、邻里关系、房屋租赁、损害赔偿等权益引发的民间纠纷层出不穷，由此引发的民转刑案件和治安案件也日益增多。社区人民调解工作，作为一种群众性自治形式和“三调联动”的一个重要内容，能依法通过有组织的说服劝导工作，及时有效地疏导、化解各类民间矛盾，消除矛盾双方的隔阂，增进社区居民间的和谐，也是社区警务活动中一个预防和减少治安、刑事案件的重要手段。通过社区人民调解实训，可帮助学生树立调解意识，让学生了解社区人民调解的性质和作用，熟悉社区人民调解的基本流程与原则，提高学生开展人民调解的基本能力，为今后从事社区警务工作奠定良好基础。

四、实训内容

（1）社区人民调解的程序；

（2）社区人民调解参与人员的确定；

（3）社区人民调解的调查取证；

（4）社区人民调解过程中如何组织当事双方平等协商；

（5）社区人民调解笔录的制作；

（6）社区人民调解协议的制作；

（7）社区人民调解档案的整理。

五、实训场地和器材

（一）实训场地

利用学院实训广场中的模拟派出所的调解室作为实训场地，实训前由任课教师对模拟派出所的调解室进行相应布置。

（二）实训器材

（1）社区人民调解员的桌椅；

（2）笔录纸、格式化的笔录纸首页、卷宗封皮；

（3）被扯烂的衣服、化妆脸部红肿的胭脂等道具；

（4）法医鉴定书；

（5）照相机；

（6）格式化的纸质调解书（条件允许的情况下，可使用电子调解书模拟软件）。

六、实训步骤、方法与注意问题

（一）实施步骤、方法

1. 学生分组

对学生进行分组，根据社区人民调解的要求和情景设定的实际需要，每组以 8 人为宜，2 人扮演社区民警，2 人扮演人民调解员（其中 1 人为女生），4 人扮演当事人及目击群众，并确定小组负责人员。

2. 实训前准备

布置实训场地，准备实训器材。

3. 小组人员分工

结合本次实训给定情形，由学生小组负责人对本组学生进行内部人员分工和角色定位。

4. 调查取证

由各学生小组负责人根据任务分工组织本组学生开展调查工作，对相关人员进行询问，对被撕扯损坏的衣服及伤害情况等证据进行提取、固定，并制作相关笔录。

5. 组织调解会

由各学生小组负责人负责，带领本组学生模拟演示调解员召集当事双方进行协商的过程，要求各组学生找准各自角色定位，真正投入到调解会的状态中去。

6. 调解书制作

要求各组学生共同讨论，严格按体例要求，制作一份规范的书面《调解协议书》。

7. 卷宗制作

由各组学生分别制作一份卷宗，要求按实战部门的规范化要求，规范装订卷内文件，且卷内文件顺序、卷面内容填写不能出错。

8. 训后讲评

先由学生小组派代表互评，然后教师讲评。

（二）注意问题

（1）实训目的是提高学生组织实施调解的实战能力，所以，重点应突出对学生各种相关文书制作、调解过程中临场应变的指导。

（2）扮演民警的学生必须着警服，扮演当事人和证人的学生着便装。

（3）整个模拟过程必须要严肃、真实。

（4）教师和考核人员在实训过程中要全程进行监督。

七、实训考核

（一）实训考核要求

（1）严格按照考核标准进行考核。
（2）考核要公平、公正和客观。
（3）实训成绩按一定比例记入期末考核成绩。

（二）实训考核标准

考核模块	考核要点	考核分值	考核得分
知识运用模块	1. 调解受理	5	
	2. 调解员确定	5	
	3. 询问笔录	10	
	4. 相关物证采集与固定	5	
	5. 调解会的组织	10	
	6. 调解协议制作	15	
	7. 卷宗整理	5	
组织协调模块	8. 人员的分工	5	
	9. 实训中的组织	5	
	10. 实训中的纪律	5	
能力培养模块	11. 组织管理能力	5	
	12. 记录能力	10	
	13. 口头表达能力	5	
	14. 问题处理能力	10	
考核得分合计			

八、思考题

1. “社区人民调解”与“刑事和解”有何关联？

2. 当前社会的动态化、信息化特征诱发了哪些新型的民间纠纷？社区警务工作中可通过哪些途径来预防这些新型纠纷的发生？

3. 什么是“三调联动”？“三调联动”对当前解决缠讼、累讼、缠访、闹访及非正常上访有何意义？

附表：

人民调解协议书

甲　方：　　　　　　　　　　　　身份证号：

乙　方：　　　　　　　　　　　　身份证号：

参与方：　　　　　　　　　　　　身份证号：

简要案情：

在____________________到场参与的情况下，经______________________________调解，甲、乙双方及___________等_________________方在平等协商、自愿一致的基础上就____________________达成协议，协议条款如下：

此协议一式三份，______方签字即日生效。

甲　方：

乙　方：

参与方：

调解人：

年　月　日

实训项目七　常用安全检查仪器的使用

一、基础知识

（一）安全检查仪器的概念

安全检查仪器是指被适用于安全技术检查的各种科学技术仪器、设备。

（二）常用安全检查仪器的种类

1. X 射线安全检查仪

（1）固定式。固定式 X 射线安全检查仪体积大、重量重，一般不随意移动，能够长时间进行工作，仪器检测效果好。主要适用于机场、火车站和汽车站的入口对大量行李物品进行检查。

（2）车载型。车载型 X 射线安检仪是小型号的安检仪，安装在车辆内，相对固定式而言，移动能力比较强。可以根据实际需要随时建立临时安全检查点，大大方便了应急安全检查。受安检仪尺寸限制，被检物品不能太大。

（3）便携型。便携型 X 射线安检仪体积小、重量轻，移动方便，可以随车携运。主要用于对小件、少量物品进行应急安检，尤其适用于搜爆、排爆工作。主要不足是电池的电容量有限，不能够长时间连续使用。

2. 金属探测器

（1）手持式金属探测器。手持式金属探测器是最常用、最廉价的安检仪器，其特点是便于携带、可以灵活应用，因此被广泛应用于各种安检场合。

（2）安全门。安全门也称通道式金属武器探测器，可以对人员身上携带的金属物品进行探测。安全门克服了 X 射线安检仪在使用过程中 X 射线对人体造成伤害的缺点，同时又比手持式金属探测器的工作效率高得多，所以广泛运用于人身的安全检查。

（三）常用安检仪器的工作原理

1. 固定式 X 射线检查系统装置的工作原理

X 射线是一种波长短、能量高、穿透能力很强的不可见电磁波。X 射线穿透物质的程度与物质的性质结构关系密切。低原子序数的非金属物体对 X 射线的吸收较弱，X 射线的透过率比较高；高原子序数的金属物体对 X 射线的吸收较强，X 射线的透过率低。X 射线安全检查仪器就是利用 X 射线对不同密度、不同原子序数的物体进行穿透，然后通过信号的转换，把物体内部的结构反映在显示器上，达到不开包装就能看到物体内部结构的目的，从而快速检测出隐藏在包裹内的金属物品或者非金属液体。

X 射线安全检查仪器的类型很多，本实训以固定式 X 射线安全检查仪器为例，对其系统结构和工作原理进行介绍。固定式 X 射线检查系统装置由 X 射线发射系统、成像系统和皮带传送系统三部分组成。检查物品时，被安检物体放在传送带上，传送到 X 射线发射系统中检测，然后再经过成像显示处理，被检查物体的内部含有的金属物品或者非金属液体就能在显示器上清晰地显示出形状和位置来了。

2. 安全门的工作原理

安全门内的核心部件是有源磁力计探测器，当有武器、铁制凶器等铁磁性物体通过时，线圈产生感应电动势，经过放大、转换后变为报警灯光或者报警震动。此外，安全门的门柱和脚下踏板部位还设置有探头，根据连续波探测原理，用数字电路来控制声光报警和进行人次统计。当被检查人员通过安全门时，探头分区域对人体的多个不同部位进行探测，一旦探测出金属就报警。

3. 手持式金属武器探测器的工作原理

手持式金属武器探测器主要由主机、控制开关和报警装置三个部分组成。主机部分可以产生恒定频率的电磁场，如果被检查人员身体上有金属物体，根据金属对磁场的干扰原理，可以确定被检查人员身上是否存在金属物体，以及判明金属物体所在的位置，同时把探测到的信号转化为光电等报警信号。控制开关则主要是控制仪器的工作和停止。报警装置有声音报警和震动报警两种，可通过开关上的按钮选择其中的一种报警方式。

（四）安全检查人员的分工站位与职责

安检人员分工站位如图 1 所示。

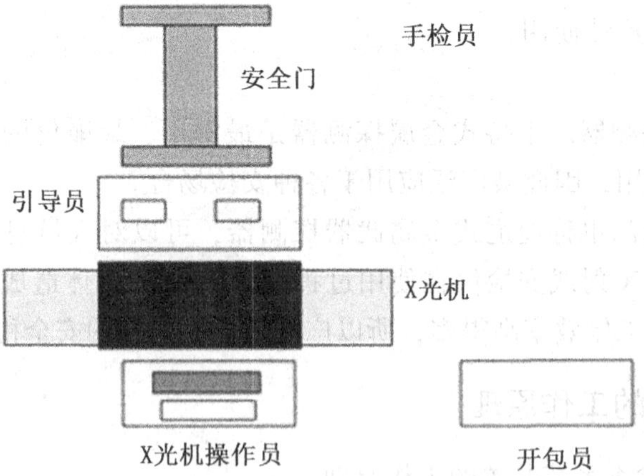

图 1　安检设备摆放和人员站位示意图

（1）引导员主要是引导过检人将随身携带的包裹放到 X 光机的传送带上过机检查，并提醒过检人将随身携带的钥匙、硬币等小物品放到X光机和安全门之间桌子上的小篮子里，引导员手工检查篮中是否有违禁物品。

（2）手检员侧对或面对安全门站立，对触发安全门报警的过检人要用手持式金属探测器进行手检。

（3）X光机操作员主要是操作X光机，在发现可疑物品时，暂停传送带，同时提示开包员对行李物品进行开包检查。

（4）开包员主要是在收到X光机操作员的提示或者看到X光机的开包检查指示灯报警之后对行李物品开包检查，确认包裹内是否夹带有危险物品。

（5）处理问题的民警在手检员和开包员之间作为机动力量，及时处理携带的违禁物品和查处非法携带危险物品的违法犯罪行为。

（五）安全检查的流程

1. 对行李物品检查

旅客进入机场、火车站、汽车站等大厅时，先由引导员对旅客进行引导，旅客在引导员的引导下将行李物品放到固定式X射线安检仪的传送带上，X光机操作人员通过X光机的显示器查看有无可疑违禁物品。如发现有可疑物品，交由开包人员进行开包检查。处理问题的民警对发现的违禁物品依法予以收缴，对携带人员涉嫌的违法犯罪行为依法予以处置。

2. 对旅客身体检查

旅客先通过安全门进行身体检查。如有报警声发出，则需手检员用手持式金属探测器进行详细检查；或者要求旅客重新返回，先将可能发出报警声的钥匙、打火机等金属物品先掏出来，然后通过安全门，直到不再发出报警声为止。对手检员发现的违禁物品也交由处理问题民警处理。

（六）安全检查注意事项

（1）安检人员要有高度的责任心，做到全面性和重点性两手抓，两手都要硬。不能因为麻痹大意而漏检，也要对一些重点嫌疑对象（如神态举止异常、东张西望的人）进行重点检查。

（2）坚持“男不查女”的原则。女性一定要由女性工作人员进行安检。

（3）提高安全防范意识。在对人身检查时要时刻防范被检查人的突然袭击。

（4）X射线安全检查仪有强烈的X射线辐射，在传送带上放置行李或者取出行李时要注意不要把手伸入到铅帘布内，也不要把铅帘布拉开，以防止人体遭到放射性物质的直接辐射。

（5）开包检查行李有两种情况。一是X光机操作员在显示器上看到较为明显的金属违禁物品或者较为可疑的危险物品时，应通知开包员对行李进行开包检查。二是X光机对检测到的液体或者尖锐的金属物品自动报警，开包员看到报警信号后对行李开包检查。

（6）对发现的违禁物品的处理。一般要分情况处理，一是对尚未违反《治安管理处罚法》的情况，依法予以收缴，要求旅客填写放弃危险物品单并签字；二是已经构成违反《治安管理处罚法》的行为依法移送公安机关进行处罚；三是情节严重，涉嫌犯罪的，要依法移送公安机关按照刑事案件进行处理。

二、情景设定

张某（女，21 岁）在甲城市做水果生意，春节期间准备从甲火车站乘坐火车回老家乙城市。于是张某买好了火车票，带上了很多行李（包括衣服、一瓶矿泉水和一把长 30 厘米的水果刀），随身带了一个精致的金属打火机用于点烟，准备在甲火车站进站上车。在进站口的安检处，张某将随身携带的行李物品放到 X 射线安检仪的传送带上进行安检，张某本人直接过安全门，安全门发出了报警声，于是站在安全门后面的手检员李某（男，40 岁）用手持式金属探测器对张某进行人身检查，并用手在张某的身上来回检查，发现金属打火机一个。X 光机操作员也看到管制刀具形状的物体和一瓶液体，于是提示开包员王某对该行李物品进行开包检查。开包员王某打开 X 射线安全检查仪的后铅帘布将张某的行李袋取出，打开后发现了一把水果刀和一瓶矿泉水。王某怀疑该瓶矿泉水是爆炸性物品，于是将水果刀和矿泉水都扣押了。张某对此提出异议，说矿泉水不应该收缴，双方发生争执。

问题：

1. 请问该案例中，手检员李某的做法是否符合规定？如果不符合规定，此情况下他应该要怎么处理？

2. 开包员对疑似爆炸物品的所谓的矿泉水该不该收缴？怎么处理会更好？

3. 安检人员在安检过程中还有哪些需要注意的事项？

4. 手持式金属探测器的使用步骤是什么？

5. 开包员王某打开 X 光机的铅帘布将张某的行李袋取出的操作是否符合规定？这样做会有什么危害？正确的做法是什么？

三、实训目的

手持式金属探测器、安全门和 X 射线安全检查仪等常用安全检查仪器在机场、火车站和汽车站等公共交通工具入口已经大量投入使用，这些安全检查仪器在保障公共安全方面发挥了重要的作用。通过进行常用安全检查仪器使用的实训，让学生了解常用的安全检查仪器种类，了解各种安全检查仪器的工作原理和适用范围，掌握手持式金属探测器、安全门和 X 射线安全检查仪的使用，掌握安检工作流程，提高学生对安检仪器的学习兴趣，培养学生从事安全检查工作的实际能力，为今后的工作打下良好的基础。

四、实训内容

（1）受检人员引导；

（2）安全门的使用；

（3）使用手持式金属探测器进行人身安检；

（4）X 射线安全检查仪的使用；

（5）行李物品的开包检查；

（6）违禁物品处理。

五、实训场地与器材

（一）实训场地

学院实验中心的安全防范技术实验室。

（二）实训器材

（1）GC-1001 手持式金属探测器、金属片；

（2）X 射线安全检查仪；

（3）安全门、矿泉水、行李包、管制刀具。

六、实训步骤、方法与注意问题

（一）实训步骤、方法

（1）学生分组，角色分配。学生数量以 30 人为例，将全区队学生分为 6 个小组并编号为 1~6 号小组。第一轮实训 1~3 组为安检人员组，分别对应被检查的游客组 4~6 组。第二轮实训对应的两组分别互相调换角色。

（2）安检实训准备。实训准备阶段安检人员组要先熟悉手持式金属探测器、安全门和固定式 X 射线安全检查仪的使用方法、使用步骤、安检规章制度、安检纪律、安检紧急事件处置程序和安检技能；游客组将各种金属片藏匿于衣服、帽子、裤子、鞋子和袜子等隐蔽位置，藏匿方式要尽可能多样，并想方设法给安检人员的检查设置障碍（如利用性别、病患、残疾等特殊身份）。行李包内也尽可能多的装入各种形状的金属片物体和瓶装液体。

（3）安检人员组按照图 1 进行站位。引导员对游客组的安检工作进行引导。引导员引导旅客通过安全门，行李要放到传送带上过安检机。

（4）安全门的使用操作。按下安全门的电源键开机。游客组先直接通过安全门，看是否会引起报警，以及确定报警的区域。然后将游客身上的金属物品逐步拿出来之后再通过安全门，看是否还有报警，一直到安全门不报警为止。

（5）手持式金属探测器的使用练习。手检员用手持式金属探测器进行人身检查的流程如下：打开开关，先对前面进行检查，依次从衣领、右肩、右大臂外侧、右手、右大臂内侧、腋下、右上身外侧、右前胸、腰、腹部、左肩、左大臂外侧、左手、左大臂内侧、腋下、左上身外侧、左前胸、腰、腹部、右膝部内侧、裆部到左膝部内侧，然后请旅客转身，从后面进行检查，手持式金属探测器的运行路径依次为：头部、后衣领、背部、后腰部、臀部、左大腿外侧、左小腿外侧、左脚、左小腿内侧、右小腿内侧、右脚、右小腿外侧最后到右大腿外侧。手持式金属探测器一旦发生报警，即可对引起报警的部位进行重点检查，然后对全身进行检查。

（6）固定式X射线安全检查仪使用练习。先检查安检仪上的三个红色紧急按钮是否弹起，在确认都开启后，按操作台上的“启动”按钮打开安检仪，然后在操作键盘上按下“←”键，传送带就开始向左滚动；若按“→”键，则传送带开始向右滚动。游客组学生将已经准备好的各种行李物品放到传送带上过机检查。X光机操作员可以通过显示屏看到行李包的内部物体结构。行李包内的管制刀具等尖锐的金属物体和装上水的矿泉水瓶等物体均会引起报警。非金属液体还会呈现出特殊的橙色，很容易辨识。学生还可以尝试把行李包内的物体放置成不同的角度或者用不同的包装物（如衣服、被子、鞋子等）对金属物体进行包装，然后查看显示屏上显示的效果。

（7）开包检查。开包员对旅客的行李物品中引起报警的行李进行开包检查，对发现的金属危险物品予以收缴，对发现的可疑液体可以要求旅客打开瓶盖喝一口的简单办法确认是否为危险物品。

（8）违禁物品的处理。对尚未违反《治安管理处罚法》的情况，依法予以收缴，要求游客填写放弃危险物品单并签字；对已经构成违反《治安管理处罚法》的行为依法移送公安机关进行行政处罚；对情节严重，涉嫌犯罪的，要依法移送公安机关按照刑事案件进行处理。

（9）学生角色互换再次进行相关实训。

（10）学生交流实训心得，学生互评，教师点评。

（二）注意问题

（1）对男性被检查人员，应该重点检查腰、腋下、裆部、腿内侧和脚部等部位。

（2）对女性被检查人员，应该重点检查头部、腋下、胸部、腰部、下身、鞋和随身携带包包等。

（3）坚持男不查女原则，以避免尴尬和侵犯人权问题。在人手不够或者男性安检员不在场等特殊情况下，女性安检员可以检查男性被检查人员。

（4）一般情况，可以让被检人员平举双臂，以便检查。

（5）严格执行安检纪律。

七、实训考核

（一）实训考核要求

（1）实训前做好人员扮演分配。

（2）参加模拟演练的学生要按照现场指挥的要求认真地进行演练，听从指导老师的安排。

（3）严格按照相关法律法规中关于“安全检查工作”的要求进行操作。

（二）实训考核标准

考核模块	考核要点	考核分值	考核得分
知识运用模块	1. 引导员的引导	5	
	2. 安全门的操作	10	
	3. 手持式金属探测器的操作	10	
	4. X 光机的操作	10	
	5. 对行李开包检查	10	
	6. 对违禁物品的处理	5	
组织协调模块	7. 人员分工	5	
	8. 小组合作	5	
	9. 安检人员的沟通技巧	5	
	10. 安检纪律	5	
能力培养模块	11. 使用手持式金属探测器发现人身上携带金属物品的能力	10	
	12. 使用 X 光机可以发现金属物品的能力	5	
	13. 使用 X 光机发现可疑液体的能力	5	
	14. 问题处理能力	10	
考核得分合计			

八、思考题

1. 手持式金属探测器的使用有哪些操作流程？

2. 被检人服装上有不能取下的金属物件干扰时（如皮带扣、金属纽扣），如何有效检出违禁品？

3. 安检过程中对女性进行检查时，只有男性安检人员在场，如何安检？

4. 在使用 X 射线安全检查仪时，安检工作人员和旅客要怎么防护 X 射线的危害？

实训项目八　常用入侵报警系统的使用

一、基础知识

（一）入侵报警系统的概念

入侵报警系统是一种基于传感技术和电子信息技术、可以自动发出报警信息来提示非法进入或试图非法进入设防区域的电子应用集成系统，它集入侵探测、数据传输、入侵报警、报警信息处理于一体，由前端探测器、传输线路、服务器和报警提示终端组成，是当今安全防范技术中用于检测非法入侵的主要技术手段之一。在整个入侵报警系统中，入侵报警器是其前端部分，在报警系统中起着重要的作用。

（二）常用入侵报警器的种类

常用入侵报警器名称	工作方式	警戒范围	应用场合
主动红外探测器	主动式	线型区域	建筑物外围
被动红外探测器	被动式	空间区域	室内
微波多普勒探测器	被动式	空间区域	室内
微波墙式探测器	主动式	线型区域	建筑物外围
激光探测器	主动式	线型区域	建筑物外围
脉冲电子围栏	主动式	线型区域	周界
门磁开关探测器	主动式	点状区域	建筑物入口
玻璃破碎探测器	被动式	空间区域	建筑物入口

考虑到课时与实验条件的限制，本实训专题仅选择入侵报警系统中目前应用较为普遍的主动红外报警器进行介绍和训练。

（三）主动红外探测器的组成及工作原理

1. 主动红外探测器的组成

主动红外探测器由发射部分和接收部分两部分组成，发射部分和接收部分分别安装在需要警戒线型区域的两端。其中，发射部分包括驱动电路、红外发光元件和光学透镜；接收部分包括光学透镜、光电传感器和信号处理电路。

2. 主动红外探测器的工作原理

发射机发出经过调制的红外线，经过透镜的聚焦变成平行光束，在空间中直线传播一段距离后到达接受机。接受机通过透镜将接收到的红外线聚焦，然后作用于光电转化器上，将光信号转化为电信号，电信号与报警器相连接。这样在发射机和接收机之间构成了一条由红外线值守的警戒线。在布防状态下，发射机与接收机之间的红外光信号稳定，接收机接到的电信号也是稳定的；但如果有物体入侵，则发射机与接收机之间的红外线束就被遮挡住了，接收机接收到的红外线信号突然中断，导致接收机的电信号变化，达到某一阈值时，即触发报警。

（四）主动红外探测器的主要性能指标

1. 探测范围

主动红外探测器属于线控型探测器，其探测范围一般以该型探测器能发挥作用的有效距离来表示，如某主动红外探测器的探测距离为 100 米。

2. 探测灵敏度

探测灵敏度，是指入侵探测器能够触发报警控制器发出报警所需要的最小输入探测信号。主动红外探测器的灵敏度主要与有效报警最短遮光时间的选取有关。如人（宽度约为 20cm）以百米跑的最大速度（约 10m/s）通过镜头，经计算得知，通过镜头的最短遮光时间大约为 20ms。通常根据环境的情况选择主动红外探测器的灵敏度为 50~500ms。探测器的灵敏度不是越高越好，灵敏度过高容易造成误报警，灵敏度过低容易造成漏报警。

3. 误报率

误报率是指在单位时间（年、月、日和小时等）内发生误报警的次数。理想的状态是误报率为零，但实际情况下主动红外探测器的误报率并不低。

4. 漏报率

入侵行为已经发生，而系统没有报警称为漏报警。漏报警的次数占应当报警次数的百分比称为漏报率。通常情况下，应报警次数教少，漏报警次数较多，造成漏报率很高。

（五）主动红外探测器的特点及安装使用要求

1. 特点

（1）隐蔽性好。由于主动红外探测器发射出的是红外线，位于可见光区以外，人体肉眼看不到红外线，所以可以对主动红外探测器的发射器和接收器进行很好的伪装。在发射器和接收器之间形成的是一条看不见的红外警戒线，当有人入侵时，能在不惊动入侵者的情况下把报警信号传入到控制中心，以便工作人员及时采取措施来应对入侵行为。

（2）探测距离远。红外线在干燥的空气中可以传播较远的距离，常见的主动红外探测器的探测距离有 20 米、50 米、100 米和 200 米。对于周界防范而言，这样长的设防距离可以节省大量的人力物力。

（3）室内、室外均可使用。主动红外探测器在室外使用时主要受雨雾天气的影响，大气中的水蒸气可以吸收部分红外线，在浓雾天气时，主动红外探测器的探测距离急剧下降。根据警戒区域的特点选用合适探测距离的主动红外探测器，在室外使用时一般留有 20%的探测余量，以防止雨雾天气的影响。在室内使用时，不受雨雾天气的影响，主动红外探测器的性能比较稳定可靠。

（4）价格便宜、安装简单。主动红外探测器的价格较低，价格在几十元到几百元，普通用户也可以使用，廉价使主动红外探测器成为目前市场上销量最大的安防产品之一。主动红外探测器工作原理简单，安装使用简单易行，使该产品广受欢迎。

2. 安装使用要求

（1）在发射机和接收机之间不应有遮挡物。主动红外探测器是光遮断型探测器，探测器的报警是基于发射机和接收机之间的红外线被阻断。如果有飘落的树叶、摇动的树枝等遮挡物，会引起误报警。

（2）接收器要避免正对阳光。太阳光中含有红外线，正对着接收器会导致主动红外探测器的误报警。可以适当调整角度，以避免正对阳光。如果无法调整角度，则可以将发射器和接收器的位置对调。

（3）安装基础要牢固。主动红外探测器在布放状态时，是发射器发出的红外线经直线传播后进入接收器。若安装基础不牢固，一旦移动，发射器与接收器之间难以对准，而引发误报警和漏报警。

（4）镜头要经常清洁保养。主动红外探测器的探测原理是基于光遮断，镜头在红外线的聚焦中作用重大。主动红外探测器在室外使用时，镜头上可能会长苔藓，可能会有小鸟的粪便，也可能灰尘太多，这都会影响到光学系统的性能。在室内使用时，主要受粉尘的影响较大。所以镜头要经常清洁，以保证其稳定的性能。

（六）主动红外探测器在安防中的作用

安全防范分为人防、物防和技防。技防即技术防范，主要分为出入口控制系统、周界安全防范技术和视频监控技术。周界安全防范技术是指对警戒区域的外围周界进行防范，例如对学校的围墙或一栋建筑的外围进行布防。主动红外探测器作为最常用的周界入侵探测器之一，在整个安防体系中有着重要的作用，并以其廉价、简单易用、防范距离远、性能比较安全可靠而深受广大用户的喜爱。主动红外探测器在安防中担任的角色是周界防范报警，在整个安防系统中处于第一道防线，其防范的是一条看不见的直线警戒区域。安防人员探测到这第一道警戒线的入侵信号，便可以及时采取行动，防止可疑人员深入到防护区域内部核心地带。主动红外探测器只相当于一个哨兵，它只是起到探测预警的作用，整个安防工作还需要其他安保系统和安保人员共同来完成。

二、情景设定

在2008年北京奥运会期间，志愿者在鸟巢、水立方等奥运会重要场馆周界执勤时，只要走在场馆周界相隔50米左右的两根黑色灯柱之间，灯柱立马就会发出“嘀嘀”的报警响声，而当他离开黑色灯柱之间的直线区域时，报警响声就会马上停止；当“嘀嘀”的报警声响起时，奥运安保人员就已经知道了他的位置；这就是安装在各奥运场馆周界的报警系统——红外幕墙。在这些奥运会重要场馆的周界围栏外，这样的黑色灯柱很多，灯柱顶端安装有普通的照明灯和普通的摄像头。乍看上去，这些黑色灯柱与一般的灯柱没有什么不同，然而神奇的是，只要有人走到这两根灯柱之间，“路灯柱”马上就会发出“嘀嘀”的响声，同时场馆内安保指挥中心的红外线监测仪闪起红灯，奥运安保人员就可以将主控画面的摄像头切换到报警的那根红外立柱上，进行报警确认。据了解，北京奥运会共有98个场所周界安装这样的红外幕墙，总长度达150公里，组成“天罗地网”对这些场馆的周界进行防御。这些红外线幕墙安装、使用简单方便，而且，两根立柱之间有多根红外光束，在上下两米多高的整个区域都进行了防御。这种幕墙，人无论是向上面爬、从下面钻还是撑杆跳都会触发红外线，引发报警。

问题：

1. 红外幕墙采用的是什么报警器？

2. 为什么走在灯柱中间时会有“嘀嘀”响声，而离开灯柱之间的直线空间时响声却会停止？

3. 假如你是奥运安保人员，你该如何安装这“红外幕墙”？

三、实训目的

主动红外探测器是一种常用的入侵探测报警器，是公安机关和民众进行周界防范的重要技术防范工具。通过本次实训，让学生了解常用的入侵报警探测器种类，掌握主动红外探测器的组成和工作原理，掌握主动红外探测器的性能指标、特点和安装使用要求，理解主动红外探测器在整个安防中的作用。熟练掌握主动红外探测器的安装、调试和使用。提高学生在公安工作中指导主动红外探测器安装和使用的能力，为今后的治安管理工作特别是技防工作打下良好的基础。

四、实训内容

（1）正确安装主动红外探测器；

（2）调试主动红外探测器；

（3）正确使用主动红外探测器。

五、实训场地与器材

（一）实训场地

安全防范技术实训室。

（二）实训器材

主动红外探测器、万用表、螺丝刀。

六、实训步骤、方法与注意问题

（一）实训步骤、方法

（1）人员分工和实训准备。将一个班级的40人分为8个小组，编为1~8号小组，每组5人，共用一个实验台，确定好小组长和总组长。学生提前预习实训内容，每个小组在实训前写出实训方案。

（2）教师在主控台上讲解实训的基本要求和注意事项。

（3）学生分组练习主动红外探测器的安装调试操作，教师随堂进行指导。

①投光器光轴调整。打开投光器的外罩，用手直接调整光学透镜的左右方向，用螺丝刀调节光学透镜的上下方向，将光学透镜的光轴调整到位。

②受光器光轴调整。首先按照投光器光轴的调整方法初步调整受光器的光轴，一直调整到受光器上的红色指示灯熄灭，绿色指示灯亮起且不闪烁，此时表明投光器和受光器的光轴已经对准。然后，用万用电表测试受光器的感光电压，同时反复调整受光器光学透镜，使感光电压达到最大，这样主动红外探测器的投光器和受光器上透镜的工作状态达到了最佳。

③遮光时间调整。遮光时间的调节按钮在受光器上，通常遮光时间在50~500ms之间可以调节。一般情况下，在出厂的时间已经默认了一个比较适中的遮光时间。通常，遮光时间短，仪器的敏感性就大，容易造成误报警；遮光时间长，仪器的敏感性则会降低，漏报警的可抗性就增大了，所以要根据实际情况合理选择遮光时间。实训时，要求学生尝试不同遮光时间下主动红外探测器的敏感性，并对不同遮光时间下仪器的误报警和漏报警进行测试。

（4）练习主动红外探测器与防盗报警主机的连接。主动红外探测器的投光器、受光器和遮光时间调整完成之后，将防拆开关接入防区输入回路中，然后把线与报警主机连接好，最后盖上透光器和受光器的外壳，用螺丝刀拧紧螺丝。

（5）测试主动红外探测器的性能。用与防范对象尺寸、形状相似的物体，以不同的速度、不同的入侵方式模拟入侵，即遮挡探头的光轴，测试报警情况是否正常。

（6）练习主动红外探测器的日常维护。通常一个月要对投光器和受光器的外壳用清洁剂清洗一次。在本实训中，可以用专业的擦镜布进行清洁。

（7）学生自评，教师点评。

（8）教师对学生的实训预习报告进行检查，并提出相关问题对学生的预习和实训效果进行测试。

（二）注意问题

（1）管线一定要穿管暗敷，不允许明敷。

（2）实训过程中一定要注意用电安全，防止人身伤害和仪器设备损坏。

（3）透光器和受光器光轴的调整要按照正确步骤仔细反复调整。

七、实训考核

（一）实训考核要求

（1）实训考核要根据学生的实际操作情况进行综合评价。

（2）考核要客观、公开、公正。

（3）实训成绩作为本课程成绩的重要组成部分。

（二）实训考核标准

考核模块	考核要点	考核分值	考核得分
知识运用模块	1. 实验预习情况	10	
	2. 投光器光轴的调整	5	
	3. 受光器光轴的调整	10	
	4. 遮光时间的调整	5	
	5. 与防盗主机的连接	5	
	6. 性能测试	10	
	7. 日常维护	5	
组织协调模块	8. 人员分工	5	
	9. 小组合作	5	
	10. 实训纪律	5	
	11. 操作规范性	5	
能力培养模块	12. 组织管理能力	5	
	13. 仪器调试能力	10	
	14. 仪器使用能力	10	
	15. 问题处理能力	5	
考核得分合计			

八、思考题

1. 主动红外探测器的工作原理是什么？
2. 影响主动红外探测器性能的器件主要有哪些？
3. 主动红外探测器在室外使用时应注意哪些问题？

实训项目九　常用视频监控系统的使用

一、基础知识

（一）视频监控系统的概念

视频监控系统也称为电视监控系统，它以电视摄像技术为基础，通过遥控摄像机及其辅助设备获取被监控场所的动态图像、声音，并将其传送到监控中心显示、记录，使监控中心看到被监控现场的各种信息，从而提高了管理效率。常见的视频监控系统有高清视频监控系统和标清视频监控系统两种。

（二）视频监控系统的基本组成

视频监控系统通常由前端设备、传输设备和终端设备三部分组成。

1. 前端设备

前端设备相当于视频监控系统的“眼睛”，包括摄像机、镜头、云台、防护罩和解码器等，主要功能是采集现场的图像、声音和视频等原始信息。

2. 传输设备

传输设备相当于视频监控系统的“神经”，主要功能是将前端采集到的视频、图像、声音传输到终端控制室，并把控制室发布的指令传送到前端设备，传输设备起着双向传输的作用。

3. 终端设备

终端设备相当于视频监控系统的“大脑”和“心脏”，包括总控制台、硬盘录像机、键盘、监视器、图像和声音记录设备、报警提示器等。主要功能是将前端采集到的视频、图像和声音等信号还原或记录，同时向值守人员提示报警、向前端发出各种指令信息（如前端摄像机的撤防/布放、云台的转动、不同路电视信号的切换等）。

（三）视频监控系统主要设备的选型

1. 前端主要设备的选型

（1）摄像机的选型。摄像机的选型主要考虑以下三个方面的因素：一是安装方式。如果选择固定式安装方式，那么通常会选用普通的枪式摄像机或者半球摄像机。二是安装地点。普通枪式摄像机可以选择的安装地点比较灵活，既可以安装在天花板上也可以安装在墙壁上，既可以用于室内也可以用于室外；而半球摄像机只能吸顶安装在天花板上，只能用于室内安装。三是环境光线。当环境的光线较暗时，宜选用低照度摄像机，当逆光进行监控摄像时，宜选用具有逆光补偿功能的摄像机。四是对图像清晰度的要求。对要求高的可以选用高清或者全高清摄像机，一般情况下选用标清即可满足要求，摄像的分辨率越高，造价也越贵。

（2）镜头的选型。镜头的选型主要考虑以下五个方面因素：一是镜头的尺寸不能小于摄像机的成像面尺寸；二是视场角的选择要根据实际情况灵活选择，不能太小也不能太大；三是根据环境光线的变化选择自动光圈与手动光圈，变化大的选择自动光圈，变化小的选择手动光圈，一般而言，监视目标范围的环境光线亮度变化相差100倍以上或者昼夜使用的摄像机宜选用自动光圈或者电动光圈镜头；四是摄取固定目标时，一般选用定焦镜头；五是对需要隐蔽安装的摄像机一般选用针孔镜头。

2. 传输设备的选型

近距离传输可以选用高质量、屏蔽好的视频同轴电缆传输，并根据实际距离选择合适的型号。远距离传输时，为保证传输质量，一般选用光缆传输，光缆传输所应用的是光导纤维中光的全反射原理，具有传输信号损失小、传输距离远、传输质量高、传输容量大、保密性能好和敷设方便等优点。

3. 终端主要设备的选型

（1）显示设备的选型。终端设备的显示部分一般由一台或者多台监视器组成，常用的显示设备主要有以下四种：一是电视机，该设备造价低，不够专业，适合短时间临时使用；二是普通的纯平显示器或者液晶显示器，造价低，适合在小型项目中使用；三是监视器，这是最常使用的显示设备，也有纯平和液晶两种，适合在中型项目中使用；四是大型的液晶拼接屏，该显示设备很专业，造价高，整体视觉效果比较好，适合在大型项目中使用。值得注意的是，选用的显示设备，其清晰度要大于或者等于摄像机的清晰度，以便于显示出足够分辨率的画面。视频监控系统一般至少要有两台监视器，一台做固定监视用，另外一台做时序监视用。

（2）切换控制器的选型。切换控制器选用一般要考虑以下三个方面：一是切换控制器要可以手动或者自动编程，能对摄像机的各种动作进行程序控制，能将视频信号在指定的监视器上进行固定显示或者时序显示；二是切换控制器要有与报警系统联网互动的接口，在报警时能够将视频监控画面迅速切换到报警部位摄像头的监控画面；三是视频信号要能够做多路同时使用，一般要有一路进行实时监控，一路进行备份，一路进行录像监视。

（3）硬盘录像机的选型。目前选用的硬盘录像机时，考虑录像转换的方便性，一般是专业的录像机，通常为间歇式数字硬盘录像机，并应具有遥控功能，以便对硬盘录像机进行远距离操作。

（四）高清视频监控系统

高清的视频监控系统目前公安机关在“平安城市”和“天网工程”等项目建设中广泛应用，高清的视频监控系统首先要有高清的摄像机，一般而言，摄像机的分辨率在720P以上即为高清，在1080P以上则为全高清。其次，一个视频监控系统是否高清，仅有摄像机的高清是不够的，还要有与之匹配的能够传输的线路，即传输系统也要“高清”。再次，终端显示器的分辨率也与整个系统的高清与否有关，高清信号要有高清显示器才能显示出来，故选配的显示器分辨率一般应不低于摄像机分辨率。最后，还有一个重要的因素就是终端电脑的CPU配置上要足够高，否则高清视频信号大量的数据量无法有效运行。只有这四个方面同时满足要求，整个视频监控系统才是高清的视频监控系统。

（五）视频监控系统在安防中的作用

技防包括出入口控制系统、周界入侵报警系统和视频监控系统三类。视频监控系统可以通过控制中心清楚地看到布防现场的图像、视频和声音，在三大系统中最具有直观性。视频监控系统目前已经广泛运用于公安技防管理实践工作。一是在“平安城市”的建设中发挥了巨大的作用。二是在公安系统交通管理部门，高清的视频监控已经部分代替交警在道路交通管理中发挥了巨大的作用。三是在各级110指挥中心，已经建立了比较直观的视频监控指挥中心，这对警情的研判带来了巨大的便利。四是在危险物品储存仓库建立了视频监控系统，公安机关可以对这些易引发事故的场所进行24小时实时监控。五是视频监控系统已经与人们的日常生活融合在一起。

（六）视频监控系统安装使用中的注意事项

（1）视频监控系统应由可靠的电源单独供电，并配置备用电池，避免系统在突然断电的状态下失去防控功能。

（2）根据视频监控场所的实际情况选择好安装点、安装高度和安装角度，从而避免出现监控死角、监控失效和过度俯视等问题。

（3）视频监控系统的设置应当根据布防场所的特点进行个性化设计，避免逆光和低光照环境。不能千篇一律的“立根杆，挂个球”。

（4）整个视频监控系统（红外高清视频监控系统除外）的设置应当考虑灯光的配合，在合适的位置设置一定亮度的灯光，避免在晚上光线较暗时监控失效。

（5）电源线和视频信号线应当避免平行敷设或者交叉敷设；若无法避免，则要平行相隔1米以上，从而避免视频信号受到干扰。

（6）摄像机信号的稳定可靠取决于供电电源是否稳定可靠，在断电状态时应当有备用电源，以保证摄像机的连续正常工作。

（7）保证传输设备的稳定可靠。视频信号线应当避免靠近强电磁干扰的设备和线路，尤其要避免高压电流的串入。

（8）使接线头保持良好的接触。各屏蔽线和信号线都要牢固安装连接，避免接触不良产生故障。

（9）视频监控系统在使用时，还应当考虑布防地的社会治安状况和当地人们的生活和风俗习惯，配备适当的人员，强化技防与人防的结合。

二、情景设定

2011年5月8日晚上至5月9日凌晨，北京故宫博物院斋宫诚肃殿正在展出的7件珍贵展品被盗。据悉，故宫保卫处号称“京城第一保卫处”，工作人员有240多人，有1600个防盗报警器、3700个烟感探测器和400个摄像头在工作，同时故宫的城墙和斋宫的宫墙有10米之高，城墙外还有宽阔的护城河，可以说故宫有着比较完善的“人防、物防、技防和犬防”四道防线。为什么盗宝案的犯罪嫌疑人石某（20多岁，小学没毕业，身材瘦小）能够成功穿越故宫的层层防线，成功盗宝，最后还全身而退呢？经过调查，石某先是利用瘦小的身体穿过大门的栅栏混入旅游团，这样故宫的第一条防线就这样被突破了。到了下午，石某藏到了斋宫内，躲过了安保人员的清场检查。到了晚上，外面下着雨，石某听到电闸处一直在响，感到很害怕，就把电闸门拉下了。正是这一不起眼的一拉，斋宫内的所有防盗报警设备全部失效。奇怪的是，值班室也接到了斋宫跳闸的警报，但因为同一天还有多处有下雨而触发的类似警报，值班人员以为是下雨引起的，也就没有在意。到了深夜，石某潜入展厅，成功盗取宝物，然后一路往故宫外逃跑。在逃跑的过程中，一位巡逻的保卫人员发现了石某，并看到他身上有故宫宫墙上的红漆，于是生疑。但石某谎称自己是游客，然后趁保卫人员不注意迅速逃离。直到第二天清晨，工作人员上班后，才发现被盗。

问题：

1. 在此次故宫被盗案中，故宫安保方面有哪些漏洞？
2. 诚肃殿内的视频监控系统为什么失效？
3. 石某在逃离的过程中，沿途的视频监控系统为什么没有发现石某？
4. 视频监控系统在实际的应用过程中要重点注意哪些问题？
5. 故宫的安保体系需要进行哪些改进？

三、实训目的

视频监控系统是整个安防体系中的重要组成部分，已经广泛运用于公安系统的公安基础工作中，也已经深入到了我们的日常生活和工作中。通过实训，使学生加深对视频监控系统理论知识的理解，掌握视频监控系统的基本组成，掌握视频监控系统的摄像机、镜头、监视器等主要部件的选型，掌握视频监控系统实际操作技能，初步具备使用视频监控系统的能力，为以后从事视频监控相关技防工作和相关治安管理工作打下良好的基础。

四、实训内容

（1）摄像机的调整；
（2）视频监控系统基本操作；
（3）硬盘录像机的使用。

五、实训场地与器材

（一）实训场地

学院实验中心的安全技术防范实训室。

（二）实训器材

摄像机（球机和枪机）、操作电脑、网络视频监控软件（在操作电脑上已经安装好）、云台、彩色监视器、硬盘录像机、电源。

六、实训步骤、方法与注意问题

（一）实训步骤、方法

（1）学生分组。将区队学生分组，每个小组以5~7人为宜。

（2）实训前准备。学生提前预习实训内容，每组同学在实训前写出实训方案。仔细阅读摄像机、硬盘录像机的操作使用说明书，结合学生自己课前的预习进一步熟悉摄像机和硬盘录像机工作原理和使用方法。

（3）设备开机。检查设备的线路连接，开机通电。

（4）摄像机的调整。打开实验台上枪式摄像机的外口，查看摄像机的镜头，并进行调整。

（5）视频监控系统基本操作。按以下步骤进行操作：

①软件登录。打开电脑桌面上的网络视频监控软件，输入用户名和密码登录。

②监控画面查看。在软件预览的界面，练习视频监控的实时监控，并查看监控画面。

③云台调控。在列表下选择“球机”，可以对球机的云台进行控制，练习相应的向左、向右、放大、缩小、灯光、雨刷和3D定位等操作。在列表下选择“枪机”，可以对枪机上的相应部位进行操作，查看枪机摄像头下的录像。

④录像点播。在“回放”菜单下拉选项中选择“远程点播”，进行录像的回放和对固定时间段的点播。

⑤录像的搜索和调取。在“回放”菜单下进行录像的搜索和调取练习。

⑥其他相关功能的练习。对该软件的其他相关功能进行练习，力求全面熟悉。

（6）硬盘录像机的使用。使用方法如下：

①硬盘录像机的基本设置操作。打开IE浏览器输入硬盘录像机对应的IP，在登录界面上输入用户名和密码登录。点击“配置”，对“远程配置”下的设备参数（包括设备信息、版本信息、夏令时配置）、通道参数（包括显示设备、视频设置、录像计划、移动侦测、视频丢失、遮挡报警、视频遮盖和字符叠加）、网络参数、串口参数、报警参数、异常参数、用户管理、硬盘管理和设备维护等功能进行练习。重点练习通道参数和设备参数。

②使用硬盘录像机查看录像。在设置完成后回到首页，在浏览界面进行实时查看图像。对左上方的摄像机列表，选择不同的摄像机一个个查看实时图像。在界面的右侧还可以对摄像机的云台进行调整。

③使用硬盘录像机进行录像回放和调取。单击“回放”，选择需要的摄像机，在右侧的日期列表中选择要回放的时间段，进行录像回放和调取。

（7）学生自评，教师点评。

（8）学生总结实训，提交实训报告。

（二）注意问题

（1）要注意安全，特别是要注意在实验过程中注意用电安全，避免触电事故的发生；同时，要注意保护好实验器材设备，严格按照操作规程进行。

（2）学生对实训的内容要自己亲自动手反复操作才能熟练掌握，要求全体学生都要自己动手操作一次以上。

（3）实验室内涉及较多的其他实验器材，非本次实验内容的器材严禁随意搬动。

（4）视频监控系统有些参数已经在实验室建设时调试好了，请严格按照操作说明书上的提示操作。

七、实训考核

（一）实训考核要求

（1）严格按照考核要求进行。

（2）考核过程要公平、公开、公正。

（3）考核成绩作为正门课程考核的主要部分之一，按照比例计入总成绩。

（二）实训考核标准

考核模块	考核要点	考核分值	考核得分
知识运用模块	1. 开关机	5	
	2. 摄像机的调整	5	
	3. 视频监控系统登录	5	
	4. 查看实时监控画面	5	
	5. 云台调控	5	
	6. 录像点播	5	
	7. 录像的搜索和调取	5	
	8. 硬盘录像机的基本设置	5	
	9. 使用硬盘录像机查看录像	5	
	10. 使用硬盘录像机进行录像回放和调取	5	
组织协调模块	11. 小组分工	5	
	12. 小组合作	10	
	13. 实训纪律	5	
能力培养模块	14. 组织管理能力	5	
	15. 语言表达能力	10	
	16. 视频监控系统使用能力	10	
	17. 问题处理能力	5	
考核得分合计			

八、思考题

1. 摄像机的图像质量受哪些因素的影响？怎样提高摄像机的图像质量？
2. 摄像机安装位置应如何选择？
3. 视频监控系统构建和使用过程中应当注意哪些问题？
4. 视频监控系统在公安工作中有哪些应用？
5. 摄像机的选择主要考虑哪些因素？

实训项目十 治安巡逻

一、基础知识

（一）治安巡逻的概念和作用

1. 治安巡逻的概念

治安巡逻是公安机关治安管理部门为了维护社会治安秩序，在一定区域内组织和实施的用以预防、发现和制止违法犯罪行为，为公众提供服务，对社会面进行动态控制的一种巡查警戒活动。

2. 治安巡逻的作用

维护社会秩序和公共安全；预防和制止违法犯罪活动；向社会公众提供服务；密切警民关系。

（二）人民警察在巡逻执勤中的职责和权力

1. 职责

根据1994年公安部颁布实施的《城市人民警察巡逻规定》第4条规定，人民警察在巡逻值勤中必须履行以下16项职责：维护警区内的治安秩序；预防和制止违反治安管理的行为；预防和制止犯罪行为；警戒突发性治安事件现场，疏导群众，维护秩序；参加处理非法集会、游行、示威活动；参加处置灾害事故，维持秩序，抢救人员和财物；维护交通秩序；制止妨碍国家工作人员依法执行职务的行为；接受公民报警；劝解、制止在公共场所发生的民间纠纷；制止精神病人、醉酒人的肇事行为；为行人指路，救助突然受伤、患病、遇险等处于无援状态的人，帮助遇到困难的残疾人、老人和儿童；受理拾遗物品，设法送还失主或送交拾物招领部门；巡察警区安全防范情况，提示沿街有关单位、居民消除隐患；纠察人民警察警容风纪；执行法律、法规规定由人民警察执行的其他任务。

2. 权力

根据1994年公安部颁布实施的《城市人民警察巡逻规定》第5条规定，人民警察在巡逻值勤中依法行使以下7项权力：盘查有违法犯罪嫌疑的人员，检查涉嫌车辆、物品；查验居民身份证；对现行犯罪人员、重大犯罪嫌疑人员或者在逃人员，可以依法先行拘留或者采取其他强制措施；纠正违反道路交通管理的行为；对违反治安管理的人，可以依照《治安管理处罚法》的规定，执行处罚；在追捕、救护、抢险等紧急情况下，经出示证件、可以优先使用机关、团体、企事业单位和公民个人的交通工具、通信工具；行使法律、法规规定的其他职权。

（三）巡逻的基本方式和方法

1. 基本方式

巡逻的方式主要有步巡、自行车巡逻、摩托车巡逻、汽车巡逻、骑巡、舟巡和空巡，每种巡逻方式都有自身的优缺点。

（1）步巡。步巡是世界上最古老、最普遍、最简单的巡逻方式。步巡一般在繁华街道、重点场所和地区使用，通常情况下，步巡组安排 2~4 人，巡警之间应保持一定的距离，队形为一前一后或者一前两后为宜。

（2）自行车巡逻。自行车巡逻是被认为经济、便利和机动性较强的巡逻方式。自行车巡逻主要适用于城市交通次干线、城郊结合部等，自行车巡逻组一般为 2~3 人，巡逻时保持纵向队形，距离不宜过远也不可过近。

（3）摩托车巡逻。摩托车巡逻多用于城市交通干线、城郊结合部、郊区新村和随护贵宾等勤务。在通常情况下，摩托车巡逻组 3~4 人，摩托车 1~3 辆，巡逻时应保持队形和适中速度。

（4）汽车巡逻。汽车巡逻是警察巡逻勤务现代化的一个主要标志，对于提高警察快速反应能力具有巨大的价值和意义，但是，随着社区警务理念在各国的确立，汽车巡逻的缺点又予以充分关注和反思。汽车巡逻组一般安排 4~8 人，汽车 1~2 辆。

（5）舟巡。舟巡主要适用于江、河、湖、海等水域进行巡视检查。舟巡组一般安排 3~5 人。在巡逻过程中发现可疑船只时，首先要求其减速靠边接受检查，待巡逻艇靠近时，或上其船只进行检查，或叫其负责人到巡逻艇上接受调查。

（6）空巡。美国纽约市警察局于 1946 年开世界都市警察以飞机巡逻之先河。空巡主要适用于侦察草原、森林防火、重要活动安全保卫和追捕重要案犯等工作。

（7）骑巡。骑巡早期盛行欧美各国，现在英国还较为盛行，在追捕人犯、处置事件中发挥较大的作用。在我国的草原、沙漠和边疆等地区运用较为普遍。

2. 基本方法

巡逻的基本方法有公开巡逻、秘密巡逻、公开与秘密相结合巡逻三种。

（四）巡逻路线

治安巡逻必须在一定区域或者一定的路线上进行，就存在巡逻路线的选择问题。目前，治安巡逻的路线主要有定线巡逻和乱线巡逻两种。定线巡逻是巡逻警察在一定区域和时间内，按照指定的路线作有规律的重复巡逻；乱线巡逻是巡逻警察在一定时间内，按照战术要求，自由选择有可能发生案件、事故的地点和区域，作任意性的、不固定路线的无规则的巡逻。

（五）治安巡逻装备

根据 1994 年公安部颁布实施的《全国城市人民警察巡逻队装备标准试行规定》，巡逻警察装备包括：交通工具、通信设备、武器、警械、防护器材和其他器材六项。

（六）治安巡逻的实施步骤

1. 路线选择

路线选择要考虑以下因素：最大限度地发挥现有警力与交通工具的效能，采取最佳配比形式；有效控制巡逻区，形成巡逻网络；保证专项任务的完成；确保重点目标和区域的控制；紧急情况下相邻线路、警区能够及时支援等。在考虑这些因素的前提下，选择运用定线巡逻或者乱线巡逻。

2. 警力配置

为使警力达到最佳组合状态，警力配置考虑以下因素：经验、能力、年龄、性格和性别等。警力配置在一定时间内要相对固定，以利于彼此熟悉和配合。

3. 班前教育

由带班长负责进行，时间是出勤前20~30分钟，教育内容包括：路线选择、治安情况通报、任务布置、强调纪律作风、整理警容、检查装备等。

4. 联系报告

值勤过程中，巡逻民警必须与相邻巡逻班和上级公安机关联系，互通情况和信息。

5. 值勤记录

值勤记录应当记载以下内容：预防和查处违法犯罪情况；检查安全防范情况、调解纠纷和为群众提供服务情况；有关社情和治安确保信息和其他治安动态等。

6. 交接班

下班巡逻组一般提前5~10分钟到达指定交接班地点，与上班巡逻民警交接有关情况。

7. 班后总结

交接班后，由带班长主持班后总结，时间一般为20~30分钟，主要内容包括：汇报值勤情况，交流有关情报信息，总结值勤工作，表扬先进，批评不足，提出改进措施。

（七）治安巡逻监管

为监督巡逻民警认真开展治安巡逻，目前主要采取两种方法：一是设置治安巡逻箱，填写治安巡逻卡；二是开发“电子巡逻”系统。

二、情景设定

2012年12月6日，广西壮族自治区罗城县公安局为确保岁末年终该县社会治安秩序稳定，有效控制街面案件的发生，要求所属各部门加强辖区治安巡逻力度，预防打架斗殴、伤害等行为导致重特大恶性案件的发生。从12月6日起到年底，每天从8时至次日凌晨1时，罗城县公安局巡警大队、城关派出所、警犬中队，将采取公开巡逻的方式，加强对城中夜宵摊及周边、武装部小食街及周边进行巡逻防控，有效预防了打架斗殴、故意伤害等重特大恶案件的发生，打击现行违法犯罪，有力推进了罗城县社会治安秩序的好转。

问题：

1. 罗城县公安局为什么要开展治安巡逻？

2. 罗城县公安局开展治安巡逻的方式方法有哪些？
3. 罗城县公安局开展治安巡逻的路线是如何选择？
4. 如果你是罗城县公安局的负责人，治安巡逻应该如何实施？

三、实训目的

治安巡逻是治安管理工作常用的一种勤务方式，是预防、打击违法犯罪和服务群众的重要手段，在治安管理工作中发挥重要的作用。通过治安巡逻实训，让学生了解治安巡逻的作用，巡逻民警在值勤过程中的职责和权力，掌握治安巡逻的方式方法，科学设计巡逻路线，熟悉治安巡逻装备的使用，熟练掌握治安巡逻的实施步骤，提高学生在治安巡逻勤务中的各种能力，为今后从事治安管理工作奠定良好基础。

四、实训内容

（1）治安巡逻的实施步骤；
（2）治安巡逻路线的选择；
（3）治安巡逻的警力配置；
（4）治安巡逻的联系报告；
（5）治安巡逻值勤中治安问题的处理和服务群众工作的开展；
（6）治安巡逻值勤记录的制作；
（7）治安巡逻班后总结的开展。

五、实训场地和器材

（一）实训场地

学院实训广场内的模拟街区和模拟派出所，实训前任课教师对模拟街区进行相应的布置。

（二）实训器材

（1）治安巡逻民警的证件、治安巡逻记录本；
（2）对讲机、警棍、手铐、警笛、警绳、防暴头盔、手套等单警装备；
（3）管制刀具、毒品等违法犯罪嫌疑物品；
（4）嫌疑人员居民身份证；
（5）治安巡逻箱、治安巡逻卡。

六、实训步骤、方法与注意问题

(一) 实施步骤、方法

(1) 学生分组。对学生进行分组，根据治安巡逻要求，每组以6~7人为宜，4人扮演巡逻民警，2~3人扮演违法犯罪嫌疑人员或者需要帮助的群众，确定巡逻带班人员。

(2) 实训前准备。布置实训场地，准备实训器材，确定各角色任务。

(3) 确定巡逻路线。根据案情和巡逻路线选择考虑的因素，确定治安巡逻路线，考虑学生的安全以及便于管理和考评，实训以定线巡逻为主。

(4) 警力配置。要求巡逻带班人员按照警力配置的要求科学配置本组警力。

(5) 班前教育。要求巡逻带班人员进行班前教育，布置任务，介绍治安情况，强调纪律作风，检查警容和装备等。

(6) 联系报告。要求带班长巡逻过程中利用对讲机与上级公安机关进行联系报告。

(7) 问题处理。巡逻过程中对发现的治安问题和需要服务群众的事项进行处理。

①设计违法犯罪嫌疑人员和物品，巡逻民警对嫌疑人员进行当场盘查后带至公安机关进行继续盘问。

②设计安全隐患的问题，巡逻民警进行指导检查和督促整改。

③设计需要救助的群众和事项，巡逻民警提供服务。

(8) 值勤记录。要求值勤民警填写治安巡逻记录表。

(9) 治安巡逻交接班。要求实训学生按照巡逻交接班的时间、地点进行交接班。

(10) 巡逻带班人员对本组巡逻情况进行总结。

(11) 区队干部对整个区队巡逻情况进行总结。

(12) 任课教师点评，并要求各巡逻组提交实训报告。

(二) 注意问题

(1) 实训主要是要求学生对治安巡逻程序进行掌握，提高巡逻技能。

(2) 扮演民警进行治安巡逻的学生必须着警服，可以用学生证代替《人民警察证》。

(3) 扮演违法犯罪嫌疑人员或者群众必须着便服。

(4) 整个模拟过程必须要严肃、认真和真实。

(5) 教师和考核人员在实训过程中要全程进行监督。

七、实训考核

(一) 实训考核要求

(1) 严格按照考核标准进行考核；

（2）考核要公平、公正和客观；

（3）实训成绩按一定比例计入期末考核成绩。

（二）实训考核标准

考核模块	考核要点	考核分值	考核得分
知识运用模块	1. 路线选择	5	
	2. 警力配置	5	
	3. 班前教育	10	
	4. 联系报告	5	
	5. 问题处理	10	
	6. 值勤记录	5	
	7. 交接班	5	
	8. 班后总结	5	
组织协调模块	9. 人员的分工	5	
	10. 实训器材的准备	5	
	11. 实训中的纪律	5	
	12. 治安巡逻的规范	5	
能力培养模块	13. 组织管理能力	10	
	14. 口头表达能力	5	
	15. 记录能力	5	
	16. 问题处理能力	10	
考核得分合计			

八、思考题

1. 什么是“电子巡逻”系统？“电子巡逻”系统有什么作用？
2. 治安巡逻的实施步骤是什么？
3. 不同的治安巡逻方式有哪些优缺点？

附表：

治安巡逻登记表

<table>
<tr><td colspan="4">年 月 日 星期 天气</td></tr>
<tr><td>巡逻人员</td><td></td><td>带班长</td><td></td></tr>
<tr><td>巡逻区域</td><td></td><td>巡逻时间</td><td></td></tr>
<tr><td>巡逻处置情况</td><td colspan="3"></td></tr>
<tr><td rowspan="2">交接班负责人</td><td></td><td>交接时间</td><td></td></tr>
<tr><td></td><td>填表时间</td><td>年 月 日</td></tr>
</table>

实训项目十一　治安盘查

一、基础知识

治安盘查作为公安机关人民警察的一项行政职权，在警察勤务中广泛使用。《人民警察法》、《城市人民警察巡逻规定》、《公安机关适用继续盘问规定》和《公安派出所执法执勤规范》等法律法规是治安盘查的法律依据。根据治安盘查时间、地点的不同，盘查分为当场盘查和继续盘问。

（一）当场盘查

当场盘查是指公安机关人民警察在执行职务过程中，依法对违法犯罪嫌疑人进行的盘问和检查活动。

1. 当场盘查的主体

当场盘查的主体只能是正在执行职务的公安机关人民警察。

2. 当场盘查的适用对象

当场盘查的适用对象是行迹可疑、有违法犯罪嫌疑的人。具有下列情形之一的人员，属于“行迹可疑、有违法犯罪嫌疑的人员”，民警可以实施当场盘查：

（1）体貌特征与通缉、通报协查、布控抓捕的违法犯罪嫌疑人特征相符或相似的；

（2）携带的物品明显不符合本人身份的；

（3）携带物品、驾驶车辆的外部特征与有关警情通报材料中描述的赃物、作案工具特征相符或相似的；

（4）出现的时间、空间、随同人员明显不合常理的；

（5）神色慌张、行为明显不合常理的；

（6）行迹可疑、有违法犯罪嫌疑的其他情形。

3. 当场盘查要点

当场盘查要点包括：

（1）查清盘查对象的身份。包括姓名、年龄、住址等能确认身份的基本情况。

（2）查清盘查对象的携带物品。包括物品种类、数量、来源、用途等情况。

（3）查清同行人关系。包括夫妻、子女、同事、朋友等情况。

（4）查清可疑情况。包括可疑行为、可疑事件、可疑神情、可疑痕迹、可疑迹象等主要可疑情况。

4. 当场盘查的程序

当场盘查的程序包括：

（1）确定盘查主体。盘查一般由 2 名以上民警进行，并明确警戒和盘查任务分工。

（2）表明执法身份。执行盘查任务时，应当出示人民警察证。向被盘查人敬礼并告知："我是××（单位）民警，现依法对你进行检查，请你配合。"

（3）身份查验。通过视读、机读和逻辑查验等方法检查嫌疑人的相关证件。

（4）人身检查。人身检查必须是在确保安全的前提下进行，1名民警检查，其他民警在被检查对象的1.5~2米的范围内警戒；人身检查采取从上至下，从外至里的顺序进行；人身检查必须彻底，对腰部、裆部和脚部等重点部位进行重点检查；对女性嫌疑人进行人身检查，必须由女性民警或者女性工作人员进行，同时应注意检查的时间和地点。

（5）物品检查。

（6）车辆检查。

5. 盘查后处理

经过当场盘查，有以下几种处理结果：

（1）让被盘查人离去。经盘查排除违法犯罪嫌疑的，民警应当向被盘查人敬礼，并说"谢谢你的合作"，表达歉意后让其离去。

（2）移交逃犯。经盘查能确认是逃跑、被通缉等犯罪嫌疑人、被告人或者罪犯的，民警应当立即使用约束性警械将其控制，移交办案的公安机关、人民检察院、人民法院或者原羁押机关。移交时，应当会同接收人员对被移交人进行人身检查，清点物品，并做好记录，要求接收人签字确认。

（3）采取强制措施。确认被盘问、检查人涉嫌违法犯罪的，可以依法对其进行传唤或者依法采取其他强制措施。

（4）继续盘问。符合继续盘问条件的，公安派出所的人民警察应当将其带回继续盘问，公安机关其他办案部门的人民警察应当将其带至就近的公安派出所继续盘问。

6. 制作《当场盘问、检查笔录》

对需要继续盘问或者已证实有违法犯罪行为，以及有证据证明有犯罪嫌疑的，应当制作《当场盘问、检查笔录》，由被盘问人核对无误后签名或者捺指印，被盘问人拒绝签名和捺指印的，应当在笔录上注明。

7. 信息录入

除已当场排除违法犯罪嫌疑的，应当依照有关规定将盘问、检查情况录入执法办案信息系统或者数据库。

（二）继续盘问

1. 继续盘问的适用对象

对有违法犯罪嫌疑的人员当场盘问、检查后，不能排除其违法犯罪嫌疑，且具有下列情形之一的，人民警察可以将其带至公安机关继续盘问题：

（1）被害人、证人控告或者指认其有犯罪行为的；

（2）有正在实施违反治安管理或者犯罪行为嫌疑的；

（3）有违反治安管理或者犯罪嫌疑且身份不明的；

（4）携带的物品可能是违反治安管理或者犯罪的赃物的。

2. 不得适用继续盘问的情形

不得适用继续盘问的情形有以下几种：

（1）有违反治安管理或犯罪嫌疑，但未经当场盘问、检查的；

（2）经过当场盘问、检查，已经排除违反治安管理和犯罪嫌疑的；

（3）涉嫌违反治安管理行为的法定最高处罚为警告、罚款或者其他非限制人身自由的行政处罚的；

（4）从其住处、工作地点抓获以及其他应当依法直接适用传唤或者拘传的；

（5）已经到公安机关投案自首的；

（6）明知其所涉案件已经作为治安案件受理或者已经立为刑事案件的；

（7）不属于公安机关管辖的案件或者事件当事人的；

（8）患有精神病、急性传染病或者其他严重疾病的；

（9）其他不符合规定条件的。

3. 继续盘问的程序

（1）呈批。需要继续盘问的，应当制作《继续盘问审批表》，连同《当场盘问、检查笔录》，报公安派出所负责人审批决定继续盘问12小时。

（2）备案。

（3）通知家属或者单位。批准继续盘问的，公安派出所应当填写《继续盘问通知书》，送达被盘问人，并立即通知其家属或者单位；未批准继续盘问的，应当立即释放。

（4）进行继续盘问。对有违法犯罪嫌疑的人员批准继续盘问后，应当立即结合当场盘问、检查的情况继续对其进行盘问，以证实或者排除其违法犯罪嫌疑；在继续盘问期间，公安机关及其人民警察应当依法保障被盘问人的合法权益。

（5）制作《继续盘问笔录》。进行盘问时应当制作《继续盘问笔录》，对盘问情况进行记录，并载明被盘问人被带至公安机关的具体时间，由被盘问人核对无误后签名或者捺指印。对被盘问人拒绝签名和捺指印的，应当在笔录上注明。

（6）终止继续盘问。对具有下列情形之一的，应当立即终止继续盘问，并立即释放被盘问人或者依法作出处理决定：继续盘问中发现具有不得适用继续盘问情形之一的；已经证实有违法犯罪行为的；有证据证明有犯罪嫌疑的。

4. 继续盘问的时限

（1）一般时限。继续盘问的时限一般为12小时；

（2）特殊时限。对符合下列情形之一的人员，应当在带至公安派出所之时起4小时以内盘问完毕，且不得送入候问室：怀孕或者正在哺乳自己不满1周岁婴儿的妇女；不满16周岁的未成年人；已满70周岁的老年人。

对上述人员在晚上9点至次日早上7点之间释放的，应当通知其家属或者监护人领回；对身份不明或者没有家属和监护人而无法通知的，应当护送至其住地。

（3）延长时限。对在12小时以内确实难以证实或者排除其违法犯罪嫌疑的，可以延长至24小时；对不讲真实姓名、住址、身份，且在24小时以内仍不能证实或者排除其违法犯罪嫌疑的，可以延长至48小时。

二、情景设定

2015年6月7日凌晨1点，某派出所2个民警在社区开展治安巡逻，发现一人手提旅行包，遇到民警后神情紧张，巡逻民警遂上前对其进行盘查。经当场盘查后，旅行包里发现高档照相机、笔记本电脑和一些女性用品，且讲不清楚这些物品的合法来源，民警遂将其带到派出所进行继续盘问。经继续盘问，有证据证明此人涉嫌盗窃案件，遂将其移送刑侦部门。

问题：

1. 民警对嫌疑人进行盘查是否合法？
2. 当场盘查中要注意哪些问题？
3. 继续盘问的条件有哪些？

三、实训目的

通过当场盘查、继续盘问的实训，使学生熟悉掌握当场盘查的操作程序、盘查对象的确定，继续盘问的法律依据，继续盘问的适用对象，不得适用继续盘问的情形，继续盘问的时限等知识点，能够严格按照法律法规的规定，合理选择盘查对象，正确适应盘查程序，从而提高学生识别和处置违法犯罪嫌疑行为人的能力，使学员准确掌握、运用法律、法规，依法正确履行职责，严格依法办案。

四、实训内容

（1）当场盘查的程序；
（2）当场盘查中对嫌疑人证件检查；
（3）当场盘查中对嫌疑人人身检查；
（4）当场盘查中对嫌疑物品检查；
（5）继续盘问适用对象；
（6）继续盘问的程序；
（7）继续盘问的期限。

五、实训场地器材

（一）实训场地

学院实训广场内的模拟街区、模拟派出所。

（二）实训器材

（1）单警装备4套；
（2）继续盘问法律文书4份；
（3）工作证4本；
（4）旅行包1个；
（5）其他嫌疑物品若干。

六、实训步骤、方法与注意问题

（一）实施步骤和方法

1. 实训准备

对学生进行分组，每组以6~7人为宜，4人扮演执勤民警，2~3人扮演违法犯罪嫌疑人员，确定当场盘查人员分工；根据案情分解任务，布置实训场地，准备实训器材。

2. 实训实施

（1）出示证件。民警甲、乙向被盘查人出示有关证件。

（2）口头告知。“我是××（单位）民警，现依法对你进行检查，请你配合。”

（3）证件检查。查证防伪暗记和标识，判定证件的真伪；查验证件内容，进行人、证对照；注意持证人的反应，视具体情况让持证人自述证件内容，边问边查。

（4）人身检查。有效控制被检查的嫌疑对象，防止自身受到攻击和伤害；责令被检查人伸开双臂高举过头面向墙、车等，扶墙或者扶车站立，双脚分开尽量后移，民警站于其身后并将一只脚置于其双脚中间，迅速从被检查人的双手开始向下对衣领及身体各部位进行检查，特别注意腋下、腰部、裆部及双腿内侧。

（5）物品检查。命令被检查人将物品放在适当位置，不得让其自行翻拿；由一名民警负责检查物品，另一人负责监控被检查人；排除嫌疑者，敬礼放行致谢；不能排除违法犯罪嫌疑者，带至公安派出所继续盘问。

（6）车辆检查。

（7）继续盘问。制作《当场盘问、检查笔录》；填写《继续盘问审批表》报公安派出所负责人审批决定继续盘问12小时。对批准继续盘问的，应当将《继续盘问审批表》复印、传真或者通过计算机网络报所属县、市、旗公安局或者城市公安分局主管公安派出所工作的部门备案；对有违法犯罪嫌疑的人员批准继续盘问的，公安派出所应当填写《继续盘问通知书》，送达被盘问人，并立即通知其家属或者单位；对继续盘问的情况，应当制作《继续盘问笔录》，并载明被盘问人被带至公安机关的具体时间，由被盘问人核对无误后签名或者捺指印；经盘问，已经证实有违法犯罪行为，终止继续盘问，在《继续盘问登记表》上载明终止继续盘问的具体时间、原因和处理结果，由被盘问人核对无误后签名或者捺指印。

3. 实训总结

学员按规定完成各类法律文书，装订成卷；指导教师对实训过程进行讲评、总结。

（二）注意问题

（1）实训过程中学生必须严肃、认真，服从管理。

（2）实训过程中教师和考核人员要全程进行监督、指导。

（3）实训中要严格按照规定进行，不得随意增减实训内容。

（4）注意人身安全，爱护实训器材。

七、实训考核

（一）实训考核的要求

每次实训后，教师应根据学生的上课认真态度，分组实践中表现和协调能力，实训报告进行成绩评定（百分制）并按规定登录存档。

实训成绩的评定严格按照下表所列标准执行，所列要点未完成的不能得分，不符合要求的适当扣分。各项得分总和为最终得分。

(二) 实训考核标准

考核模块	考核要点	考核分值	考核得分
知识运用模块	1. 当场盘查的程序	10	
	2. 当场盘查中对嫌疑人证件检查	5	
	3. 当场盘查中对嫌疑人人身检查	10	
	4. 当场盘查中对嫌疑人物品检查	5	
	5. 继续盘问的适用对象	5	
	6. 继续盘问的程序	5	
	7. 继续盘问的时限	5	
	8. 继续盘问应注意的问题	5	
组织协调模块	9. 实训前的准备	10	
	10. 实训组织有序	10	
能力培养模块	11. 识别能力	10	
	12. 治安检查能力	10	
	13. 发现和处理问题能力	10	
考核得分合计			

八、思考题

1. 治安盘查有什么作用？
2. 不得适用继续盘问的对象有哪些？
3. 如何确定治安盘查人员？
4. 当场盘查的程序是如何规定的？

附表1：

当场盘问、检查/继续盘问笔录

当场盘问、检查/继续盘问时间：______年____月____日____时____分始至____时____分止

当场盘问、检查/继续盘问地点：____________________________________

当场盘问、检查/继续盘问人：__________________单位及职务：______________

被盘问人姓名：____________________________性别：________________

出生年月日：______________文化程度：_______民族：___________________

身份证件名称及号码：____

户籍所在地：______________________________现住址：__________________

工作单位：______________________________

被盘问人被带至公安机关的具体时间：________年____月____日____时____分

向被盘问人宣读其依法享有下列权利：

1. 对人民警察侵犯其合法权益的行为，有权提出控告。
2. 有权申请继续盘问人回避。
3. 有权为自己辩解。
4. 对人民警察的提问，应当如实回答。对与本案无关的问题，有权拒绝回答。
5. 有权核对笔录（如果被盘问人没有阅读能力，人民警察应当向其宣读）。如果笔录记载有遗漏或者差错，有权提出补充或者改正。
6. 有权对错误的继续盘问申请国家赔偿。

当场盘问、检查情况记录如下/继续盘问内容记录如下：

问：我们是××市公安局××区分局××派出所的民警。现在依法对你进行当场盘问、检查，请你配合。

问：笔录已经制作好，请你核对一下，如果有错误，你可以修改、补充。如果你没有阅读能力，我们宣读给你听。

答：我可以自己看。笔录没有错误。

问：如果没有错误，就请你在每一页上签字或捺指印。

答：好。

以上记录我已看过（或已向我宣读过），与我讲的一样。

被盘问人（签名或捺指印）：____________

年____月____日____时____分

对被盘问人拒绝签名和捺指印的，应注明原因：______________________________

当场盘问、检查/继续盘问人（签名）：______________

记录人（签名）：______________

表 2：

________公安局
继续盘问审批表

公（　）盘审字［　　　］第（　）号

拟继续盘问人姓名		曾用名		性别		民族	
出生年月日		文化程度		身份证件名称及号码			
户籍所在地				健康状况			
现住址				电话			
工作单位				电话			
当场盘问检查情况							
继续盘问理由							
继续盘问起止时间	________年____月____日____时始至________年____月____日____时止						
承办人		承办单位					
公安派出所意见	（公安派出所印章） 负责人（签名）： 年　月　日　时						
备注							

复印、传真或通过计算机网络报所属县、市、旗公安局或城市公安分局主管派出所工作的业务部门备案。

填表日期：______年____月____日__时

附表 3：

________公安局

继续盘问通知书

公（　）盘通字［　　］第（　）号

：

你因________________________，根据《中华人民共和国人民警察法》第九条之规定，决定于______年___月___日___时予以继续盘问。继续盘问起止时间：自______年___月___日___时至______年___月___日___时止。

你如果认为公安机关及其人民警察违法实施继续盘问侵犯自己的合法权益造成了损害，可以向________县（市、旗、区）公安（分）局申请国家赔偿。

特此通知。

（公安派出所印章）

______年___月___日____时

此联交被盘问人

附表 4：

________公安局

继续盘问通知书

（副 本）

公（ ）盘通字［ ］第（ ）号

________：

________（性别：男/女，出生：____年__月__日）因____，根据《中华人民共和国人民警察法》第九条之规定，决定于____年__月__日__时予以继续盘问，现继续盘问于________，继续盘问起止时间：自____年__月__日__时至____年__月__日__时止。

特此通知。

（公安派出所印章）

____年__月__日__时

此联交被盘问人家属或单位

表 5：

______公安局

继续盘问通知书

（副本）

公（　）盘通字［　　］第（　）号

______（性别：男/女，出生：______年___月___日），因________，根据《中华人民共和国人民警察法》第九条之规定，决定于______年___月___日____时予以继续盘问，现继续盘问于______________，继续盘问起止时间：自______年___月___日___时至______年___月___日___时止。

特此通知。

（公安派出所印章）

______年___月___日___时

本通知书已于______年___月___日___时送达被盘问人。被盘问人（签名或捺指印）________，或者因______________拒绝签名和捺指印。

已于______年___月___日___时通过__________方式通知被盘问人家属或单位（直接送达的应由被盘问人家属或单位有关人员签名或捺指印：______；邮寄送达的应挂号并附邮局收据；电话通知的应注明电话号码：__________，接电话人：______________）。

如未在批准继续盘问后立即通知被盘问人家属或单位，应注明原因：____

承办人：________

______年___月___日___时

此联分情况填毕后附卷

表 6：

______公安局

继续盘问通知书

（存 根）

公（ ）盘通字［ ］第（ ）号

继续盘问审批表编号：________________

被盘问人姓名：________________，男/女

出生年月日：______年____月____日

身份证件名称及号码：________________

现住址：________________

家属姓名或单位名称：________________

继续盘问起止时间：______年____月____日____时至______年____月____日____时止

继续盘问地点：________________

承办人：________________

承办单位：________________

批准人：________________

填发人：________________

填发时间：______年____月____日____时

此联集中保管备查

表 7：

____________公安局
继续盘问登记表

公（ ） 盘登字［ ］第（ ）号

<table>
<tr><td>被盘问人姓名</td><td></td><td>曾用名</td><td colspan="2"></td><td>性别</td><td></td></tr>
<tr><td>年　龄</td><td></td><td>身份证件
名称及号码</td><td colspan="2"></td><td>民族</td><td></td></tr>
<tr><td>户籍所在地</td><td colspan="6"></td></tr>
<tr><td>现住址</td><td colspan="2"></td><td>电话</td><td colspan="3"></td></tr>
<tr><td>工作单位</td><td colspan="2"></td><td>电话</td><td colspan="3"></td></tr>
<tr><td>有无外伤</td><td colspan="2"></td><td>暂存物品
清单编号</td><td colspan="3"></td></tr>
<tr><td>被继续盘问
原因</td><td colspan="6"></td></tr>
<tr><td>继续盘问
起止时间</td><td colspan="6">____年___月___日___时始至____年___月___日___时止</td></tr>
<tr><td>入候问室时间</td><td colspan="6">于____年___月___日___时___分 入候问室。
候问室值班民警
被盘问人（签名）：________ （签名）：________</td></tr>
<tr><td>承办人
（本人签名）</td><td></td><td>承办单位</td><td colspan="2"></td><td>批准人</td><td></td></tr>
<tr><td>处理结果</td><td colspan="6">于____年___月___日___时___分释放或为________。
被盘问人（签名）：________
承办人（签名）：________</td></tr>
<tr><td>备　注</td><td colspan="6"></td></tr>
</table>

填表人（候问室值班民警签名）：________

填表时间：____年___月___日___时

治安管理篇

实训项目十二　常住人口登记

一、基础知识

(一) 常住人口和常住人口登记的概念

常住人口是指公民在经常居住的地方，由户口登记机关依法注册登记，取得正式户口的人口。

常住人口登记是指户口登记机关依法为具有常住户口的公民建立《常住人口登记表》，签发《居民户口簿》的工作过程。

《常住人口登记表》是证明公民身份以及家庭成员之间相互关系的法律文书，是公安机关进行户籍登记管理的基础性资料。表中登记的事项，由申报人如实申报，经户口登记机关审核登记，承办人签章并加盖户口专用章后，便具有证明公民身份和家庭成员间相互关系的法律效力。

《居民户口簿》由首页和若干《常住人口登记卡》组成，按户颁发，户内成员一人对应一卡。它是公民依法履行常住户口登记义务的凭证，也是户口登记机关以户为单位管理常住人口和进行户籍核对、户口调查的主要依据。其登记内容与《常住人口登记表》的主要登记内容一致，同样具有证明公民身份以及家庭成员间相互关系的法律效力。

《中华人民共和国户口登记条例》规定："户口簿、册、表格、证件，由中华人民共和国公安部统一制定式样，由省、自治区、直辖市公安机关统筹印制。"当前使用的《常住人口登记表》和《居民户口簿》是1996年7月1日启用的。

(二) 常住人口登记的要求

1. 登记项目准确

按照户口登记簿规定的项目，逐户、逐人、逐项进行填写登记，防止重、漏、差、错。

2. 变动及时登记

健全人口出生、死亡、迁出、迁入和变更更正登记，做到一有变动，及时登记，切实掌握人口增减变动情况。

3. 户口底数清楚

将辖区内常住人口的户数、人口数登记得一清二楚。该增的及时登记，该减的及时注销，切实做到户口簿册上的人口与实际人口相符，保证户口登记资料的完整、准确。

(三)《常住人口登记表》的填写方法

《常住人口登记表》为一人一表式，其内容包括34个项目。《常住人口登记表》应使用国务院公布的规范汉字简化字填写，民族自治地区可使用本民族的文字或选用一种当地通用的民族文字填写。《常住人口登记表》可用计算机填写，也可用手工填写。凡用手工填写的，应使用黑色或蓝色墨水钢笔书写，字迹要清楚、工整，不得涂改。填写内容相同的，要将内容都写上，不得以“同上”或其他符号代替。《常住人口登记表》各项目的填写方法如下：

1. 户别

户分家庭户和集体户。以家庭关系为主的公民居住一处共同生活的或单身居住独立生活的填“家庭户”；相互之间不存在家庭关系的居住在机关、团体、企业、事业、寺庙等单位集体宿舍的公民，填“集体户”。

2. 户主姓名

填写户口登记立户的户主姓名，户主应由具有完全民事行为能力的人担任。属集体户口的，此栏不填。

3. 与户主关系

本人是户主的，在该栏内填写“户主”。户内其他成员填写户主对其的称谓名称，如户主的父、母、子、女等。属集体户口的，此栏不填。登记与户主关系，一般应按照户主与家庭成员之间的称谓顺序排列填写。

4. 姓名

《常住人口登记表》上的姓名，应填写本人的正式姓名，并要填写全称。少数民族和被批准入籍的公民，可依照本民族或原籍国家的习惯取名，但应在本栏中填写用汉字译写的姓名。如本人要求填写民族文字或外文姓名的，可同时在本栏中填写。弃婴，可由收养人或收养机构按上述原则为其取名。登记姓名书写要正确。

5. 曾用名

填写本人过去正式使用过的姓名。没有曾用名的，此栏不填。

6. 性别

填写“男”或“女”。

7. 民族

本人是什么民族就填写什么民族。按照国家正式认定的民族的名称填写全称。国家暂时没有列入的民族，按当地本民族的名称填写。外国人加入中华人民共和国国籍的，如本人的民族成分与我国某一民族相同，就填写某一民族，如“朝鲜族”；没有相同民族的，本人是什么民族就填写什么民族，但应在民族名称后加注“入籍”二字，如“乌克兰（入籍）”。

8. 出生日期

按照公历，用阿拉伯数字填写本人出生的具体时间，如“1992 年 6 月 27 日”。如公民按旧历申报，则须换算成公历填写。如果出生日期不详，应由本人或其亲属确定一个日期。弃婴，如果出生日期不详，可由收养人或收养机构确定一个出生日期。

9. 宗教信仰

本人信仰什么宗教就填写什么宗教的名称。如佛教、道教、天主教等，不信仰宗教的不填。对 18 周岁以下的公民，不作“宗教信仰”登记。

10. 住址

填写本户常住户口所在地住所的详细地址。住址前须冠以省、自治区、直辖市的名称或通用简称。集体户口须填写住所的详细地址名称，不能写单位名称。对省会或自治区首府所辖范围的住址登记，可不在住址前冠以省、自治区名称或通用简称。

11. 本市（县）其他住址

填写本人常住户口所在地住址以外的本市、县其他住所的详细地址。

12. 出生地

填写本人出生的实际地点。城市填至区或不设区的市，农村填至乡、镇，但须冠以省、自治区、直辖市的名称或通用简称。如“山东省烟台市福山区”、“辽宁省黑山县黑山镇”。弃婴，如果出生地不详，应以发现地或收养人、收养机构所在地作为其出生地。

13. 籍贯

填写本人祖父的居住地。城市填至区或不设区的市，农村填至县，但须冠以省、自治区、直辖市的名称或通用简称。弃婴，如果籍贯不详，应将收养人籍贯或收养机构所在地作为其籍贯。外国人经批准加入中华人民共和国国籍的，填写其入籍前所在国家的名称。

14. 文化程度

依据国家正式承认的学历等级，按本人现有学历根据学历证书填写。如：“研究生”、“大学本科”、“大学专科”、“中专（中技）”、“高中”、“初中”、“小学”毕业（肄业）等。正在学校读书的学生填“上大学”、“上小学”等。

15. 婚姻状况

已结婚的填“有配偶”，结婚后离婚的填“离婚”，结婚后配偶死亡未再结婚的填“丧偶”，再结婚的填“有配偶”。未结婚的不填。

16. 兵役状况

按本人的情况填写。本人系退出现役的，填“退出现役”；服预备役的，填写“士兵预备役”或“军官预备役”；未服兵役的此栏不填。

17. 身高

16 周岁以上公民按国家法定计量单位填写本人登记时的身体高度，如“170 厘米”。

18. 血型

根据本人的血液类型，分别填写 O、A、B、AB 或卫生部门规定的其他血液类型。

19. 服务处所

填写本人所在的机关、团体、企事业等单位的具体名称，应写全称，不能填写简称或习惯名称。经工商管理部门批准营业的个体劳动者，填写“个体户”。

20. 职业

填写本人所做的具体工作。各类专业、技术人员，应填写具体职务名称，如“中医师”、“记者”等。国家机关、党群组织，企事业单位的工作人员，如果是负责人，应注明具体职务名称，如“局长”、“处长”、“科长”，如果是一般工作人员，可填“科员”、“办事员”等。商业、服务人员，可填“售货员”、“厨师”等。农林牧副渔劳动者，可填“粮农”、“棉农”、“菜农”、“渔民”、“牧民”等。生产工人、运输工人，可填“钳工”、“汽车司机”等。个体劳动者，在所登记的职业前须冠以“个体”二字，如“个体修理皮鞋”、“个体卖菜”等。没有固定职业做临时工作的，在所登记的职业前须冠以“临时”二字，如“临时瓦工”。无业的人员，填写“无业”。

21. 监护人

新生婴儿申报出生登记以及 16 周岁以下的公民补建常住人口登记表时，户口登记机关应为其填写或补填父亲、母亲等监护人的姓名。弃婴，应填写收养人姓名或收养机构名称。

22. 监护关系

按监护人与新生婴儿以及16周岁以下公民的血亲关系或收养关系写明具体称谓，如“父亲”、“母亲”等。社会福利机构收养的弃婴，此栏不填。

23. 公民身份证编号

填写户口登记机关为公民编定的个人身份证件编号。

24. 居民身份证签发日期

写公安机关签发居民身份证的具体日期，如“1990.11.05”。

25. 公民出生证签发日期

用阿拉伯数字填写公安机关签发公民出生证的具体日期（从颁发公民出生证之日起填写）。

26. 何时何因由何地迁来本市（县）

对由本市（县）以外迁入的公民，填写其迁入落户的时间、原因和迁出地的详细地址。世居本市（县）的，填写“久居”。

27. 何时何因由何地迁来本址

填写本人迁来本市（县）户口管辖区之前在本市（县）的常住户口所在地详细地址及迁入落户的时间、原因。世居本址的，填写“久居”。

28. 何时何因迁往何地

填写本人迁出户口管辖区的时间、原因和迁入地的详细地址。

29. 何时何因注销户口

填写注销户口的时间、原因，如“出国定居”、“应征入伍”、“因病死亡”等。

30. 申报人签章

申报人对《常住人口登记表》的登记项目确认无误后，应在本栏中签字或盖章。

31. 承办人签章

户口登记机关具体承办人应在本栏中签字或盖章。

32. 登记日期

填写户口登记机关建立《常住人口登记表》时的具体日期。

33. 登记事项变更和更正记载

除姓名的变更、更正，需重新建立《常住人口登记表》外（原《常住人口登记表》应附在新建的《常住人口登记表》之后），其余登记项目内容发生变更、更正，应在本栏填写变更、更正后的项目内容、时间，并由申报人和承办人签字或盖章。本栏填满后，应在原《常住人口登记表》后附一张空白《常住人口登记表》继续填写。

34. 记事

填写登记项目中需要说明的事项。

《常住人口登记表》由承办人按规定填写完毕后，应加盖户口登记机关的户口专用章。

二、情景设定

家住湖南湘潭市雨湖区双拥路123号公民张某，于2012年1月14日持其女儿的《出生医学证明书》，到其常住户口所在地公安派出所为女儿办理常住户口登记。《出生医学证明书》记载的基本内容如下：

（1）新生儿姓名：张某某，女，2011年12月25日3时15分出生。

（2）出生地：湖南省湘潭市雨湖区。

（3）健康状况：良好。

（4）母亲姓名：王某，年龄：28，国籍：中国，民族：汉，身份证号：××××××××××××××××××。

（5）父亲姓名：张某，年龄：29，国籍：中国，民族：汉，身份证号：×××××××××××××××××××。

（6）出生地点分类：妇幼保健院。

（7）接生机构名称：湘潭市妇幼保健院。

（8）出生证签发日期：2011年12月25日。

问题：

1. 张某为其女儿办理常住户口登记需要提供哪些材料？

2. 请根据以上信息为新生儿填写一张《常住人口登记表》。

三、实训目的

常住人口登记是户政与公安人口管理的基础和前提。通过常住人口登记模拟实训，使学生了解出生登记办理所需的材料及办理程序，正确填写《常住人口登记表》，提高学生常住人口登记的能力和方法，为今后从事公安工作服务。

四、实训内容

（1）整理新生儿出生登记办理所需的材料；

（2）出生登记办理的程序；

（3）填写《常住人口登记表》。

五、实训场地与器材

（一）实训场地

学院内的教室或模拟派出所。

（二）实训器材

《常住人口登记表》、《出生医学证明书》、《居民户口簿》、父母亲身份证、《出生登记总簿》。

六、实训步骤、方法与注意问题

（一）实训步骤、方法

（1）介绍情景。老师介绍基本情景，讲解常住人口登记的注意事项。

（2）学生分组。根据区队人数对学生进行分组，学生每5人一组，两人为申报者，3人为派出所户籍内勤室民警。

（3）材料审核。审核出生登记申报材料是否完整。

（4）办理出生登记。填写《出生登记总簿》、《常住人口登记表》、居民户口簿中的《常住人口登记卡》。

（5）交验签发《居民户口簿》。

（6）教师点评。

（7）提交学生填写的《常住人口登记表》和实训总结。

（二）注意问题

（1）根据给定的基本信息认真填写各项表格。

（2）教师在实训过程中要全程进行监督。

（3）每组实训完后角色要互换，再进行一次，使每一同学都熟悉了解出生登记的全过程，能正确填写《常住人口登记表》。

七、实训考核

（一）实训考核要求

（1）学生独立完成，不得抄袭。

（2）填写的表格应该规范，书写工整。

（3）实训成绩按照一定比例记入期末成绩。

（二）实训考核标准

考核模块	考核要点	考核分值	考核得分
知识运用模块	1. 出生登记的资料	5	
	2. 出生登记办理的程序	5	
	3.《常住人口登记表》填写	50	
组织协调模块	4. 人员的分工	5	
	5. 实训器材的准备	5	
	6. 实训中的纪律	5	
	7. 实训中的服务态度	5	
能力培养模块	8. 组织管理能力	5	
	9. 口头表达能力	5	
	10. 记录能力	5	
	11. 表格填写能力	5	
考核得分合计			

八、思考题

1. 办理常住人口登记时哪些变动情形需要记载到《常住人口登记表》？
2. 入籍的公民其《常住人口登记表》该如何填写？
3. 哪些公民须填写监护人与监护关系？

附表：

<table>
<tr><td>户　　别</td><td colspan="3" rowspan="2">常住人口登记表</td><td>户主姓名</td><td>与户主关系</td></tr>
<tr><td></td><td></td><td></td></tr>
<tr><td>姓　　名</td><td colspan="3"></td><td>性　别</td><td></td></tr>
<tr><td>曾 用 名</td><td colspan="3"></td><td>民　族</td><td></td></tr>
<tr><td>出生日期</td><td colspan="5">年　　月　　日　　时　　分</td></tr>
<tr><td>监 护人</td><td></td><td colspan="2"></td><td>出 生 地</td><td></td></tr>
<tr><td>监护关系</td><td></td><td colspan="2"></td><td>公民 出生证
签 发 日 期</td><td></td></tr>
<tr><td>住　　址</td><td colspan="5"></td></tr>
<tr><td>本市（县）
其他住址</td><td colspan="5"></td></tr>
<tr><td>籍　　贯</td><td colspan="3"></td><td>宗 教 信 仰</td><td></td></tr>
<tr><td>公 民 身 份
证 件 编 号</td><td colspan="3"></td><td>居民出身证
签发日期</td><td></td></tr>
<tr><td>文化程度</td><td></td><td>婚姻状况</td><td></td><td>兵役状况</td><td></td></tr>
<tr><td>身　高</td><td></td><td>血　　型</td><td></td><td>职　　业</td><td></td></tr>
<tr><td>服务处所</td><td colspan="5"></td></tr>
<tr><td>何时何因由何
地迁来本市（县）</td><td colspan="5">年　　　月　　　日因</td></tr>
<tr><td>何时何因由
何地迁来本址</td><td colspan="5">年　　　月　　　日因</td></tr>
<tr><td>何时何因
迁往何地</td><td colspan="5">年　　　月　　　日因</td></tr>
<tr><td>何时何因
注销户口</td><td colspan="5">年　　　月　　　日因</td></tr>
</table>

加盖户口登记机关

申报人签章：　　　　　　　　　　　　户口专用章

承办人签章：　　　　　　　　登记日期：　年　月　日

实训项目十三　居民身份证查验

一、基础知识

（一）居民身份证查验的概念

居民身份证的查验是指公安机关人民警察在执行公务时，为查明公民身份，依法命令或强制公民出示居民身份证，重点审查、检验证件的真实性、时效性、持证人相片及其登记内容的行政行为。

（二）可以居民身份证查验的情形

人民警察依法执行职务，遇有下列情形之一的，经出示执法证件，可以查验居民身份证：

（1）对有违法犯罪嫌疑的人员，需要查明身份的；

（2）依法实施现场管制时，需要查明有关人员身份的；

（3）发生严重危害社会治安的突发事件时，需要查明现场有关人员身份的；

（4）在火车站、长途汽车站 、港口、码头、机场或者重大活动期间设区的市级人民政府规定的场所，需要查明有关人员身份的；

（5）法律规定需要查明身份的其他情形。

有上述情形之一而拒绝人民警察查验居民身份证的，人民警察应依法采取相应的措施予以处理。任何组织或者个人不得扣押居民身份证。但是，公安机关依照《中华人民共和国刑事诉讼法》执行监视居住强制措施的情形除外。

（三）居民身份证查验的基本方法

1. 机读检查

第二代居民身份证内含的IC卡芯片采用数字防伪技术，将持证人的照片、图案和登记项目等内容数字化处理后，采用密码技术加密存入机读芯片，机读芯片与读写机可以通过事先确立的密码算法互相认读。此外，证件信息的存储和证件查询采用数据库技术和网络技术，可以实现全国范围内的联网快速查询和身份识别。

专用阅读机具读取存储在证件芯片内的机读信息，并进行解密运算处理后，可以自动辨别证件真伪。若读取的信息是合法写入的，则专用阅读机具显示（或送出）所读取的信息；若读取的信息是非法写入或被篡改的，则专用阅读机只显示（或只送出）信息有误的提示。

2. 视读检查

第二代居民身份证表面采用防伪膜和多项印刷防伪技术。防伪膜采用具有自主知识产权的定向光变色膜等技术，印刷防伪技术包括底纹精细、微缩、彩虹印刷、荧光印刷等技术。从视读角度而言，可采取如下方法辨别真伪：

（1）核对照片。判别证件照片与持证人是否一致，如性别、年龄、相貌等。

（2）查看彩虹印刷。第二代居民身份证底纹采用彩虹、精细、微缩印刷方式制作，颜色衔接处相互融合、自然过渡，颜色变化部分没有接口。

（3）查看底纹中微缩文字字符串。第二代居民身份证正面、背面底纹中均隐含微缩字符。微缩字符由“居民身份证”的汉语拼音字头“JMSFZ”组成，使用10倍及以上放大镜可以清楚观测到“JMSFZ”字样。

（4）查看光变光存储“中国CHINA”字符。光变光存储“中国CHINA”字符位于持证人照片下方。微摆动证件，即可观测到“中国CHINA”字样，字符串周转有渐变花纹，外形呈椭圆形。

（5）查看“长城”图案。第二代居民身份证正面是以点划线构成的浅蓝灰色写意“长城”图案，采用荧光印刷；背面性别项目位置有采用定向光变色膜技术制成的“长城”图案。使用紫外灯光可以观测到证件正面荧光印刷的“长城”图案。证件背面“长城”图案应用了定向光变色膜技术。在自然光条件下，垂直平视第二代居民身份证表面时，表面上的物理防伪膜是无色透明的，看不到图案；适当上下倾斜证件，便会观测到“长城”图案呈橙绿色；和法线（垂直于图案平面的直线）成更大夹角时，图案反射光颜色为橘红色；当图案绕法线方向顺时针或逆时针旋转30度至50度时，图案反射光颜色为绿色；当旋转70度至90度时，图案反向光颜色为蓝紫色。而且，用左眼和右眼分别观察，身份证上的“长城”图案将呈现不同颜色。

3. 逻辑检查

居民身份证可通过以下逻辑关系来检查：

（1）证件有效期限与持证人年龄、签发日期之间的关系。居民身份证的有效期限为5年、10年、20年和长期4个档次，其中，16周岁以下申领人的居民身份证，有效期限为5年；16周岁至25周岁申领人的居民身份证，有效期限为10年；26周岁至45周岁申领人的居民身份证，有效期限为20年；46周岁以上申领人的居民身份证，有效期为长期。证件的有效期限从签发之日起开始计算。

（2）公民身份号码与出生日期、性别之间的关系。居民身份证上登记的编号为公民身份号码，公民身份号码是每个公民唯一的、终生不变的身份代码，由公安机关依照1999年1月19日公布、1999年7月1日实施的中华人民共和国GB11643—1999《公民身份号码》国家标准编制。公民身份号码共18位，其中第7至第14位数字为持证人出生日期码，查验时应注意核对持证人出生日期与出生日期码的填写是否一致。第15至第17位数字为顺序码，表示在地址码代表的区域范围内，对同年同月同日出生的人编定的顺序号，奇数分配给男性，偶数分配给女性。查验时应注意，男性公民身份号码第17位数字为奇数，女性则为偶数。

（3）居民身份证住址栏与签发机关之间的关系。居民身份证件的签发机关是县公安局、不设区的市公安局和设区的公安分局，以及经国家和省级批准有户口管理权限的各类开发区公安局。居民身份证的住址与签发机关管辖范围必须一致。

（四）查验居民身份证应当注意的问题

（1）依法进行查验。人民警察对有关公民进行身份证查验，是履行警察职责，维护社会治安秩序，预防和打击违法犯罪活动的需要，但是如果警察查验公民的证件不当，也会干扰公民的正常生活。因此，人民警察对有关公民的身份证进行查验必须依法进行。《居民身份证法》对居民身份证的查验活动作了明确规定。

（2）居民身份证查验的程序。《居民身份证法》规定，人民警察查验有关公民的居民身份证前，应当出示执法证件。这是保障公民知情权，防止受到执法者不当干扰或假冒执法者的不法侵害。如果履行查验职责的人民警察未出示执法证件的，有关公民可以拒绝其查验。

（3）对拒绝查验行为的处理。《居民身份证法》第15条第2款规定："拒绝人民警察查验居民身份证的，依照有关法律规定，分别不同情形，采取措施予以处理。"根据这一款的规定以及《人民警察法》、《戒严法》、《治安管理处罚法》和《刑事诉讼法》等法律的有关规定，对拒绝人民警察查验居民身份证的，可以根据不同情况采取下列不同措施予以处理：

①对于构成犯罪的，依法追究刑事责任；

②暴力抗拒人民警察依法查验居民身份证的，可以按照刑法中妨碍公务罪依法追究刑事责任；

③对于构成治安处罚的，依照《治安管理处罚法》给予治安管理处罚；

④对于有违法犯罪嫌疑而身份仍然不明的，可以将其带至公安机关，实施继续盘问；

⑤对于在管制现场的人员，可以将其强行带离现场。

（4）查验居民身份证属于治安盘查的内容之一，应当注意被盘查人的反应。

（5）若被查验的对象为多人时，应分别进行查验。

（6）经查验能确认是逃犯、通缉犯等犯罪嫌疑人、被告人或者罪犯的，民警应当立即使用约束性警械将其控制，移交办案的公安机关、人民检察院、人民法院或者原羁押机关。

二、情景设定

2015年6月2日，民警小张与小刘在长沙市五一路上进行治安巡逻时，在前方约100米处有一行迹可疑的男子，该男子手提行李箱，急匆匆往前赶。突然发现两位着制式服装巡逻的民警时，该男子神色慌张，立即停住往前的脚步，改道而行。小张、小刘见状，急忙靠近该可疑男子，经过出示证件表明身份以后，要求查验其身份证。

问题：

1. 假如你们是民警小张、小刘，且随身携带了身份证阅读器，你们该怎样查验该男子的身份证？

2. 假如你们是民警小张、小刘，且没有携带身份证阅读器，你们该怎样来识别该男子身份证件的真伪？

3. 如果可疑男子拒绝民警查验其居民身份证该如何处理？

三、实训目的

居民身份证查验是发现违法犯罪嫌疑人员的重要手段，也是治安民警的一项基本功。通过本项目的实训，让学生正确使用常见的身份证阅读器，能准确快速地利用机器查验居民身份证；也能在没有随身携带身份证阅读器的情况下利用视读检查、逻辑检查来识别真假身份证，提高学生从事治安管理的实际动手能力及操作能力。

四、实训内容

（1）居民身份证查验的情形；

（2）居民身份证查验的程序；

（3）居民身份证机读检查；

（4）居民身份证视读检查；

（5）居民身份证逻辑检查；

（6）居民身份证查验后的处理。

五、实训场地与器材

（一）实训场地

学院的安全防范技术实验室。

（二）实训器材

（1）各种常见的身份证阅读、荧光笔等；

（2）放大镜若干；

（3）真假身份证若干；

（4）人民警察证。

六、实训步骤、方法与注意问题

（一）实训步骤、方法

（1）学生分组。根据区队学生人数对学生分组，学生每 6 人一大组，每 3 人一小组。

两人为没有随身携带身份证阅读器的巡逻民警，两人为随身携带有身份证阅读器的巡逻民警，一人持真身份证被查验，一人持假身份证被查验。

（2）实训前的准备。准备好实训需要的相关器材，布置好实训场地。

（3）民警表明身份，出示证件，说明目的；

（4）利用身份证阅读器进行查验。使用联机型阅读器与手持式阅读器分别进行查验，先查验真的居民身份证，观察阅读器的反应，查看机读信息；然后查验假的居民身份证，观察阅读器的反应，有的是阅读器上的红灯闪烁，有的是语音提示该证件是无效证件，联机型的阅读器则无信息输入。

（5）利用视读检查、逻辑检查来识别证件的真伪。先视读检查、逻辑检查真的居民身份证，然后查验假的身份证若干，一一指出其判定的依据。如有彩虹印刷不明显，证件正反两面浅粉到浅蓝颜色过渡不自然或有接口；有的公民身份号码中的出生日期码与出生日期不一致；有的是性别与公民身份号码中的分配顺序码不一致；有的是签发机关与住址相矛盾等。

（6）无法查明真实身份的，带回派出所继续盘问；对于构成犯罪的，依法追究刑事责任；对于构成治安处罚的，依照《治安管理处罚法》给予治安管理处罚。

（7）已经查明真实身份无违法犯罪嫌疑的，礼貌放行。

（8）小组点评。组内成员互相指出双方实训中的优缺点。

（9）教师总评。表扬做得好的小组，指出大家的共同问题及改进的意见。

（二）注意问题

（1）被检查的嫌疑人着便服，携带真假居民身份证。

（2）扮演巡逻民警的学生必须着警服，可以用学生证代替《人民警察证》。

（3）教师在实训过程中要全程进行监督。

（4）实训完后，大组内的两小组互换角色后再次进行实训。

（5）注意爱护实训室各种器材。

七、实训考核

（一）实训考核要求

（1）实训考核要求公平、公正。

（2）参加模拟演练的学生要按照现场指挥的要求认真地进行演练，听从指导老师的安排。

（3）严格按照相关法律法规中关于“居民身份证查验”的要求进行操作。

（4）实训考核成绩按一定比例记入期末成绩。

（二）实训考核标准

考核模块	考核要点	考核分值	考核得分
知识运用模块	1. 居民身份证查验的情形	10	
	2. 居民身份证查验的程序	10	
	3. 居民身份证查验的方法	30	
组织协调模块	4. 人员的分工	5	
	5. 实训器材的准备	5	
	6. 实训中的纪律	5	
	7. 实训中的组织协调	5	
能力培养模块	8. 组织管理能力	5	
	9. 口头表达能力	5	
	10. 查验能力	10	
	11. 问题处理能力	10	
考核得分合计			

八、思考题

1. 查验居民身份证有哪些方法？
2. 查验居民身份证的程序是怎样的？
3. 若没有随身携带身份证阅读器该如何查验居民身份证？

实训项目十四　公安机关对娱乐场所日常治安检查

一、基础知识

（一）娱乐场所的概念

根据《娱乐场所管理条例》规定，娱乐场所是指以营利为目的，并向公众开放、消费者自娱自乐的歌舞、游艺等场所。娱乐场所是公共复杂场所中非常重要的部分，公安机关对其进行治安管理的主要依据有：《娱乐场所管理条例》、《娱乐场所治安管理办法》和《娱乐场所消防安全管理规定》。

（二）公安机关对娱乐场所日常治安检查的内容

公安机关对娱乐场所日常治安检查主要从以下方面进行：

1. 娱乐场所向公安机关备案情况

根据《娱乐场所治安管理办法》规定，娱乐场所领取营业执照后，应当在15日内向所在地县（市）公安局、城市公安分局治安部门备案；县（市）公安局、城市公安分局治安部门受理备案后，应当在5日内将备案资料通报娱乐场所所在辖区公安派出所。县（市）公安局、城市公安分局治安部门对备案的娱乐场所应当统一建立管理档案。

2. 娱乐场所经营许可证、营业执照等法律手续

申请设立娱乐场所符合条件的，由所在地县级人民政府文化主管部门（中外合资经营、中外合作经营的娱乐场所由所在地省、自治区、直辖市人民政府文化主管部门）颁发娱乐场所经营许可证；申请人取得娱乐场所经营许可证和有关消防、卫生、环境保护的批准文件后，方可到工商行政管理部门依法办理登记手续，领取营业执照。擅自从事娱乐场所经营活动的，由工商行政管理部门、文化主管部门依法予以取缔；公安部门在查处治安、刑事案件时，发现擅自从事娱乐场所经营活动的，应当依法予以取缔。

3. 娱乐场所包厢、包间的设置情况

根据《娱乐场所治安管理办法》规定，歌舞娱乐场所包厢、包间内不得设置阻碍展现室内整体环境的屏风、隔扇、板壁等隔断，不得以任何名义设立任何形式的房中房（卫生间除外）。其包厢、包间内的吧台、餐桌、门窗、照明灯等物品的设置必须符合相关规定。包厢、包间内不得安装门锁、插销等阻碍他人自由进出包厢、包间的装置。歌舞娱乐场所营业大厅、包厢、包间内禁止设置可调试亮度的照明灯。娱乐场所违反上述有关规定的，由县级公安机关责令改正，给予警告；情节严重的，责令停业整顿1个月至3个月。

4. 闭路电视监控设备的设置情况

歌舞娱乐场所应当在营业场所出入口、消防安全疏散出入口、营业大厅通道、收款台前

安装符合视频安防监控系统相关国家或行业标准要求的闭路电视监控设备；设置闭路电视监控设备监控室，由专人负责值守，保障设备在营业时间内正常运行，不得中断、删改或者挪作他用。歌舞娱乐场所应当将闭路电视监控录像资料留存30日备查。

5. 安全检查设备的设置、安检人员的配备情况

营业面积1000平方米以下的迪斯科舞厅应当配备手持式金属探测器，营业面积超过1000平方米以上的应当配备符合国家或者行业标准要求的通过式金属探测门和微剂量X射线安全检查设备等安全检查设备。迪斯科舞厅应当配备专职安全检查人员，安全检查人员不得少于2名，其中女性安全检查人员不得少于1名。

6. 警示标语设置情况

娱乐场所应当在营业场所大厅、包厢、包间内的显著位置悬挂含有禁毒、禁赌、禁止卖淫嫖娼等内容，式样、规格、尺寸符合标准的警示标志。标志应当注明公安机关的举报电话。

7. 对娱乐场所一般从业人员、保安人员的检查

包括娱乐场所对一般从业人员应当实行实名登记制度，建立从业人员名簿，统一建档管理；娱乐场所不得自行招录人员从事保安工作，其配备的保安人员的数量应当符合有关规定。

8. 对娱乐场所经营日志的检查

娱乐场所应当建立营业日志，由各岗位负责人及时登记填写并签名，专人负责保管，详细记载从业人员的工作职责、工作内容、工作时间、工作地点、保安人员安全巡查情况及遇到的治安问题。娱乐场所营业日志应当留存60日备查，不得删改。对确因记录错误需要删改的，应当写出说明，由经手人签字，加盖娱乐场所印章。

9. 消防安全检查

公安派出所对单位进行日常消防监督检查，应当检查下列内容：

（1）建筑物或者场所是否依法通过消防验收或者进行消防竣工验收备案，公众聚集场所是否依法通过投入使用、营业前的消防安全检查；

（2）是否制定消防安全制度；

（3）是否组织防火检查、消防安全宣传教育培训、灭火和应急疏散演练；

（4）消防车通道、疏散通道、安全出口是否畅通，室内消火栓、疏散指示标志、应急照明、灭火器是否完好有效；

（5）生产、储存、经营易燃易爆危险品的场所是否与居住场所设置在同一建筑物内。

10. 其他（经营行为）情况检查

（1）娱乐场所应当按照国家有关信息化标准规定，配合公安机关建立娱乐场所治安管理信息系统，实时、如实将从业人员、营业日志、安全巡查等信息录入系统，传输报送公安机关。（2）娱乐场所不得设置具有赌博功能的电子游戏机机型、机种、电路板等游戏设施设备，不得从事以现金、有价证券作为奖品，或者回购奖品等带有赌博性质的游戏机经营活动。

（三）公安机关对娱乐场所进行日常治安检查的实施

1. 表明身份

公安机关及其工作人员对娱乐场所进行日常治安检查时不得少于2人，应当出示人民警

察证件，表明执法身份，不得从事与职务无关的活动。

2. 提出整改意见

公安机关在对娱乐场所进行日常治安检查时发现有违反规定的行为，应当通知娱乐场所工作人员或责任人员及时整改，并一次性告知整改标准、整改期限以及不按时整改可能受到的处罚。

3. 做好检查记录

公安机关及其工作人员对娱乐场所进行监督检查，应当记录在案，归档管理。检查记录应当以书面形式为主，必要时可以辅以录音、录像等形式。检查记录应当包括：执行监督检查任务的人员姓名、单位、职务；监督检查的时间、地点、场所名称、检查事项；发现的问题及处理结果。检查记录一式两份，由检查人员签字，并经娱乐场所负责人签字确认。娱乐场所负责人拒绝签字的，监督检查人员应当在记录中注明情况。

（四）公安机关对娱乐场所进行日常治安检查时应注意的问题

1. 检查主体资格及职责范围

注意区分公安机关与文化主管部门、卫生、消防、工商等其他职能机关在对娱乐场所进行日常检查中的职责范围，监督、检查依据。根据现行的《娱乐场所管理条例》、《娱乐场所治安管理办法》及《消防法》等的规定，县级以上人民政府文化主管部门负责对娱乐场所日常经营活动的监督管理；县级以上公安部门负责对娱乐场所消防、治安状况的监督管理。公安机关依法对娱乐场所及其从业人员的违法犯罪行为和发生在娱乐场所内的违法犯罪行为进行查处。

2. 注意掌握娱乐场所治安管理的具体规定

如什么情况下应当配备手持式金属探测器，什么情况下应当配备通过式金属探测门和微剂量 X 射线安全检查设备等安全检查设备；迪斯科舞厅保安人员应当按照什么标准配备等。

3. 公安机关对娱乐场所进行日常治安检查应当重点明确

日常治安检查是管理的基础，也是管理的基本手段，为了实现对娱乐场所的有效管理，公安机关在对娱乐场所进行日常治安检查中应当重点明确，及时对其治安状况进行评估，实行分级管理，按照公开、公平、公正的原则，定期考核，动态升降，制定对本辖区内娱乐场所的日常治安检查计划，使我们的日常治安检查工作重点突出，对娱乐场所治安管理形成有效监督。

二、情景设定

长沙县启智路派出所辖区内新设“金龙娱乐城”，老板有张某（男，41 岁，汉族）、赵某（女，45 岁，中共党员）、宋某（男，42 岁，汉族）、李某（男，39 岁，汉族）四人，工作人员 100 人，建筑面积约 1000 平米，两层楼，内部建筑结构为圆环型，一楼中间设演艺台，台下设卡座，四周设观演小包厢（一桌四座）若干；二楼走廊内侧设卡座，外侧为设有大中小包间若干，包间内有点歌台和显示器，既可以点播观看演艺台上的节目，也可以自行在系统设置的节目中娱乐。卡座、包厢、包间的消费标准不同，酒水、饮料、零食等食品，演艺节目均为收费项目，按标价收取。娱乐城入口设有贵重物品寄存处，一楼场内主要通道路线：前门（入口），包厢与卡座之间环演艺台，后门（演艺台后面，出口）；二楼场内主要通道即为环形走廊，两侧有楼梯通往一楼。场内一楼至二楼层高共计9米，有吊顶，四周有灯光、音响等设施设备。演艺台设电子屏幕，靠近出口方向。场外前坪紧接交通主干道，坪内划有停车位。往东约500米有一所私立中学，往南1000米系某高校，周边有居民小区5个，人口密集。"金龙娱乐城"主体装修已经完成，经营广告已四处散发，开业前夕，其所属辖区启智路派出所民警对其进行日常治安检查。

问题：

1. 该娱乐城是否为《娱乐场所管理条例》规定的"娱乐场所"，为什么？
2. 公安机关可否对该娱乐城进行日常治安检查，有哪些法律依据？
3. 对该娱乐城进行日常治安检查时，应检查哪些项目，要注意哪些问题？
4. 如若由你和你的搭档对该娱乐城进行日常治安检查，当如何开展？

三、实训目的

娱乐场所内扰乱公共治安秩序行为突出，容易滋生和蔓延色情、赌博、卖淫、嫖娼、吸贩毒等违法犯罪活动，寻衅滋事、结伙斗殴、流氓滋扰、侮辱妇女的行为屡禁不止，前期监管不到位极易造成治安灾害事故，为了避免灾害事故，最大限度的减少违法犯罪等社会丑恶现象的出现，公安机关及其人民警察应当认真履行监管职责。通过本实训项目，对娱乐场所进行模拟安全检查，让学生能身临其境地体验娱乐场所日常治安检查工作，通过实训掌握对娱乐场所进行日常治安检查时所必须检查的项目，掌握检查的方法，规范日常检查行为，并在检查实训中灵活运用所学专业知识处理相关问题，拓展个人能力，为今后从事治安管理工作奠定良好的基础。

四、实训内容

（1）娱乐场所的备案；
（2）经营娱乐场所必需的法律手续；
（3）娱乐场所包厢、包间的设置；
（4）娱乐场所闭路电视监控设备的设置；
（5）娱乐场所安全检查设备的设置；
（6）娱乐场所警示标语的设置；
（7）对娱乐场所从业人员的规定；
（8）对娱乐场所经营日志的规定；
（9）消防安全检查；
（10）其他规范经营行为的规定。

五、实训场地与器材

（一）实训场地

学院实训广场模拟娱乐场所；老师对实训场地进行布置。

（二）实训器材

（1）手持式金属探测器、通过式金属探测器；

（2）废旧硬纸盒若干个；

（3）《娱乐场所管理监督检查表》若干份、黑（蓝）钢笔（签字笔）、印章等；

（4）人民警察证。

六、实训步骤、方法与注意问题

（一）实施步骤、方法

1. 实训前准备

指导老师事先对娱乐城按照实训内容进行布置，在对该场景进行布置的时候有意做违规设置，并准备好实训器材。

2. 实训分组

（1）学生2人一组，每10个小组为一队，共2个队。

（2）指导老师2名，每人指导1个队（10个组）。

3. 组织分工

（1）各组设组长1名，担任检查时值正班民警；

（2）现场指导教师负责现场指挥、点评总结、考核计分。

4. 实训指导

（1）指导老师向学生详细介绍案件基本情况和案件调查情况，引导学生回答设定情景中的问题；

（2）提示设定情景中可能存在的违规行为，引导学生进入既定实训情景。

5. 实训实施

（1）基础实训。以小组为单位，每次四组、分别进行，对事先布置好的娱乐城进行日常治安检查，并做好检查记录，要求将该娱乐城违反规定之处全部找出，并给出整改意见。

（2）对抗实训。以队为单位，开展对抗实训。各队在指导老师的安排下，对设定情景进行变动，或重新布置，由对方进行检查。检查出的问题越多、用时越短的得分越高。

6. 制作《娱乐场所管理监督检查表》

参与对抗实训的小组递交2份《娱乐场所管理监督检查表》，累积得分。

7. 总结点评

（1）学生点评。点评到位的，即可为本组得分；

（2）教师点评。指导教师对各自负责的队现场进行总评考核计分。

8. 布置作业

要求各小组于规定时间内交实训报告。

（二）注意问题

（1）参加实训的学生科学设置演示情景，认真操练，不得走过场；

（2）各小组、各分队及各队之间既要分工明确，又要协调合作，尤其是在对抗实训环节；

（3）服从现场指挥；

（4）制作《娱乐场所管理监督检查表》应当完整、准确、规范；

（5）在实训过程中，各小组要严格遵守各环节的规定。

七、实训考核

（一）实训考核要求

（1）严格按照考核标准进行考核。

（2）考核要公平、公正和客观。

（3）实训考核成绩实行百分制，满分 100 分。

（4）实训成绩按一定比例记入期末考核成绩。

（二）实训考核标准

考核模块	考核要点	考核分值	考核得分
知识运用模块	1. 娱乐场所的备案	5	
	2. 经营娱乐场所必需的法律手续	5	
	3. 娱乐场所包厢、包间的设置	10	
	4. 娱乐场所闭路电视监控设备的设置	10	
	5. 娱乐场所安全检查设备的设置	10	
	6. 娱乐场所警示标语的设置	5	
	7. 对娱乐场所从业人员的规定	5	
	8. 对娱乐场所经营日志的规定	5	
	9. 消防安全检查	5	
	10. 其他规范经营行为的规定	5	
	11.《娱乐场所管理监督检查表》	5	
组织协调模块	12. 角色分配与合作，团队精神	5	
	13. 实训场景、器材的准备	5	
	14. 实训秩序	5	
能力培养模块	15. 安全检查能力	5	
	16. 安全检查记录能力	5	
	17. 安全问题处理能力	5	
考核得分合计			

八、思考题

1. 公安机关对娱乐场所进行日常治安检查应当注意的程序问题有哪些？
2. 根据我国现行法律法规规定，对娱乐场所包厢、包间的设置应注意哪些问题？
3. 根据我国现行法律法规中，对娱乐场所从业人员有哪些规定？
4. 对检查中发现的有偿陪侍、卖淫嫖娼行为应当如何处理？

附表 1：

（此处印制公安机关名称）

娱乐场所管理监督检查表

<table>
<tr><td colspan="2">被检单位</td><td colspan="6"></td></tr>
<tr><td colspan="2">检查时间</td><td colspan="6">年　　月　　日</td></tr>
<tr><td rowspan="2">检查人</td><td>姓名</td><td></td><td>单位</td><td></td><td>职务</td><td colspan="2"></td></tr>
<tr><td>姓名</td><td></td><td>单位</td><td></td><td>职务</td><td colspan="2"></td></tr>
<tr><td>主要问题</td><td colspan="7"></td></tr>
<tr><td>整改意见</td><td colspan="7"></td></tr>
<tr><td colspan="2">整改情况</td><td colspan="6"></td></tr>
<tr><td colspan="2">检查单位</td><td colspan="6">处理结果：
检查单位：
年　　月　　日</td></tr>
<tr><td colspan="2">被检单位</td><td colspan="6">负责人（签字）：
年　　月　　日</td></tr>
</table>

附表 2：

责令限期整改通知书

公（　）限字［　　］第　　号

------------------------：

根据公安部《娱乐场所治安管理办法》第____条之规定，你场所__________________

____

负责人签名：　　　　　　　　　年　　月　　日

责令限期整改通知书

公（　）限字［　　］第　　号

------------------------：

根据公安部《娱乐场所治安管理办法》第____条之规定，你场所__________________

____

现责令你单位在201________年____月____日前整改完毕，并将结果函告市局治安管理大队。逾期未改正的，将依照__________________________________规定，予以处罚。

______市公安局 治安管理大队

年　　月　　日

实训项目十五　大型群众性活动安全保卫工作现场勤务

一、基础知识

大型群众性活动安全保卫工作的现场勤务（以下简称现场勤务），是大型群众性活动安全管理工作的核心环节之一，它与活动前的安全评估和活动中的安全监管工作同等重要。

（一）现场勤务的概念

现场勤务，是指参加大型群众性活动安全保卫工作的现场执勤人员，根据大型群众性活动安全保卫工作实施方案的具体安排，准时到岗到位，在活动现场安全保卫工作负责人员的具体指挥下，坚守岗位，履行职责，整体协同，邻岗协作，切实维护活动现场安全秩序的勤务活动。

（二）现场勤务应遵循的原则

1. “谁举办、谁负责”原则

它包含两方面意思：一是“谁承办，谁负责”，二是“谁主管，谁负责”。政府举办的大型群众性活动，现场勤务由同级公安机关及有关部门直接负责；非政府举办的大型群众性活动，活动承办单位及其主要负责人对活动安全保卫工作的现场勤务负有直接责任，县级以上人民政府的公安机关及其他有关职能部门在现场勤务上负有安全监管责任，应主动对活动安全保卫工作的现场勤务进行指导、协调和监督。

2. “安全第一、预防为主”原则

安全第一，是指应当将活动参与者的人身、财产安全摆在整个活动安保勤务工作的首位，活动主办方、承办方、协办方、监管方要自始至终齐抓共管，确保安全万无一失。预防为主，是指对活动现场每一个环节可能出现的各种安全状况事先都要充分评估，缜密考虑、周密布署，防患于未然。

3. “各司其职、整体协作”原则

现场勤务在指挥体系上采取“纲、目”式组织形式，勤务力量部署上“点、面”结合，责任分解上“三定”（定人、定位、定责），要求各勤务岗位在各司其职的基础上，服从指挥、邻岗协作、整体协同。

4. “严格落实岗位责任制和责任追究制”原则

现场勤务的整体效能通过各具体勤务岗位的工作效果综合体现，要求现场勤务人员坚守岗位，主动履职，不折不扣；现场安全监管人员认真负责，全程督查，哪个岗位出问题，依法、依规、依纪追究哪个岗位相关责任人员责任。

(三) 现场勤务的基本措施

1. 现场安检

现场安检分两个部分：一是清场安检，二是入场安检。

(1) 清场安检。清场安检包括清场、场内安检和守护三个环节。一是清场。即全面清退活动中心现场警戒线内的所有人员。清场一般采取分片包干制的形式进行。二是场内安检。清场完毕，安检勤务人员应对现场进行全面安全检查；如果在同一现场连续多次开展活动，则清场安检工作会持续、反复进行。三是守护。场内安检结束后，现场指挥员应安排相应数量的安保人员对现场进行区域警戒和管制，严防无关人员进入活动现场，直至活动开始。

(2) 入场安检。一是专场证件查验。主要是对入场人员、车辆专用证件、门票等准入证明进行查验，防止无关人员和车辆进入现场，影响现场秩序。二是人员、器材、车辆安检。当与活动相关的车辆、器材、人员及随身携带的包裹、物品入场时，引导其通过专用通道有序进入、依次接受人工和仪器相结合的安全检查。

2. 现场安全宣传

参与活动人员入场过程中，现场勤务负责人应组织现场安全宣传，将各层级的活动参与人应承担的安全责任、禁止带入现场的违禁物品种类、活动现场所禁止的个人行为及按指定区域对号入座等安全注意事项，通过现场扩音器，反复广播宣传，做到众所周知。

3. 现场巡逻、警戒

根据实际需要，在现场内外及周边，布置多层级、多岗位的巡逻、警戒力量，其任务是：预防和及时发现、制止、打击现行违法犯罪；预防和及时制止公众随意走动等不当行为，维护现场秩序；给予遭遇危难的公众给予及时的救助和帮助；防止与活动无关的人员采取不正当的手段翻越警戒线，进入活动现场或安全保卫人员驻地；协助交管人员维护交通秩序和守护专用停车场的财产安全。现场巡逻、警戒采用着便装与着制服相结合的形式进行。

4. 应急备勤和现场突发事件处置

按需准备好应急备勤力量，并在现场附近隐蔽待命。现场勤务中，遇有突发性群体事件、公共卫生事件、治安灾害事故、治安案件、刑事案件以及强行进入场内的、向场内投掷杂物不听制止的、展示侮辱性标语、条幅等物品等其他扰乱活动现场秩序的行为，现场勤务人员应与应急备勤力量，密切配合，根据预案要求，依法、依规及时处置。

5. 现场勤务的监管

无论政府或非政府举办的大型群众性活动，县级以上人民政府的公安机关都要依法履行安全监管职责，对现场勤务工作情况予以全程跟踪督查，对督查中发现的勤务责任不落实、措施不到位、工作不认真等现象，及时整改。造成后果的，还要按照岗位责任制和责任追究制，依法、依规、依纪追究相关责任人的责任。

(四) 现场勤务中应注意的事项

(1) 现场安检中，发现非准入人员和车辆，必须制止其进入并劝离现场入口；发现持有伪造票证的人员应交给现场处突人员及时处理；发现违禁品应及时收缴，发现危险人员应及时控制，并迅速交给在场的处突人员带离现场；除非在专门的场所，不得当众进行人身检查；只有经检测、确信有违禁品时才能开包检查。

（2）巡逻过程中，要注意风纪严谨、文明执勤，时刻保持通讯联系工具的性能良好和畅通；并慎用警械、警具；遇有突发性群体事件或公众间的矛盾纠纷，应以疏导、制止为主。

（3）现场勤务中，要慎对媒体采访，现场勤务人员非组织安排，原则上个人不接受新闻媒体采访。对媒体的采访，可以礼貌地委婉拒绝。拒绝不成，可以将其支开。

（4）注意好自身安全，遇事冷静。

（5）注意涉外礼仪。遇上外国人询问、求助或友好示意，请注意个人形象、热情适度、不卑不亢不好奇，并谨记内外有别、保守好工作秘密。

二、情景设定

2015 年 6 月 8 日上午，某警察学院拟在学院塑胶操场举行升本 3 周年庆典。届时，将有来自公安部、省综治委、省委政法委、省直工委、省教委、省公安厅及兄弟院校的领导前来祝贺，有历届校友、全院师生员工及学院周边社会群众近 1 万人参加。同时，还邀请了相关文艺演出单位在庆典现场进行历时两小时的文艺表演，省卫视等省内多家媒体将对庆典仪式和文艺演出作现场采访报道。午餐后，前来参与庆典的各级领导和历届校友相继离校。

问题：

1. 假如你是庆典安保工作现场勤务总负责人，你将围绕哪些方面组织庆典安保的现场勤务？

2. 塑胶操场中主席台领导嘉宾区域及操场中群众观礼区的勤务岗位如何设置？每个岗位的具体职责是什么？

3. 庆典现场入口及疏散通道处的现场勤务该采取哪些勤务措施？

4. 庆典现场的现场安检如何进行？

三、实训目的

现场勤务作为大型群众性活动安全保卫工作的核心环节，勤务效果的好坏直接决定着大型群众性活动安全保卫工作的整体效能。通过现场勤务实训，让学生了解现场勤务的组织方式、勤务人员在勤务过程中的职责和要求，掌握现场勤务的基本方式方法，学会合理设置勤务岗位、分解勤务工作任务，熟悉现场勤务相关器材及装备的使用，熟练掌握现场勤务的实施步骤，提高学生在现场勤务中的实战能力，为今后从事大型群众性活动安全保卫工作工作奠定良好基础。

四、实训内容

（1）现场勤务的组织指挥；

（2）现场勤务的力量配置；

（3）现场勤务的任务分解；

（4）现场勤务的器材选择；

（5）现场勤务措施的选择和演练；

(6) 现场勤务中突发性事件的处置；
(7) 现场勤务的督查；
(8) 现场勤务的讲评总结。

五、实训场地与器材

(一) 实训场地

(1) 选择学生熟悉的学院塑胶操场作为主训场地，实训前任课教师对塑胶操场相关区域进行相应布置；

(2) 利用学院安全防范技术实验室（X 光机和车辆安全检查仪）作为辅训场地。

(二) 实训器材

(1) 现场安保勤务人员的证件标示；
(2) 参与庆典人员、车辆的专场证件标示；
(3) 对讲机、水码、栅栏、警戒带、隔离墩、铅封、交通提示牌；
(4) 身份证读卡器、手持式安检仪、便携式排爆器；
(5) 学院安全防范技术实验室的 X 光机、车辆安全检查仪；
(6) 违禁物品（非法宣传品、危险品）等；
(7) 手持式扩音器、活动现场相关安全规定文稿；
(8) 350 兆警用无线集群通讯工具；
(9) 现场勤务情况督查登记表、现场勤务安排三定表。

六、实训步骤、方法与注意问题

(一) 实施步骤、方法

1. 训前准备

布置实训场地，准备好实训器材；联系学院实验中心，安排好辅训实验员，准备好 X 光机和车辆安全检查仪。

2. 学生分组

对学生进行分组，根据现场勤务要求，每组以 10 人为宜，6 人扮演现场勤务安保人员（其中，确定 1 名勤务小组负责人），4 人扮演参加庆典领导、群众、违禁品携带人员及需要帮助的群众。

3. 清场安检

要求各学生小组负责人带领本组学生依次组织清场，并根据学院塑胶操场实际，确定场内安检区域和对象，选择安检器材，演练安检操作，落实各出入口守护措施；考虑到课时和器材的限制，清场安检采取人工和仪式相结合的安检形式。

4. 设定现场警戒区域、治安缓冲区域和入场通道

选择学院塑胶操场的一个入口作为入场安检口，要求学生以组为单位，利用水码、隔离墩、栅栏、警戒带等器材，在该入口及入口前，模拟设置入场通道、设定警戒区和缓冲区。

5. 入场安检和入口控制警戒

要求各学生小组负责人对本组学生进行角色分配、职责划分，组织对入场人员进行准予票证、身份查验，落实入口现场警戒和秩序维护措施；并要求各组安排学生扮演携带违禁物品群众和持伪证人员，由小组负责人组织临场处置。

6. 场内力量布置

要求各学生小组负责人依次科学筹划、分配场内勤务力量。考虑到课时限制，本实训仅就主席台和操场群众观礼区局部的勤务岗位设定和力量安排作练习。

7. 现场安全宣传

要求各学生小组分别确定宣传文稿、宣传时间与次数，由小组负责人利用手持式扩音器依次宣读。

8. 现场巡逻

要求各学生小组根据塑胶操场及其周边实际，商定巡逻方式、线路，确定便装巡逻和制服巡逻的区域，宣布巡逻工作职责和注意事项；并在巡逻练习中，安排学生扮演求助群众，由小组负责人组织临场处置。

9. 现场应急备勤

要求各学生小组根据塑胶操场及其周边实际，选择最佳待命备勤地点，并由小组负责人宣布备勤纪律与工作要求。

10. 现场媒体应对

要求各小组安排学生扮演媒体记者，模拟对现场勤务人员进行采访，被采访人员按勤务新闻纪律要求应对。

11. 现场突发性事件处置

要求各小组安排学生扮演群众，在塑胶操场某个地点高举违法宣传条幅，由各小组负责人组织本组其余学生扮演应急人员和勤务人员联合处置。同时，还在此环节检验各小组现场通讯联络保障情况。

12. 现场督查

要求各小组安排学生扮演现场督查人员，其余人员扮演正在执勤的现场勤务人员，练习现场督查。

13. 安检仪器操作

组织学生以组为单位，到学院安全防范技术实验室练习 X 光机和车辆安全检查仪的应用。

14. 训后讲评

先由学生小组派代表互评，然后教师讲评。

（二）注意问题

（1）实训重点要放在学生全局思维培养、临场应变能力、器材实操熟悉和勤务意识提高等方面。

（2）扮演现场勤务人员的学生必须着警服，可用悬挂式证件替代勤务专用证件。

（3）扮演违法违禁物品携带者、求助人员等群众角色的学生和扮演领导、嘉宾的学生必须着便服。

（4）整个模拟过程要紧密结合学院塑胶操场的实际，力求做到真实，且必须按现场勤务实战的要求，自始至终严肃、认真对待。

（5）X光机、车辆安全检查仪等仪器操作过程中，要提醒学生注意不同情形下仪器作出反应的细微区别。

（6）实训过程中教师要全程监督、适时指导；各小组要互派人员全程进行观摩考核。

七、实训考核

（一）实训考核要求

（1）严格按照考核标准进行考核。

（2）考核要公平、公正和客观。

（3）实训考核成绩实行百分制，满分100分。

（4）实训成绩按一定比例记入期末考核成绩。

（二）实训考核标准

考核模块	考核要点	考核分值	考核得分
知识运用模块	1. 清场安检	5	
	2. 警戒区、缓冲区设定	5	
	3. 入场通道设置	5	
	4. 入场安检和入口控制	5	
	5. 现场安全宣传	5	
	6. 现场巡逻	5	
	7. 现场媒体应对	5	
	8. 现场突发性事件处置	5	
	9. 现场督查	5	
	10. 安检仪器操作	5	
组织协调模块	11. 小组内部分工	5	
	12. 场内力量布置	5	
	13. 现场应急备勤	5	
	14. 学生互评	5	
	15. 实训中的纪律	5	
能力培养模块	16. 组织管理能力	10	
	17. 口头表达能力	5	
	18. 记录能力	5	
	19. 问题处理能力	5	
考核得分合计			

八、思考题

（1）现场勤务中常见的安检器材有哪些？其性能、作用有何异同？

（2）当前，非传统安全因素对现场勤务有何影响？

（3）非政府举办的大型群众性活动中，现场督查力量涉及哪几个方面的人员？

附表 1：

____________公安局
大型群众性活动安全保卫现场勤务情况督查登记表

<table>
<tr><td>活动名称</td><td colspan="3"></td></tr>
<tr><td>督查时间</td><td colspan="3">年　月　日　时　分</td></tr>
<tr><td>被督查单位</td><td></td><td>被督查岗位</td><td></td></tr>
<tr><td>现场情况记录</td><td colspan="3"></td></tr>
<tr><td>督查意见</td><td colspan="3"></td></tr>
<tr><td>督查人员
签　名</td><td>年　月　日</td><td>被督查人员 签 名</td><td>年　月　日</td></tr>
</table>

附表 2：

______安全保卫工作现场勤务三定表

年　　月　　日

序号	岗位名称	岗位位置	岗位责任人	岗位职责与任务	勤务要求	备注

实训项目十六　公安机关对旅馆业的治安行政许可

一、基础知识

（一）旅馆业的概念

根据《旅馆业治安管理办法》第2条的规定，凡经营接待旅客住宿的旅馆、饭店、宾馆、招待所、客货栈、车马店、浴池等（以下统称旅馆），不论是国营、集体经营，还是合伙经营、个体经营、中外合资、中外合作经营，不论是专营还是兼营，不论是常年经营，还是季节性经营，只要是经营接待旅客住宿，为旅客提供住宿条件和其他服务项目的行业，都属于旅馆业。

（二）旅馆业的审批许可制度

行政许可是指行政机关根据公民、法人或者其他组织的申请，经依法审查，准予其从事特定活动的具体行政行为。

目前特种行业中仍保留行政审批、需要公安机关做出行政许可的有旅馆业、公章刻制业和典当业3大行业。

根据《旅馆业治安管理办法》相关规定，申请开办旅馆，应向所在地县级以上公安机关提出申请，经当地公安机关审查合格后，颁发《特种行业许可证》，经营者凭此许可证向工商行政管理部门申请登记，领取营业执照后，方准开业。否则视为非法，予以取缔。经批准开业的旅馆，如有歇业、转业、合并、迁移、改变名称等情况，应当在工商行政管理部门办理变更登记后3日内，向当地的县、市公安局、公安分局备案。

（三）公安机关对旅馆业的治安行政许可程序

1. 申请

申请开办旅馆业的单位和个人应向所在辖区的县级公安机关治安管理部门提出申请，并领取和如实填写特种行业申请表。

申请人提出申请时，需要同时提交以下申请材料：

（1）《特种行业经营申请登记表》（一式3份）；

（2）工商部门出具的《企业名称预先核准通知书》；

（3）拟任法定代表人、主要负责人、主管人员、从业人员的身份证件复印件、资格审查表及违法犯罪记录查询证明和联系方式，拟任法定代表人及管理人员为外国人的，还需提供外国人就业许可证复印件及身份证明材料；

（4）营业场所产权证明或使用权的有效证明文件。营业场所属租赁的，还应当提供租赁协议。无法出具相关证明文件的，需提供有关部门出具的房屋建筑竣工验收合格的证明文件或镇（街道）出具的相关证明；

（5）消防部门出具的《消防安全检查意见书》；

（6）旅馆地理位置平面图、外貌照片以及房屋结构及房间、床铺分布情况平面图；

（7）法定代表人与辖区公安派出所签订的治安承包责任书；

（8）治安责任人岗位职责及安全管理制度材料；

（9）旅馆安全防范组织及安全防范措施；

（10）旅馆业治安管理信息系统安装情况资料；

（11）公安机关认为需要提交的其他材料。

以上由旅馆提供的复印件材料，审查人员必须审查原件并将复印件存档。

2. 受理

（1）受理标准：申请范围属于本机关的职权范围；申请材料齐全，符合法定形式。（2）受理程序：对申请材料不齐全或不符合法定形式的，应即时填写《行政许可申请材料补正告知书》，一次性告知申请人需要补正材料的全部内容；申请材料符合受理标准，应当即时制作《受理行政许可申请通知书》，并及时送达申请人。

3. 审查

公安机关治安管理部门受理申请后，应当指派专人对申请材料进行审查，并安排专人或委托公安派出所对照开办条件进行现场核查。现场核查应当由两名以上民警进行，制作行政许可核查记录，提出明确核查意见，并由核查人员签字后，连同申请材料复印件一并存入行业管理档案。

审查标准：

（1）形式审查：申办材料齐全，内容符合要求；

（2）实质审查：实地安全设施完备，达到安全条件。

公安机关在对旅馆业颁发《特种行业许可证》时需要从以下几个方面进行审核：

（1）有固定、合法的经营场所，房屋建筑、消防设施、出入口和通道必须符合国家有关安全规定并依法通过有关单位或部门的验收。

（2）按照有关规定安装使用经公安部检测合格的旅馆业治安管理信息系统、配备二代证阅读器、安装治安监控设施。

（3）旅馆的位置与易燃、易爆、剧毒、放射性危险物品的仓库和加油站的距离符合国家的相关规定。

（4）建立或者配备适应安全管理需要的治安保卫组织或者专、兼职治安保卫人员。

（5）旅馆总体布局符合安全防范要求，设置符合安全要求的贵重物品寄存室，并配备保险箱、储物柜等具备安全防范标准的防盗安全设施。客房门、窗必须符合防盗要求，底层、临街靠巷易攀爬、易侵袭的门窗必须设置防盗设施。提供住宿服务的洗浴场所除符合上述条件外，应当划定留宿区域，设立明显标志，落实足够的保卫力量实行24小时值守。

（6）法人代表、从业人员具有完全行为能力，持有合法有效的身份证件。其中，外地务工人员应当同时持有暂住证，外国人及其他境外人员应当持有劳动和社会保障部门签发的就业许可证书（已取得《外国人永久居留证》的外国人除外）。另外，负责住宿登记的人员须经过上岗培训。

（7）旅馆经营单位须将旅馆业治安管理制度及旅客须知悬挂上墙。

（8）法律法规规定的其他条件。

4. 决定和送达

经审查，申请人的申请符合法定条件标准的，应当作出准予行政许可的书面决定，并按规定制作《特种行业经营许可证》；申请人的申请不符合法定条件标准的，不予批准，并制作《行政许可事项不予批准决定书》，载明不予许可的理由，告知申请人享有依法申请行政复议或者提起行政诉讼的权利。按照《民事诉讼法》规定的有关送达方式送达申请人。

5. 备案

县级公安机关治安管理部门对已许可的旅馆相关材料报市级公安机关备案。

二、情景设定

李某，男，40岁，是某市江口区人，现住江口区长丰路415号，想开办一个宾馆。2015年6月5日，李某到该市江口公安分局治安大队领取了1份《特种行业申请登记表》，并且认真进行了填写，只准备了居民身份证、房屋产权证等资料就到治安大队去申领《特种行业经营许可证》，公安机关民警及时告知了他所缺少的材料，并填写了《行政许可申请材料补正告知书》，要求李某按照要求补齐材料；李某把材料准备齐以后，再次去公安机关办理《特种行业经营许可证》，公安机关受理了其申请并对李某提供的材料和实地进行了审查后，认为李某的申请符合开办旅馆的法定条件，给李某颁发了《特种行业经营许可证》。

问题：

1. 李某如何才能开办家庭旅馆，需要准备哪些申请材料？

2. 公安机关对开办旅馆业的行政许可程序有哪些？

3. 公安机关对李某开办旅馆的申请应当如何审查？

三、实训目的

行政许可是行政机关根据公民、法人或者其他组织的申请，经依法审查，准予其从事特定活动的具体行政行为。旅馆业是目前仍需公安机关行政许可的特种行业之一，通过旅馆业的治安行政许可实训，使学生加深对旅馆业行政许可基本知识的理解，熟悉公安机关对旅馆业行政许可的基本程序，掌握公安机关对旅馆业行政许可的方法，具备对旅馆业进行行政许可的实际动手操作能力，为今后从事治安管理奠定基础。

四、实训内容

（1）旅馆业行政许可的程序；

（2）旅馆业行政许可的申请材料准备；

（3）旅馆业行政许可的申请材料受理；

（4）旅馆业行政许可申请的审查；

（5）《特种行业经营许可证》的办理；

（6）旅馆业的备案。

五、实训场地与器材

（一）实训场地

学院实训广场内的模拟派出所和办证大厅；教师提前对场地进行布置。

（二）实训器材

（1）旅馆业行政许可的各种表格和申请材料；

（2）模拟宾馆场景；

（3）《特种行业经营许可证》。

六、实训步骤、方法与注意问题

（一）实训步骤、方法

（1）学生分组。实训前做好人员扮演分配，每组6~12人，其中扮演民警的为2~4人，扮演李某和旅馆相关工作人员的为4~8人。

（2）实训前准备。布置实训场地，准备实训器材，布置实训内容和要求。

（3）个人申请。李某向所在辖区的公安机关治安管理部门提出申请，领取特种行业申请表，并提交相关申请材料。

（4）受理。民警在收到申请人李某的申请材料后应当：

①对申请材料不齐全或不符合法定形式的，应即时填写《行政许可申请材料补正告知书》，一次性告知申请人李某需要补正材料的全部内容；

②申请材料符合受理标准，应即时制作《受理行政许可申请通知书》，并及时送达申请人李某。

（5）材料审查。

（6）实地考察。

（7）决定和送达。

（8）备案。

（9）总结评比。每组负责人对本组实训情况进行总结，再由区队干部对整个区队实训情况进行总结，最后，任课教师点评，并要求各实训小组提交实训报告。

（二）注意问题

（1）扮演民警进行行政许可的学生必须着警服，可以用学生证代替《人民警察证》；

（2）参加模拟演练的学生要按照现场指挥的要求认真地进行演练，听从指导老师的安排；

（3）严格按照相关法律法规中关于“旅馆业治安行政许可”的要求进行操作；

（4）整个模拟过程必须要严肃、真实；

（5）教师在实训过程中要全程进行监督。

七、实训考核

（一）实训考核要求

（1）严格按照考核标准进行考核；

（2）考核要公平、公正和客观；

（3）实训成绩按一定比例记入期末考核成绩。

（二）实训考核标准

考核模块	考核要点	考核分值	考核得分
知识运用模块	1. 旅馆业行政许可的程序	10	
	2. 申请材料审查	10	
	3. 旅馆场所实地审查	10	
	4. 许可中的问题设计	10	
	5. 许可中的问题处理	10	
	6. 从业人员的教育与培训	10	
组织协调模块	7. 实训人员的分配	5	
	8. 实训器材的准备	5	
	9. 实训中的纪律要求	5	
	10. 行政许可的效率	5	
能力培养模块	11. 旅馆业治安管理能力	10	
	12. 旅馆业治安问题处理能力	10	
考核得分合计			

八、思考题

1. 公安机关应如何对旅馆业的从业人员开展教育与培训？

2. 旅馆业存在的治安问题有哪些？旅馆内部应建立哪些安全管理制度？

3. 旅馆业作为仍保留行政许可的特种行业之一，公安机关能否取消对旅馆业的治安行政许可，改为行政备案制度？为什么？

附表：

特种行业许可证申请表

<table>
<tr><td colspan="2">企业（户主）
名　称</td><td colspan="2">（盖章）</td><td colspan="2">经济性质</td><td colspan="2"></td></tr>
<tr><td colspan="2">企业地址</td><td colspan="2"></td><td colspan="2">经营方式</td><td colspan="2"></td></tr>
<tr><td colspan="2">企业主管部门</td><td colspan="2"></td><td colspan="2">企业负责人</td><td colspan="2"></td></tr>
<tr><td colspan="2">所在地公安
派出所名称</td><td colspan="2"></td><td colspan="2">治安负责人</td><td colspan="2"></td></tr>
<tr><td colspan="2">企业总人数</td><td>人</td><td>其中特业
从业人数</td><td colspan="2">人</td><td>外商派驻
特业人数</td><td>人</td></tr>
<tr><td colspan="2">保安机构名称</td><td></td><td>人　数</td><td colspan="2">人</td><td>电　话</td><td></td></tr>
<tr><td colspan="2">旅馆企业</td><td>客房数</td><td>间</td><td>床位数</td><td>张</td><td>限接
人数</td><td>人</td></tr>
<tr><td>公安派出所</td><td>承办人意见</td><td colspan="2">签名：　年　月　日</td><td>负责人意见</td><td colspan="3">签名（盖章）　年　月　日</td></tr>
<tr><td>县区公安机关</td><td>承办人意见</td><td colspan="2">签名：　年　月　日</td><td>负责人意见</td><td colspan="3">签名（盖章）　年　月　日</td></tr>
<tr><td>市公安机关</td><td>承办人意见</td><td colspan="2">签名：　年　月　日</td><td>负责人意见</td><td colspan="3">签名（盖章）　年　月　日</td></tr>
<tr><td colspan="2" rowspan="2">核发特种行业
许可证字号</td><td colspan="2" rowspan="2">（　　）公特证字　　号</td><td colspan="4">发证人：</td></tr>
<tr><td colspan="4">发证日期：　年　月　日</td></tr>
<tr><td colspan="2">填表说明</td><td colspan="6">一、特种行业许可证申请范围：旅馆业、印章刻制业、典当业、拍卖业（其中申请旅馆经营企业的填写客房、床位数、限接人数）；
二、经营性质：全民、集体、个体、私营、联营（股份）、中外合资（合作）、外商独资；
三、经营方式：私人承包、集体承包。</td></tr>
<tr><td colspan="2">填　表　人</td><td colspan="2"></td><td colspan="2">填表日期</td><td colspan="2">年　月　日</td></tr>
</table>

实训项目十七　公安机关民警对旅馆业日常治安检查

一、基础知识

（一）治安检查的概念和适用范围

1. 概念

治安检查是指公安机关治安管理部门及其他相关部门为了防范、发现违法犯罪嫌疑，对治安管理相对人遵守治安管理法律法规的情况进行的检查。具体说来就是由民警对场所、人员、物品、证件进行了解、观察、审查、核实所采取的措施。

2. 适用范围

根据法律法规的规定，治安检查的适用范围包括：

（1）对公共场所的治安检查；

（2）对大型群众性活动现场的安全检查；

（3）对单位、居民住宅区安全防范情况的安全检查；

（4）对特种行业是否履行治安义务的检查；

（5）对危险物品的生产、运输、使用、购销、储存、销毁等各个环节的安全检查；

（6）对计算机系统、网络的安全检查；

（7）对金融机构的安全检查；

（8）对其他可疑人员的检查；

（9）防爆安全检查等。

（二）公安机关对旅馆业的日常治安检查

市、县（市）区公安机关治安管理部门和公安派出所要加强旅馆业日常性治安管理，日常检查主要以公安派出所为主。

（1）公安派出所负责辖区内旅馆业的日常治安检查。公安派出所对旅馆业的治安检查，每家每月不少于一次，县（市）区公安机关治安管理部门每家每季度抽查不少于一次，市公安局治安管理部门及时开展巡查、监督、指导工作，检查情况要详细记录。在检查旅馆落实住宿登记制度过程中，有必要核对旅客身份时，一般应有旅馆工作人员陪同进行，检查人员应出示工作证件并说明来意。

（2）市、县两级治安管理部门要通过实地抽查、明查暗访等形式，加强对日常治安检查工作的指导，建立责任倒查追究制度，保证日常治安检查工作的落实。

（3）日常治安检查应根据实际需要，分别采取着装检查、便衣检查和定期检查、个别抽查等不同形式，避免影响行业场所正常合法的经营活动。

(4) 公安民警在对旅馆业、留宿洗浴按摩场所进行日常检查时，必须由2名民警同时进行，并随身携带《日常治安检查记录簿》，按照“逢查必填”的原则，根据治安监督管理的内容逐项进行检查，检查情况要详细记录，实行复式登记制度，将有关检查内容及整改意见填写在《检查记录》中，经检查人员和经营单位负责人签字加以确认后，检查记录一式两份，分别留存被检单位和公安派出所以备查验。

(5) 公安民警在对旅馆业、留宿洗浴按摩场所开展日常治安检查时，应主动出示人民警察证件。对未出示证件检查的，被检查单位有权拒绝，并向上级公安机关举报。

检查内容项目包括：

①查验旅馆《特种行业许可证》与营业执照；

②旅馆消防安全情况；

③旅馆治安防范落实情况；

④检查旅馆住宿登记制度落实情况；

⑤检查信息系统是否使用正常，信息录入和传输是否正常；

⑥旅馆各项安全制度和有关预案制订情况；

⑦旅馆旅客会客登记等情况。

(6) 治安检查民警对存在治安隐患的旅馆，下达《治安隐患整改意见书》，要求旅馆在规定时间按照要求进行整改，并且在规定时间内对旅馆进行复查，填写《治安隐患整改记录表》。

(三) 公安机关在对旅馆业进行日常治安检查时应当注意的问题

1. 态度要刚柔适度

听取对方说话时，应专注、认真，平视对方的眼睛，不应表现出傲慢轻蔑、盛气凌人的神态，不应使用粗俗、生硬的语言。态度要和蔼，要给对方充分说话和解释的机会。

2. 语言要礼貌规范

在检查时，应主动与被检查单位的有关人员打招呼，使用规范的公务语言，如“对不起，打扰你们了，我们是××（单位）的民警，今天对你处进行例行治安检查，请予以配合”。检查完毕时，公安民警应礼貌地与被检查单位的有关人员告别，如“对不起，打扰你们了，谢谢你们的合作。如果有什么事，请与我们联系”等。

3. 检查要依法文明

在例行检查中，应按规定由两名以上公安民警进行。公开检查时，公安民警应首先向被检查单位的有关人员出示相关证件。在合法经营的单位例行治安检查时，一般应本着内紧外松的原则，实行不停业、不扰民的政策。在检查中，发现经营者存在违法经营须依法予以处罚时，应指明其所违反的法规条款，交代清楚执行处罚的依据。

4. 避免发生冲突

在检查中，如果遇到被检查单位对治安检查工作有误解、偏见或不积极配合时，应以宣传教育为主，以实际行动赢得对方的信任和支持。一旦与对方发生矛盾，应分清矛盾的性质。若属于非重大原则问题，应设法及时化解。如果是因为公安民警自己的言行举止不当引起的矛盾，公安民警应诚恳检讨和道歉，以取得对方的谅解。

5. 要注意维护自身形象

被检查单位为谋求“照顾”或表示友好，有时会给参与执行检查工作的公安民警馈赠礼物或提供服务。对此，公安民警应予以谢绝，切实维护公安机关形象。

二、情景设定

2015 年 6 月 18 日，某市公安局永红路派出所对其辖区内的旅馆进行日常治安检查。永红路派出所 2 位民警在对辖区内旅馆业进行治安检查时，发现市民王某（男，35 岁），在江汉区永红路 486 号开办了一个红旗家庭旅馆。于是，派出所 2 位民警在对王某开办的家庭旅馆进行日常治安检查，在检查过程中民警发现该旅馆存在旅客住宿登记不全和安全防范措施不强等问题，并且旅馆也存在消防安全隐患，对王某进行了批评教育，并下达了《治安隐患整改通知书》，要求其在规定时间内进行整改。

问题：

1. 民警对王某开办的家庭旅馆如何进行日常治安检查？检查内容包括哪些？
2. 王某应如何配合公安机关的日常治安检查？
3. 王某应当采取哪些措施进行整改？派出所应如何指导王某进行整改？
4. 派出所民警在整改限期结束后就整改情况进行复查，如果王某整改不到位，民警应如何处理？

三、实训目的

治安检查是治安管理部门及其他相关部门为了防范、发现违法犯罪嫌疑，对治安管理相对人遵守治安管理法律法规的情况进行的检查。通过旅馆业的日常治安检查模拟实训，使学生掌握公安机关民警对旅馆业进行日常治安检查的程序、内容以及对发现的治安隐患进行处理的方法，熟悉公安机关在对旅馆业进行日常治安检查时应当注意的问题，锻炼学生对旅馆业进行治安检查的实际动手能力及操作能力。

四、实训内容

（1）旅馆日常治安检查的程序；

（2）旅馆日常治安检查的内容；

（3）旅馆日常治安检查的方法；

（4）制作日常治安检查记录表；

（5）发现治安隐患并提出改进措施。

五、实训场地与器材

（一）实训场地

学院实训广场内的模拟旅馆和模拟派出所，实训前任课教师对旅馆进行相应的布置。

（二）实训器材

（1）民警日常治安检查的证件、治安检查记录本、治安隐患整改通知书、治安隐患整改记录表；

（2）特种行业经营许可证、营业执照、工作人员名册簿、保安人员名册簿、旅馆安全防范措施等素材。

六、实训步骤、方法与注意问题

（一）实训步骤、方法

（1）实训前对学生进行分组，做好人员扮演分配。每组8~14人，确定每组的负责人，其中扮演民警的为2~4人，扮演王某和旅馆相关工作人员的为4~6人，旅客2~4人。

（2）实训前准备。布置实训场地，准备实训器材，布置实训内容和要求。

（3）民警表明身份，出示证件，说明此行目的。

（4）民警在旅馆工作人员陪同下进行治安检查。

检查内容包括：

①查验旅馆《特种行业许可证》与营业执照；

②旅馆消防安全情况；

③旅馆治安防范落实情况；

④检查旅馆住宿登记制度落实情况；

⑤检查信息系统是否使用正常，信息录入和传输是否正常；

⑥旅馆各项安全制度和有关预案制订情况；

⑦旅馆旅客会客登记等情况。

（5）民警向旅馆负责人和其他责任人员了解相关情况；

（6）民警向旅馆负责人通报此次治安检查的情况；

①旅馆安全管理做得好的地方；

②旅馆存在的治安隐患；

③治安检查记录上签字；

④下达治安隐患整改通知书。

（7）在旅馆整改期限结束后针对上次治安检查的结果进行复查。

（8）每组负责人对本组实训情况进行总结。

（9）区队干部对整个区队实训情况进行总结。

（10）任课教师点评，并要求各实训小组提交实训报告。

（二）注意问题

（1）扮演民警进行日常治安检查的学生必须着警服，可以用学生证代替《人民警察证》。

（2）参加演练的学生要按照现场指挥的要求认真地进行演练，听从指导老师的安排。检查过程中要认真负责，忠于职守。

（3）检查中要注意及时记录检查内容和发现的隐患及问题，严格按照相关法律法规中关于“治安检查工作”的要求进行操作。

（4）整个演练过程必须要严肃、真实；

（5）教师在实训过程中要全程进行监督。

七、实训考核

（一）实训考核要求

（1）严格按照考核标准进行考核；

（2）考核要公平、公正和客观；

（3）实训成绩按一定比例记入期末考核成绩，如实训成绩不合格该课程考核成绩不及格。

（二）实训考核标准

考核模块	考核要点	考核分值	考核得分
知识运用模块	1. 日常治安检查的内容	10	
	2. 日常治安检查的程序	10	
	3. 日常治安检查的方法	10	
	4. 治安隐患的设计	10	
	5. 治安隐患的整改	10	
	6. 治安隐患整改后的复查	5	
组织协调模块	7. 实训人员的分配	5	
	8. 实训器材的准备	5	
	9. 实训中的纪律要求	5	
	10. 日常治安检查的行为规范	5	
能力培养模块	11. 旅馆业治安管理能力	10	
	12. 治安隐患发现能力	5	
	13. 治安隐患处理能力	10	
考核得分合计			

八、思考题

1. 旅馆业存在的治安隐患主要有哪些？

2. 旅馆业治安隐患产生的原因有哪些？

3. 公安机关在对旅馆业进行日常治安检查后下达《治安隐患整改通知》，为什么难以取得整改的真正效果？

附表1：

治安检查记录表

编号：

<table>
<tr><td>受检单位</td><td></td><td>地　址</td><td></td><td>检查时间</td><td></td></tr>
<tr><td>检查单位</td><td colspan="5"></td></tr>
<tr><td>检查项目
或 部 位</td><td colspan="5"></td></tr>
<tr><td>参　　加
检查人员</td><td colspan="5"></td></tr>
<tr><td colspan="6">检查记录：</td></tr>
<tr><td colspan="6">检查结论及要求：

检查负责人：</td></tr>
</table>

填表人：

附表 2：

治安隐患整改通知书

（　）公治整字　　第　　号

__________：

根据_________，我单位工作人员___________于_______年___月___日对你部门（宾馆、典当行、印章业）进行日常治安检查，发现存在以下治安隐患：

____

____

____

____

____

____

____

____

____

在检查结束后，限期_________日内整改，并将问题和改进措施作详细记录，由整改负责人签字后交回××公安局______________。

检查人：　　　　　　　　　　　　　　　　　　年　　　月　　　日

____

本通知已于　　　　年　　　月　　　　日　　　时收到。

接收人签字：

附表 3：

治安隐患整改记录表

（　）公治整字　　第　　号

<table>
<tr><td colspan="2">受检单位</td><td colspan="2"></td><td>项目名称</td><td></td></tr>
<tr><td colspan="2">前次检查
记录表编号</td><td colspan="2"></td><td></td><td></td></tr>
<tr><td colspan="6">整改内容及相关措施</td></tr>
<tr><td>措施制定人</td><td></td><td>实施负责人</td><td></td><td>验收人</td><td></td></tr>
<tr><td colspan="6">整改复查意见：</td></tr>
<tr><td colspan="2">复查人员</td><td colspan="2"></td><td>复查日期</td><td></td></tr>
</table>

实训项目十八　公安派出所日常消防监督检查

一、基础知识

（一）消防监督检查的概念

消防监督检查是指公安消防机构或者公安派出所依法对单位遵守消防法律法规情况进行的监督检查，对消防违法行为责令整改或改正，并依法实施处罚的行政执法活动。

（二）我国消防监督管理模式

我国城市地区实行市级消防支队、区级消防大队和公安派出所三级监管模式，农村地区实行县级消防大队和公安派出所两级监管模式。其中，市级消防支队负责辖区内一级消防安全重点单位的监督管理，区县级消防大队负责辖区内二级消防安全重点单位的监督管理，公安派出所负责辖区内三级消防安全重点单位和非重点单位的监督管理。

（三）公安派出所日常消防监督检查的依据和范围

1. 依据

《消防法》、《消防监督管理规定》以及各省公安厅制定的公安派出所消防监督工作规定。

2. 范围

公安派出所日常消防监督检查的范围主要包括：

（1）村（居）民委员会。

（2）公安机关消防机构监督抽查范围以外的社会单位和个体工商户。

（3）居民住宅区的物业服务企业。

值得注意的是，州、县市区人民政府所在地以外的公安派出所还应对辖区乡（镇）、村的公共消防设施进行监督检查。公安派出所对其日常监督检查范围的单位，应当每年至少进行一次日常消防监督检查。

（四）公安派出所日常消防监督检查的内容

1. 公安派出所对单位进行日常消防监督检查时应当检查的内容

（1）建筑物或者场所是否依法通过消防验收或者进行消防竣工验收备案，公众聚集场所是否依法通过投入使用、营业前的消防安全检查。

（2）是否制定消防安全制度。

（3）是否组织防火检查、消防安全宣传教育培训、灭火和应急疏散演练。

（4）消防车通道、疏散通道、安全出口是否畅通，室内消火栓、疏散指示标志、应急照明、灭火器是否完好有效。

（5）生产、储存、经营易燃易爆危险品的场所是否与居住场所设置在同一建筑物内。

对设有消防设施的单位，公安派出所还应当检查单位是否每年对建筑消防设施至少进行一次全面检测。对居民住宅区的物业服务企业进行日常消防监督检查，公安派出所还应当检查物业服务企业对管理区域内共用消防设施是否进行维护管理。

2. 公安派出所对居民委员会、村民委员会进行日常消防监督检查时应当检查的内容

（1）消防安全管理人是否确定。

（2）消防安全工作制度、村（居）民防火安全公约是否制定。

（3）是否开展消防宣传教育、防火安全检查。

（4）是否对社区、村庄消防水源（消火栓）、消防车通道、消防器材进行维护管理。

（5）是否建立志愿消防队等多种形式消防组织。

（五）公安派出所日常消防监督检查的方法

1. 询问法

询问法是通过询问消防安全责任人、消防管理人和员工来了解单位消防安全的基本情况的检查方法。采用这种方法时，事先应做好充分准备，确定询问的对象、内容、问题的难易度及普遍性，避免盲目性和偏面性。

2. 查阅法

对有关单位消防安全的文件、资料，可以采用查阅法。查阅的内容包括建筑工程消防设计审核和验收的文件资料；消防安全管理制度；防火检查、巡查记录；消防培训教育记录；新增消防产品、防火材料的合格证明；消防设施检查、维修保养报告；公安消防机构下发的法律文书等内容。

3. 查看法

对于消防通道、安全出口、防火间距、消防设施、设备的外观、运行情况，可以通过眼看、手摸、耳闻等方式来确定其畅通情况、有无被占用或完好有效。

4. 测试法

结合查阅单位提供的消防设施定期检查记录及自动消防系统的全面检查测试维修保养报告，必要时还可以对消防设施的使用功能进行测试，确定其功能是否良好。如对消火栓的压力测试，火灾报警器报警和故意功能测试，防火门、防火卷帘开关测试、消防水泵启动测试。

5. 演练法

对单位灭火、疏散预案是否符合国家相关规定，以及是否切实可行，具有操作性，与该单位的实际是否相符，有必要对预案进行实战演练，既可以增加熟练程度，又可以发现问题，修改完善。

（六）公安派出所日常消防监督检查的程序

1. 公安派出所日常消防监督检查的一般程序要求

公安派出所进行消防监督检查时，消防监督检查人员不得少于2人，应当着制式警服，并出示执法身份证件。监督检查后，应填写《消防监督检查记录》。检查完毕后，将《消防监督检查记录》交被检查单位主管人员阅后签名；被检查对象对记录存在异议或拒绝签名的，消防监督检查人员应当将情况注明。

2. 责令改正程序

公安派出所民警在日常消防监督检查时，发现被检查单位有下列行为之一的，应当责令依法改正：

（1）未制定消防安全制度、未组织防火检查和消防安全教育培训、消防演练的；

（2）占用、堵塞、封闭疏散通道、安全出口的；

（3）占用、堵塞、封闭消防车通道，妨碍消防车通行的；

（4）埋压、圈占、遮挡消火栓或者占用防火间距的；

（5）室内消火栓、灭火器、疏散指示标志和应急照明未保持完好有效的；

（6）人员密集场所在门窗上设置影响逃生和灭火救援的障碍物的；

（7）违反消防安全规定进入生产、储存易燃易爆危险品场所的；

（8）违反规定使用明火作业或者在具有火灾、爆炸危险的场所吸烟、使用明火的；

（9）生产、储存和经营易燃易爆危险品的场所与居住场所设置在同一建筑物内的；

（10）未对建筑消防设施定期进行全面检测的。

3. 移交公安机关消防机构处理程序

公安派出所发现被检查单位的建筑物未依法通过消防验收或者未进行消防竣工验收备案而擅自投入使用的；公众聚集场所未依法通过使用、营业前的消防安全检查，擅自使用、营业的，应当在检查之日起5个工作日内书面移交公安机关消防机构处理。值得注意的是，公安派出所民警进行日常消防监督检查，应当填写检查记录，记录发现的消防安全违法行为、责令改正的情况。公安派出所在日常消防监督检查中，发现存在严重威胁公共安全的火灾隐患，应当在责令改正的同时书面报告乡镇人民政府或者街道办事处和公安机关消防机构。

二、情景设定

新浪潮歌舞厅是位于城东派出所辖区范围的一家小娱乐场所，经营面积150平方米。该歌舞厅于2014年12月底开业，但并没有通过开业之前的消防安全检查，理由是经营面积在200平方米以下的娱乐场所不列于消防安全重点单位。同时，该歌舞厅还存在消防安全管理制度不健全、消防设施未完好有效、安全疏散出口数量不够等诸多问题。2015年1月26日，公安派出所消防民警李某和张某在新浪潮歌舞厅负责人配合下，对该歌舞厅进行日常消防监督检查，填写消防检查记录，针对消防安全隐患提出整改措施。

问题：

1. 公安派出所消防民警对新浪潮歌舞厅如何进行消防监督检查？

2. 消防监督检查的内容有哪些？

3. 消防监督检查当中发现消防违法行为如何处理？

三、实训目的

通过模拟实训，使学生掌握公安派出所消防监督检查的法律依据、范围、方法、内容和程序，能够组织开展消防宣传教育工作和日常监督检查工作，在对单位的消防监督检查当中，能够正确填写消防监督检查记录，制作好规范法律文书，针对检查发现的火灾隐患，采取适当的整改措施消防火灾隐患，对违反消防管理的单位和相关行为人，能够正确适用法律予以处罚。通过实训教学，为学生今后从事公安派出所消防监督管理工作奠定基础。

四、实训内容

（1）公安派出所消防监督检查的范围；
（2）公安派出所消防监督检查的程序；
（3）公安派出所消防监督检查的方法；
（4）询问单位内部员工消防知识掌握情况；
（5）发现并整改消防安全隐患；
（6）消防监督检查记录的填写；
（7）消防法律文书的制作。

五、实训场地与器材

（一）实训场地

学院的实训广场内的模拟歌舞厅，实训前任课教师对歌舞厅进行相应的布置。

（二）实训器材

（1）民警日常消防监督检查证件、消防监督检查记录本、隐患整改通知书。
（2）歌厅开业前通过消防安全检查合格证。
（3）服务人员名册簿、保安人员名册簿。
（4）单位消防管理制度、防火检查和防火巡查记录、员工教育培训记录等。

六、实训步骤、方法与注意问题

（一）实训步骤、方法

1. 实训前的准备工作
主要是布置实训场地，准备实训器材，布置实训内容和提出要求。
2. 人员分组和角色分配

实训前做好人员扮演角色分配，每组10人，其中2人扮演公安派出所民警，另外在8人当中，1人扮演歌舞厅负责人，其他人扮演歌舞厅保安和服务人员。

3. 履行法律手续

民警出示执法证件，表明身份，说明此行目的。

4. 模拟实地监督检查

民警在歌舞厅负责人的陪同下，对歌舞厅的建筑物的合法性、建筑消防设施、灭火器材与安全疏散设施、消防安全管理制度、消防宣传教育等情况进行消防监督检查。检查内容包括：

（1）所处建筑物是否通过消防工作建筑设计审核和竣工验收（不开业审核和验收的是否登记备案或者抽查合格），开业前是否通过消防安全检查。

（2）消防器材、安全疏散设施是否完全有效。

（3）安全出口、疏散通道和消防车道是否畅通。

（4）消防安全管理制度制定和落实情况。

（5）防火检查和防火巡查记录。

（6）员工岗前的消防安全教育培训和消防演练情况。

5. 询问了解情况

各小组的民警向歌舞厅负责人、保安人员和服务人员了解消防安全管理情况和消防知识掌握情况。

6. 制作检查记录

各小组分别按规定填写消防监督检查记录，要求填写内容正确无误，并模拟歌舞厅负责人签字，拒绝签字的注明。

7. 依法处理消防违法行为

对存在的一般消防安全违法行为，责令改正；对存在严重威胁公共安全的火灾隐患，在责令改正的同时书面报告乡镇人民政府或者街道办事处和公安机关消防机构。

（二）注意问题

（1）扮演民警进行日常消防监督检查的学生必须着警服，可以使用学生证代替《人民警察证》。

（2）准备消防安全检查记录本和相关法律文书。

（3）对歌舞厅的监督检查要做到全面、细致、准确。

（4）教师对实训全程进行监督、指导和考评。

七、实训考核

（一）实训考核要求

（1）对照考核标准对实训全过程进行考核。

（2）实训考核要坚持公平、公正、全面和客观原则。

（3）实训成绩按一定比例记入期末考核成绩。

（二）实训考核标准

考核模块	考核要点	考核分值	考核得分
知识运用模块	1. 我国消防监督管理模式	5	
	2. 日常消防监督检查的依据	5	
	3. 日常消防监督检查的范围	5	
	4. 日常消防监督检查的内容	10	
	5. 日常消防监督检查的方法	5	
	6. 日常消防监督检查的程序	10	
组织协调模块	7. 场地和材料准备	5	
	8. 人员分工和角色安排	10	
	9. 实训纪律	5	
	10. 配合与协调	10	
能力培养模块	11. 组织管理能力	10	
	12. 口头表达能力	5	
	13. 问题处理能力	5	
	14. 综合协调能力	10	
考核得分合计			

八、思考题

1. 公安派出所消防监督检查的范围包括哪些？
2. 公安派出所对歌舞厅进行日常消防监督检查时应当注意的问题？
3. 公安派出所民警在消防监督检查中？

附表：

公安派出所日常消防监督检查记录

编号：〔　　〕第　　号

<table>
<tr><td colspan="2">单位（场所）名称</td><td colspan="2"></td><td>法定代表人/
主要负责人</td><td></td></tr>
<tr><td colspan="2">地　址</td><td colspan="2"></td><td>单位性质</td><td></td></tr>
<tr><td colspan="2">使用的建筑
面积（m^2）</td><td></td><td>使用的建筑
具体层数</td><td>所在建筑
高度（m）</td><td></td></tr>
<tr><td colspan="2">监督检查人员
（签名）</td><td></td><td>单位随同检查
人员（签名）</td><td>检查日期</td><td></td></tr>
<tr><td colspan="6">检查内容和情况记录</td></tr>
<tr><td rowspan="3">单位
履行
消防
安全
职责
情况</td><td>合法性</td><td colspan="4">被查建筑物名称：
□依法通过消防验收　　□依法进行竣工验收消防备案
□其他情况：
□是 □否　公众聚集场所
□是 □否　依法通过投入使用、营业前消防安全检查</td></tr>
<tr><td>消防安全管理</td><td colspan="4">1. 消防安全制度　　□有　　□无
2. 员工消防安全教育培训　□组织开展 □未组织开展
3. 防火检查　□组织开展 □未组织开展
4. 灭火和应急疏散预案　□有　　□无
5. 消防演练　□组织　□未组织
6. 其他情况：</td></tr>
<tr><td>建筑防火</td><td colspan="4">1. 消防车通道　□畅通　□被堵塞、占用　□无
2. 疏散通道　□畅通　□堵塞　□锁闭
3. 安全出口　□畅通　□堵塞　□锁闭　□缺少
4. 防 火 门　□完好有效　□常闭式防火门常开
□损坏　□不涉及
5. 疏散指示标志　□完好有效　□损坏　□缺少　□无
6. 应急照明　□完好有效　□损坏　□缺少　□无
7. 人员密集场所外墙门窗上是否设置影响逃生、灭火救援的障碍物
□否　　□是　　□不涉及
8. 其他情况：</td></tr>
</table>

续表

单位履行消防安全职责情况	消防设施	1. 室内消火栓 □未设置 □完好有效 □损坏 □无水 □配件不齐 □被遮挡、圈占 □不涉及 2. 灭火器 □未配置 □完好有效 □失效 □缺少 □配置类型错误 □设置地点不当 3. 建筑消防设施 □定期维修保养并记录 □无记录 □未定期维修保养 □不涉及 4. 物业服务企业对管理区域内共用消防设施是否维护管理 □是 □否 □不涉及
	危险品管理	1. 是否存在违反规定使用明火作业或在具有火灾、爆炸危险的场所吸烟、使用明火 □否 □是 □不涉及 2. 是否存在违反消防安全规定进入生产、储存易燃易爆危险品场所 □否 □是 □不涉及 3. 生产、储存、经营易燃易爆危险品的场所是否与居住场所设置在同一建筑物内 □否 □是 □不涉及
村（居）民委员会履行消防安全职责情况		1. 消防安全管理人 □确定 □未确定 2. 消防安全工作制度 □有 □无 3. 防火安全公约 □有 □无 4. 消防宣传教育 □开展 □未开展 5. 防火安全检查 □开展 □未开展 6. 消防水源、消防车通道、消防器材 □维护管理 □未维护管理 7. 多种形式消防组织 □建立 □未建立
责令改正情况		制发的法律文书名称和编号：
移送公安消防机构处理的内容		发现的下列第________项消防安全违法行为，移送________依法处理： □1. 建筑物未依法通过公安机关消防机构消防验收，擅自投入使用； □2. 建筑物未依法进行竣工验收消防备案； □3. 公众聚集场所未依法通过使用、营业前消防安全检查，擅自投入使用、营业。
备注		

实训项目十九 爆破作业单位安全检查

一、基础知识

（一）爆破作业单位的概念

爆破作业单位是指依法取得《爆破作业许可证》从事爆破作业的单位。

（二）爆破作业单位的分类

爆破作业单位分为营业性爆破作业单位、非营业性爆破作业单位。

营业性爆破作业单位是指具有独立法人资格，承接爆破作业项目设计施工、安全评估和安全监理的单位。

非营业性爆破作业单位是指仅为本单位合法的生产活动需要，在限定区域内自行实施爆破作业的单位，主要包括煤矿、非煤矿山、重点工程以及采石场内部的爆破作业单位等。

（三）爆破作业单位安全检查的内容

1. 检查爆破作业单位的基本情况

一是检查爆破作业单位的爆破作业许可证，爆破员、安全员、保管员的执业资格证件，以及爆破作业单位的备案资料等；二是检查爆破作业单位的安全保卫组织情况和安全管理制度；三是检查爆破作业单位应急预案的制定和演练情况。

2. 检查爆破作业单位民用爆炸物品储存库

（1）检查民用爆炸物品储存库安全评价情况。主要检查民用爆炸物品储存库有没有按照《爆破作业单位民用爆炸物品储存库安全评价导则》（GA/T848—2009）的要求进行安全评价以及对评价中指出问题的整改情况。

（2）检查民用爆炸物品储存库的封闭式管理情况。主要检查对来访人员的登记情况；人防、物防、技防和犬防的落实情况。

（3）检查民用爆炸物品流向登记情况。主要检查民用爆炸物品储存库的台账，对爆炸物品的出入库、发放、领取的登记情况；登记的信息与信息系统报送信息的一致性和真实性。

（4）检查民用爆炸物品的安全存放情况。主要检查爆炸物品的同库存放情况；有无超过核定存放量情况；爆炸物品的堆放情况；爆炸物品来源是否合法。

3. 检查爆破作业现场

对爆破作业的现场主要检查作业人员的执业资格、安全督查情况、现场的安全警戒情况；爆破作业现场爆炸物品的发放、领取、使用登记情况；作业过程是否按照《爆破安全规程》（GB6722—2011）的相关要求进行。

（四）爆破作业单位安全检查的程序

安全检查通常有安全检查准备、安全检查的实施和安全隐患的处理三个步骤。

1. 爆破作业单位安全检查的准备工作

（1）熟悉被安全检查的爆破作业单位情况。包括爆破作业单位的法定代表人、性质、经营范围、员工（含爆破员、安全员、保管员）、储存库等基本情况以及爆破作业单位业绩、经营状况、安全现状等情况。

（2）物质准备。包括取证设备、专用设备、法律文书和其他物质的准备情况。

2. 爆破作业单位安全检查工作的实施

（1）爆破作业单位安全检查内容的确定。检查内容包括对企业基本情况的检查、对民用爆炸物品储存库的检查、对作业过程的检查。

（2）安全检查方式。安全检查的方式一般有现场勘查、资料验证和现场检查等方式。

（3）安全隐患的辨识、分析以及证据的固定。一是安全隐患的辨识，主要包括物的不安全状态、人的不安全行为、生产当中的不良环境和管理上的缺陷；二是安全隐患的定性定量分析，从安全隐患的种类和隐患等两方面综合分析；三是安全隐患证据的固定。

3. 爆破作业单位安全隐患的处理阶段

安全检查的目的并不仅仅是发现安全隐患，还是要及时消除安全隐患。

（1）填写检查记录。民警将检查过程中发现的问题如实记录，双方签字确认。

（2）填写整改通知书。发现的问题比较严重需要整改的，民警按要求填写责令限期整改通知书。

4. 追究法律责任阶段

（1）跟踪爆破作业单位安全检查的整改情况。公安机关在 2 个月后对企业的整改情况进行复查，填写复查意见书，签署合格或不合格的意见。

（2）追究相关责任人的法律责任。对于爆破作业单位不及时整改安全隐患或者安全隐患造成重大人员、财产损失的，应当追究爆破作业单位或者相关责任人的法律责任。对于爆破作业单位从爆破作业单位经营资格或者经济上予以处罚，对于相关责任人从行政处分、行政处罚、刑事处罚三个方面追究其法律责任。

（五）爆破作业单位安全检查的法律依据

爆破作业单位安全检查的法律法规依据主要有：《刑法》、《治安管理处罚法》、《民用爆炸物品安全管理条例》（国务院令第 466 号）、《企业事业单位内部治安保卫工作条例》（国务院令第 421 号）、《公安机关监督检查企业事业单位内部治安保卫工作规定》（公安部令第 93 号）、《爆破安全规程》（GB6722—2003）、《爆破作业单位资质条件和管理要求》（GA990—2012）、《民用爆炸物品储存库治安防范要求》（GA837—2009）、《小型民用爆炸物品储存库安全规范》（GA838—2009）、《危险化学品重大危险源辨识》（GB18218—2009）和《爆破作业单位民用爆炸物品储存库安全评价导则》（GA/T848—2009）等。

（六）爆破作业单位安全检查的语言规范

（1）在表明身份时可以这样表达："您好！我们是某某（单位）的警察（出示证件），

现在对你单位例行安全检查，请予以配合，谢谢！”

（2）在查验证件时可以这样表达：“请您提供《爆破作业单位许可证》”，“请您出示《爆破作业人员许可证》”。

（3）在向被检查单位提示整改时可以这样表达：“经检查，您单位（某某爆破作业单位）安全管理（或治安防范系统或储存库）方面存在安全隐患，请及时整改。请您看一下检查记录，如无问题，请在这里签字。”

（4）在对爆破作业单位安全检查结束时可以这样表达：“谢谢您对我们工作的支持、理解和配合。”

（七）注意事项

（1）两名以上民警对爆破作业单位开展安全检查。

（2）安全检查过程中应做好记录，采用照相机、摄像机等录音、录像设备固定相关证据。

（3）注意自身安全，防止因安全检查而引发安全事故。

（4）检查结束后，要求见证人、被检查单位的负责人在安全检查记录上签字，以及在《责令限期整改通知书》上签字。

（5）对于收缴的炸药、雷管进行保管，应当注意：一是收缴的爆炸物品严禁放入办公室、民房等不符合爆炸物品储存要求的场所；二是废旧（过期报废）产品 、缴获及来路不明的民用爆炸物品严禁与合格民爆产品同库存放；三是收缴的爆炸物品应专库储存，雷管与炸药制品严禁混存混放；四是及时销毁。如果物品涉及办案需要，也尽量只封存样品，尽量降低储量，及时销毁。

二、情景设定

2010 年 5 月 29 日中午，湖南省某煤矿发生一起重大火药燃烧事故，造成 17 人死亡，1 人轻伤，直接经济损失将近一千万元。经查，该煤矿采矿许可证、煤炭生产许可证和安全生产许可证的有效期分别到 2009 年 10 月、2009 年 6 月和 2007 年 12 月。该煤矿在地面建有民爆器材储存库，但没有建民用爆炸物品储存库，只在矿井设有硐室储存火药，硐室口堆放有大量塑料管、坑木和茅柴。事故发生前，硐室储存有改性桉油炸药和土制硝铵炸药三千多千克。该矿没有设置专职的矿长、副矿长和专业技术人员等安全管理人员。该矿民用爆炸物品的发放由各个挖掘作业班长领取，雷管是在地面领取，炸药则是在硐室内领取。该矿没有应急救援预案，在火药硐室内没有配备必要的灭火器材，爆破作业人员没有配备自救器材。在案发后现场清理过程中，发现了各个作业点在爆破作业现场堆放的各种炸药共计 252kg。另外，矿井没有完善的通风设施，导致炸药自燃，然后引燃硐室内外的易燃物品，从而产生了大量有毒有害气体，这些有毒气体未能及时排出矿井，直接导致了矿井中作业人员的窒息死亡。

问题：

1. 假如你是该爆破作业单位辖区公安机关负责危险物品管理的民警，2010 年 5 月 28 日到该爆破作业单位进行安全检查，你将如何开展？

2. 该爆破作业单位在储存民用爆炸物品环节存在哪些违规的地方？

3. 该爆破作业单位在爆破作业环节存在哪些安全隐患？

4. 该爆破作业单位在安全管理方面存在哪些安全隐患？

5. 该事故暴露出监管部门在哪些方面还存在漏洞？

三、实训目的

近年来，涉爆安全事故多发，已经严重威胁到了人民群众的生命和财产安全。对爆破作业单位进行安全检查是公安机关管理爆破作业单位的重要手段。通过本实训使学生了解爆破作业单位的基本概念、类型，掌握对爆破作业单位安全检查的内容、程序和方法，学会对爆破作业单位开展基本的安全检查，并对检查出的隐患进行处理，使学生初步掌握对爆破作业单位安全检查的技能，提高学生学习《危险物品管理》课程中相关民用爆炸物品管理的兴趣，为学生以后在公安机关治安部门开展安全检查工作打下良好的基础。

四、实训内容

（1）爆破作业单位安全检查的内容；

（2）爆破作业单位安全检查的程序；

（3）爆破作业单位安全检查的语言规范；

（4）爆破作业单位安全检查应注意的问题；

（5）爆破作业单位安全检查相关文书制作。

五、实训场地与器材

（一）实训场地

在学院实训广场内的模拟爆破作业单位。

（二）实训器材

（1）民警日常治安检查的证件、治安检查记录本、《检查记录》、《责令限期整改通知书》和《复查意见告知书》等法律文书。

（2）照相机、摄像机、录音机等设备。

（3）《爆破作业单位许可证》（含非营业性和营业性）、《爆破作业人员许可证》、《爆破工程技术人员安全作业证》，安全员、保管员等人员的相关资质证书。

（4）爆破作业单位值班记录本、爆破作业单位储存库民爆物品出入库登记本。

六、实训步骤、方法与注意问题

（一）实训步骤、方法

（1）学生分组以及练习分工准备。学生分组与练习分工情况如下：

①学生分组：学号1~15号为第一大组，16~30号为第二大组；

②练习分工：练习按学号分工，1、2号与16、17号扮演从事爆破作业单位安全检查的民警，3号与18号为爆破作业单位的法定代表人，4、5、6号与19、20、21号为爆破员，7、8、9号与22、23、24号为安全员，10、11号与25、26号为保管员，12号与27号为爆破工程师，13、14号与28、29号为群众，15号与30号为各组负责人。

（2）做好有关准备工作。携带证件、责令整改通知书、问话记录本、照相机、摄像机、安全检查表、安全检查记录本等。

（3）民警向爆破作业单位表明身份，说明安全检查的目的。

（4）根据不同内容分别对爆破作业单位进行安全检查。

①对爆破作业单位基本情况的检查。包括对爆破作业单位主体资格和备案资料的检查、对安全保卫人员和安全管理制度的检查以及对应急预案的制定和演练情况检查等。

②对民用爆炸物品储存库的检查。检查民用爆炸物品储存库有没有按照《爆破作业单位民用爆炸物品储存库安全评价导则》（GA/T848—2009）的要求进行安全评价。检查民用爆炸物品储存库有没有对安全评价中存在的问题进行整改。对民用爆炸物品储存库的治安防范单元进行检查，检查是否落实了人防、物防、技防和犬防。检查民用爆炸物品进出的台账、交接班制度、登记信息与报送信息的准确性和一致性。民用爆炸物品储存是否符合要求。

③对爆破作业现场的检查。

（5）填写《检查记录》。对检查过程中发现的主要问题如实记录，然后民警和被检查企业负责人双方签字确认。

（6）填写《责令整改通知书》。对问题比较严重确实需要整改的，填写《限期整改通知书》，并向爆破作业单位的法定代表人发出责令整改通知书。

（7）复查整改情况。跟踪爆破作业单位安全隐患整改情况，对其整改情况进行复查，对整改到位的签署复查合格意见，对整改不到位的签署不合格意见，并根据情节给予相应的处罚。填写《复查意见告知书》，双方签字后存档。

（8）小组成员角色互换。

（9）学生自评，教师点评。

（10）实训结束，各小组撰写实训报告。

（二）注意问题

（1）扮演民警进行日常治安检查的学生必须着警服，可以用学生证代替《人民警察证》。

（2）教师在实训过程中要全程进行监督。

（3）安全检查要确保安全。

七、实训考核

（一）实训考核要求

（1）参加模拟演练的学生要按照现场指挥的要求认真地进行演练，听从指导老师的安排。

（2）严格按照相关法律法规中关于“爆破作业单位安全检查”的要求进行操作。

（二）实训考核标准

考核模块	考核要点	考核分值	考核得分
知识运用模块	1. 安全检查准备情况	5	
	2. 主体资格和备案资料的检查	5	
	3. 安全保卫、安全管理的检查	5	
	4. 应急预案的检查	5	
	5. 储存库安全评价检查	5	
	6. 储存库封闭式管理检查	5	
	7. 储存库流向登记情况检查	5	
	8. 储存库安全情况检查	5	
	9. 爆炸作业现场检查	5	
	10. 《检查记录》的填写	5	
	11. 《限期整改通知书》的填写	5	
	12. 《复查意见告知书》的填写	5	
组织协调模块	13. 人员分工	5	
	14. 规范用语	5	
	15. 小组配合	5	
	16. 应急情况处置	5	
能力培养模块	17. 发现隐患的能力	5	
	18. 组织管理能力	5	
	19. 语言表达能力	5	
	20. 实训报告完成情况	5	
考核得分合计			

八、思考题

1. 公安机关怎样对爆破作业单位的储存库开展安全检查？
2. 公安机关对爆破作业单位安全检查包括哪些内容？
3. 公安机关在对爆破作业单位进行安全检查时应当注意哪些问题？

附表1：

《检查记录》

<table>
<tr><td>被检查单位</td><td colspan="2"></td><td>检查时间</td><td></td></tr>
<tr><td rowspan="2">检查发现的主要问题</td><td colspan="4"></td></tr>
<tr><td colspan="4">检查民警签字
民警一：　　　　　　　　　　　　民警二：</td></tr>
<tr><td>企业的确认意见</td><td colspan="4">企业接待负责人签字：
（公章）
年　月　日</td></tr>
</table>

一式两份，一份交被检查单位，一份附卷。

附表 2：

××县（市/区）公安局

责令限期整改通知书

×公（治）限字［　　］第　　号

____________________：

根据____，

我单位工作人员____

于________年____月_____日对你单位进行检查，发现存在下述违法行为：

____

____

____

____。

根据____，现责令你单位在________年____

月____日前整改完毕，并将结果函告我单位。在期限届满之前，你单位必须____________________

____。

（公安机关印章）

年　　月　　日

被检查单位：

年　　月　　日

一式两份，一份交被检查单位，一份附卷。

附表 3：

××县（市/区）公安局

责令限期整改通知书　（存根）

×公（治）限字［　　］第　　号

检查时间：________________ 检查地点：________________

被检查单位名称：________________________________

被检查单位地址：________________________________

违法行为：________________________________

限期改正时间：______年___月___日至______年___月___日

办案单位：__________

承办人：__________

批准人：__________

填发人：__________

填发日期：__________

一式两份，一份交被检查单位，一份附卷。

附表4：

××县（市/区）公安局

复查意见告知书

×公（治）复字［　　］第　　号

______________________：

根据____，

我单位工作人员于________年____月______日对你单位执行《责令限期整改通知书》（×公（治）限字［　　］第　　号）的情况进行了复查，认为：____

____

____

____

____

____

____。

已达到/未达到规定要求，复查验收合格/不合格。

（公安机关印章）

年　　月　　日

被检查单位：

年　　月　　日

一式两份，一份交被检查单位，一份附卷。

实训项目二十　民用爆炸物品治安行政许可

一、基础知识

（一）民用爆炸物品安全管理治安行政许可的概念和范围

1. 民用爆炸物品治安行政许可的概念

民用爆炸物品治安行政许可是指根据《民用爆炸物品安全管理条例》，公安机关对民用爆炸物品的销售、购买、运输和爆炸作业实行行政许可证制度，未经公安机关许可，任何人和单位不得非法从事上述活动。

2. 民用爆炸物品治安行政许可的范围

主要包括民用爆炸物品的销售许可证制度、民用爆炸物品的购买许可证制度、民用爆炸物品的运输许可证制度和爆破作业许可证制度。

（二）民用爆炸物品运输的行政许可的概念

民用爆炸物品运输的行政许可是指公安机关对民用爆炸物品的运输实行严格管控，未经公安机关许可，任何单位和个人不得私自运输民用爆炸物品。

（三）民用爆炸物品运输许可证的申请

1. 申请主体和申请地

民用爆炸物品的运输由收货单位向运达地县级人民政府公安机关提出申请。具体来说，这里的收货单位可以是民用爆炸物品生产企业、销售企业、使用单位或者民用爆炸物品进出口单位。

2. 申请材料

根据《民用爆炸物品管理条例》第26条和有关公安实践部门的规定，申请《民用爆炸物品运输许可证》需要同时提交下列5项材料：一是使用单位（民用爆炸物品生产企业、销售企业、使用单位或者进出口单位）提供的合法使用说明，即与使用单位性质对应的《民用爆炸物品生产许可证》、《民用爆炸物品销售许可证》、《民用爆炸物品购买许可证》或者进出口批准证明；二是运输民用爆炸物品的品种、数量、包装材料和包装方式；三是运输民用爆炸物品的特性、出现险情的应急处置方法；四是运输时间、起始地点、运输路线、经停地点和运输终点；五是运输民用爆炸物品车辆、驾驶员和押运员的有关资质证书原件及复印件。这5项材料必须要真实有效，且缺一不可。

（四）公安机关对民用爆炸物品运输申请的受理、审核与发证

1. 受理

由县级人民政府公安机关治安部门工作人员受理民用爆炸物品的运输许可申请。受理人员按照规定初步审核申请材料是否齐全、规范，并根据《行政许可法》第32条的规定对不同情况作出不同的处理：

（1）申请材料存在可以当场更正的错误的，允许申请人当场更正。

（2）申请材料不齐全或者不符合法定形式的，应当场或者在5日内一次告知申请人需要补正的全部内容，逾期不告知的，自收到申请材料之日起即为受理。

（3）申请材料齐全、符合法定形式，或者申请人按照要求提交全部补正申请材料的，应当受理行政许可申请。

受理或者不予受理行政许可申请，应当出具加盖本行政机关专用印章和注明日期的书面凭证。

2. 审核

对民用爆炸物品运输许可的审核要经过三步。第一步，受理人员对申请材料的全面性、规范性、合法性和真实性进行初步审核，写明初审意见，时限为即时。第二步，县级人民政府公安机关治安部门分管危爆物品负责人进行再审，按照许可条件、标准，对申请材料合法性、真实性进行审查。然后，根据审核的情况，对符合法定条件、标准的，签署同意的意见；对不符合法定条件、标准的，签署不同意的意见并说明理由。时限为1个工作日。第三步，县级人民政府公安机关分管治安负责人按照许可条件和标准对申请材料进行终审。对符合法定条件、标准的，作出准予行政许可的书面决定；对不符合法定条件、标准的，作出不予行政许可的书面决定，载明不予许可的意见及理由。时限为1个工作日。

3. 发证

县级人民政府公安机关治安部门工作人员公开审核的最终结果，并及时准确告知申请人。对准予行政许可的，制发《民用爆炸物品运输许可证》，证上应当载明有关许可事项有：收货人、承运人、一次性运输有效期限、起始地点、行驶路线、经停地点、民用爆炸物品的种类和数量。对不予行政许可的，送达不予行政许可决定书，并将申请材料一并退还申请人，同时告知申请人享有依法申请行政复议或者提起行政诉讼的权利。时限为1个工作日。最后按要求将审批材料归档。

（五）民用爆炸物品运输过程中必须遵守的法律规定

1. 对许可证的要求

《民用爆炸物品运输许可证》是运输民用爆炸物品的唯一合法凭证，要随车携带，并且要一次一申领，一次一核销。

2. 对运输车辆的要求

一是民用爆炸物品运输车辆的安全技术状况应当符合国家有关安全技术标准，并按规定悬挂、安装或者喷涂符合国家标准的易燃易爆危险物品警示标志。二是运输的民用爆炸物品不能超出《民用爆炸物品运输许可证》上规定的品种和数量。三是民用爆炸物品的装载要

符合国家有关标准和规范，车厢内不得载人。四是运输民用爆炸物品的车辆应当保持安全车速。五是不得超载，非罐式运输车辆载重不得超过10吨。

3. 对运输人员的要求

一是民用爆炸物品的驾驶员、押运员要通过民用爆炸物品运输的相关培训，取得相应的资格证书。二是装卸作业时，要按照安全操作规程装卸民用爆炸物品，并在装卸现场设置警戒，禁止无关人员进入。

4. 对运输线路的要求

一是要按照规定的路线行驶，不得随意变更运输路线。二是不得在许可以外的地点经停，在途中经停时要有专人看守，并远离建筑设施和人口稠密的地方。

5. 对突发情况的要求

在整个运输过程中，一旦出现起火、泄漏或者翻车等危险情况，应当立即采取必要的初期应急处置措施，并及时报告当地公安机关。

(六)《民用爆炸物品运输许可证》的签注与核销

民用爆炸物品运达目的地后，收货单位对运输的民用爆炸物品进行验收，然后在《民用爆炸物品运输许可证》上签注，并在3日内将《民用爆炸物品运输许可证》交回发证机关核销。

二、情景设定

2011年11月1日上午11时30分左右，贵州福泉市境内两辆运输炸药的货车发生爆炸，造成9人死亡，两百多人受伤，爆炸点附近的收费站面目全非，粮食储备库也被震垮，附近有多所学校教室严重损坏而被迫停课，附近方圆三公里范围内房屋的玻璃大部分被震碎，一百多户房屋被毁，五千多户房屋受损。根据事后警方的调查，该两辆爆炸车辆从湖南省的南岭民爆公司进货，准备运往贵阳，两车总共装载改性铵油炸药72吨。此次运输事先在贵阳公安机关进行过民用爆炸物品运输的申请，并取得了《民用爆炸物品运输许可证》。许可证上注明的运输路线是从湖南的永州、郴州两地始发，途径湖南怀化、贵州的凯里最后到贵阳。然而两车实际的运输线路是分别从湖南的永州、郴州出发，经过广西桂林和贵州榕江，停靠在福泉市马场坪附近时发生爆炸。在许可证上，经停地点并没有马场坪这一站，而且这里人烟密集，附近有收费站、加油站、学校、医院和粮食储备库。据悉，两车是停靠在马场坪附近的一个检修站检修时突然轮胎起火，当时驾驶员和押运员都在离检修站一段距离的饭店吃饭，当他们得知汽车轮胎起火后，心里很害怕，直接就跑了。轮胎初起火灾未能得到及时扑救，迅速蔓延而引发两车炸药爆炸。

问题：

1. 请问申请民用爆炸物品运输应当准备哪些材料？
2. 公安机关对民用爆炸物品的运输许可由哪些部门负责，具体程序是怎样的？
3. 此案当中的民用爆炸物品运输违反了哪些法律规定？
4. 此案暴露出公安机关在民用爆炸运输管理过程中存在哪些漏洞？

5. 公安机关应当如何强化对民用爆炸物品运输的管理?

三、实训目的

近年来民用爆炸物品运输当中的重大事故时有发生，给公民的生命财产安全带来巨大损失。民用爆炸物品的运输许可是公安机关管理民用爆炸物品的重要环节，严格对这一环节把关可以大大减少类似事故的发生。通过本次实训，让学生模拟民用爆炸物品运输许可环节的实际操作，熟悉和掌握民用爆炸物品使用单位申请许可证的条件，掌握公安机关对申请的受理、审核和发证等事项办理程序，进一步巩固对民用爆炸物品运输管理理论知识的理解和掌握，提高学生进行民用爆炸物品运输管理特别是办理民用爆炸物品运输许可证的实际工作能力，为以后从事治安管理工作打下良好的基础。

四、实训内容

(1) 使用单位提交《民用爆炸物品运输许可证》的申请;
(2) 公安机关受理申请;
(3) 公安机关审查材料;
(4) 公安机关核发证件;
(5)《民用爆炸物品运输许可证》的签注与核销。

五、实训场地与器材

(一) 实训场地

学院的实训场所——模拟派出所，实训前教师对模拟派出所进行一定的布置。

(二) 实训器材

(1)《民用爆炸物品生产许可证》、《民用爆炸物品销售许可证》、《民用爆炸物品购买许可证》或者进出口批准证明的原件和复印件。
(2) 运输民用爆炸物品车辆、驾驶员和押运员的有关资质证书原件和复印件。
(3) 民用爆炸物品运输许可证申请表。
(4) 接收行政许可申请材料凭证。
(5) 受理行政许可申请通知书。
(6) 行政许可权利义务告知书。
(7) 准予行政许可决定书。

六、实训步骤、方法与注意问题

(一) 实训步骤、方法

(1) 准备工作。

①学生课前预习相关知识，上交实训报告。

②将办理场所的环境进行模拟布置。

③准备各种申报用表格。

④课前学生分组，4 人一组，各组选 1 名小组长。

⑤小组成员进行分工，申请组准备各种申报材料，公安机关办理组进行工作分工，熟悉办理要求和办理程序。

(2) 申报组提出申请。申报组填写民用爆炸物品运输许可证申请表，并准备好其他申报材料，向公安机关办理组提出申请。

(3) 公安机关受理组受理申报。公安机关办理组根据申报组提供材料的完整性、规范性进行审核，符合条件的受理，提供材料不全的要求补全。

(4) 公安机关办理组进行审核。对申请材料进行三级审核。

(5) 公安机关办理组发证。

(6) 小组成员角色互换。

(7) 学生自评，教师点评。

(8) 模拟结束，各小组撰写实训报告。

(二) 注意问题

(1) 要求全体学生参加实训活动，模拟办理《民用爆炸物品运输许可证》程序，熟悉办理许可证需要提供的各种申报材料及办理程序。

(2) 参加模拟演练的学生要按照现场指挥的要求认真地进行演练，听从指导老师的安排。

(3) 在模拟实训过程中，要做好记录，并在模拟实训结束时，写出实训报告，进行个人评价，作出小结。

七、实训考核

(一) 实训考核要求

(1) 实训考核要做到公平、公开、公正。

(2) 实训考核成绩按照一定的比例记入本门课程的总成绩。

(3) 实训过程要严肃认真。

（二）实训考核标准

考核模块	考核要点	考核分值	考核得分
知识运用模块	1. 民用爆炸物品运输申请材料	10	
	2. 受理	10	
	3. 审核	10	
	4. 发证	10	
	5. 申请表的填写	5	
	6. 其他表格的填写	5	
组织协调模块	7. 人员分工	5	
	8. 材料的准备	5	
	9. 语言表达能力	5	
	10. 小组配合	5	
能力培养模块	11. 申报能力	10	
	12. 办理能力	10	
	13. 实训报告完成情况	10	
考核得分合计			

八、思考题

（1）民用爆炸物品的运输为什么需要公安机关行政许可？

（2）《民用爆炸物品运输许可证》的申请需要哪些材料？

（3）公安机关如何办理《民用爆炸物品运输许可证》？

（4）公安机关在民用爆炸物品的运输管理过程中存在哪些问题？

附表 1：

《民用爆炸物品运输许可证申请表》

<table>
<tr><td>收货（进出口）
单位名称</td><td colspan="2"></td><td>法定代表人</td><td colspan="2"></td></tr>
<tr><td>经办人姓名</td><td colspan="2"></td><td>联系电话</td><td colspan="2"></td></tr>
<tr><td>身份证件名称</td><td colspan="2"></td><td>身份证件号码</td><td colspan="2"></td></tr>
<tr><td>销售单位名称</td><td colspan="2"></td><td>联系电话</td><td colspan="2"></td></tr>
<tr><td>承运单位名称</td><td colspan="2"></td><td>联系电话</td><td colspan="2"></td></tr>
<tr><td>车 号</td><td></td><td>驾驶员</td><td></td><td>押运员</td><td></td></tr>
<tr><td>运输时间</td><td colspan="2"></td><td>起始地点</td><td colspan="2"></td></tr>
<tr><td>运达地点</td><td colspan="2"></td><td>经停地点</td><td colspan="2"></td></tr>
<tr><td>运输路线</td><td colspan="5"></td></tr>
<tr><td>运输物品品种</td><td colspan="2">运输物品数量</td><td>运输物品包装材料</td><td colspan="2">运输物品包装方式</td></tr>
<tr><td></td><td colspan="2"></td><td></td><td colspan="2"></td></tr>
<tr><td></td><td colspan="2"></td><td></td><td colspan="2"></td></tr>
<tr><td></td><td colspan="2"></td><td></td><td colspan="2"></td></tr>
<tr><td></td><td colspan="2"></td><td></td><td colspan="2"></td></tr>
<tr><td colspan="6">申请单位负责人意见：</td></tr>
<tr><td>辖区派出所
初审意见</td><td colspan="2"></td><td>治安大队
受理意见</td><td colspan="2"></td></tr>
<tr><td>治安大队
审核意见</td><td colspan="2"></td><td>县公安局
审批意见</td><td colspan="2"></td></tr>
<tr><td colspan="6">备注：此表为运输爆炸物品的收货单位填写，公安机关凭此表核发爆炸物品运输许可证。</td></tr>
</table>

提供材料：

1.《民用爆炸物品运输许可证申请表》

2. 民用爆炸物品生产企业、销售企业、使用单位以及进出口单位分别提供的《民用爆炸物品生产许可证》、《民用爆炸物品销售许可证》、《民用爆炸物品购买许可证》或者进出口批准证明；

3. 民用爆炸物品运达目的地，收货单位应当进行验收后在《民用爆炸物品运输许可证》上签注，并在 3 日内将《民用爆炸物品运输许可证》交回发证机关核销。

附表 2：

接收行政许可申请材料凭证

____________________：

你（单位）申请行政许可的下列材料已收悉，特此为证：

申请材料不齐全或者不符合法定形式的，你（单位）将在五日内收到《行政许可申请材料补正告知书》，一次性告知你（单位）需要补充的内容；如逾期未受到《行政许可申请材料补正告知书》的，自收到本凭证之日起即为受理。

公章
年　　月　　日
受理人：
申请人：
年　　月　　日

附表 3：

受理行政许可申请通知书

____________________：

你（单位）关于____________________________的行政许可申请，材料齐全，符合法定形式，现决定予以受理。本机关将于受理之日起____________个工作日内作出行政许可决定。

公章
年　　月　　日

申请人：
年　　月　　日

附表4:

行政许可权利义务告知书

根据《中华人民共和国行政许可法》及有关法律、法规的规定，公安机关在实施行政许可事项过程中，申请人、利害关系人依法享有下列权利与义务：

1. 依法享有陈述、申辩权；有依法取得行政许可的平等权利；有权依法申请行政复议或者提起行政诉讼；有依法申请听证的权利；有依法提出要求赔偿的权利。

2. 依法取得的行政许可受法律保护；因法律规定情形被依法变更或撤销的，可依法要求补偿。

3. 申请人有权拒绝公安机关提出的购买指定商品、接受有偿服务等不正当要求；除法律、行政法规规定应收取费用的外，申请人有权拒绝交纳任何费用的要求，并检举、控告。

4. 申请人申请行政许可，应当如实向公安机关提交有关材料和反映真实情况，并对申请材料实质内容的真实性负责，不得以欺骗、贿赂等手段取得行政许可；被许可人应当依法实施行政许可，不得违法转让行政许可，违反法律、法规规定的，将依法追究法律责任。

公章

年　　月　　日

以上权利义务已向我告知。

申请人（或代理人）：

年　　月　　日　　时

附表5:

准予（变更/延续）行政许可决定书

____________________：

你（单位）关于______________________________的行政许可事项，符合法定条件和标准，现决定准予你（单位）（变更、延续）实施行政许可事项。

公章

年　　月　　日

申请人：

年　　月　　日

附表 6：

送 达 回 执 （ ）公（爆）送字（ ）号
文书名称、文号：民用爆炸物品运输准予行政许可决定书
送达时间：　　年　月　日
送达地点：（　　）县公安局治安大队办公室
送达方式：直接
受送达人：
代收人：
代收原因：
与受送达人关系：
受送达人拒收原因：
见证人：
送达人：
备注：

治安问题查处篇

实训项目二十一　110接处警流程规范

一、基础知识

政府管理和服务中的品牌很大程度上是依靠科学、严谨的程序及规范创建的。110接处警作为公安机关执法、服务的重要窗口，负责处理公民的报警、求助和投诉，担负着打击违法犯罪、服务人民群众的重要职责。为规范110接处警工作，确保其有序、高效运转，2003年4月，公安部颁布了《110接处警工作规则》（以下简称《规则》），明确了接处警的原则、范围、基本要求和工作保障，对我国公安机关110接处警工作中的执法、救助和服务工作进行全面规范，使接处警工作有章可循。110接处警流程包含接警和处警两个方面的工作规范。

（一）接警工作流程

110接处警工作中的接警包括接受报警、下达指令、信息沟通、回复回访和工作记录五个环节。

1. 接受报警

110报警服务台接受报警要做到语言规范、文明接警、问明情况并积极指导急救。110接警员应当警容严整，语言文明，态度热情，语气平和。接警过程中迅速向当事人问明报警、求助、投诉事项的主要情况，要主动引导报案人讲明警情，并做好登记。对情况紧急的违法犯罪、灾害事故、人身危险、严重伤病等报警、求助，可以视情告知报警人、求助人有关应急处置办法，指导其救人或者自救。

2. 下达处警指令

问明警情后，110报警服务台应当立即按照管辖规定和案件性质、紧急程度向处警责任单位和民警下达处警指令，派警前往案（事）现场进行处置。对一般性警情，110报警服务台值班人员可直接调派有关警种、部门和基层单位警力进行处置。对正在发生的紧急警情，应当就近调派警力先期处置，在指令有关警种、单位出警的同时，按规定上报情况，并向业务主管部门通报。对重大警情和特别重大警情，应逐级上报公安机关和政府部门负责人，由值班长下达处警指令，并根据授权调派有关警种、部门和基层单位警力前往现场增援。

3. 信息沟通

110报警服务台应当通过各种手段，随时掌握现场情况，与处警民警应当及时就处警情况进行沟通，了解、收集处警民警到达现场的先期报告和案（事）件处置完毕后的反馈报告。对重大案（事）件或者性质一时难以判明的案（事）件，应跟进了解，随时掌握进展和处置工作情况，指令、督促处警人员处置到位。对紧急、重大情况，应及时将处置结果报相关领导。对收集到的相关信息和反馈情况，要认真做好记录。

4. 回复回访

110 报警服务台应当依照有关规定或者在必要时将处警结果回复报警人、求助人和投诉人，并及时进行回访。

5. 工作记录

110 报警服务台应在接处警系统中对接处警情况进行登记和存储，并应当依照规定妥善保存有关接处警情况的记录和录音。

（二）110 处警一般流程

110 接处警工作中的处警包括处警准备、达到现场、制止违法犯罪行为、控制现场、救治伤员、现场追捕、调查取证、现场处结、后续办理九个环节（方面）的工作。

1. 处警准备

处警民警接到 110 指挥中心发出的处警指令后，应当立即出警，不得推诿、拖延，影响警情处置。在简要了解案情，初步判明案件性质后，迅速确定好行动方案（现场处置、现场救援、现场搜索等）、行车路线，警力的配置应与警情的性质和规模相适应，对案（事）件的现场处置不得少于 2 人。专职处警民警应当掌握基本的救援、救灾和医疗救护技能。处警民警应按规定着装，携带单警装备、人民警察证、处警工作记录本和有关法律文书。

2. 到达现场

到达现场时，应立即报告下达处警指令的单位，因交通堵塞、自然灾害或者报警不详等特殊情况，难以及时赶赴现场的，应及时报告，说明原因，并尽快排除阻碍赶赴现场。到达现场后，处警民警应当出示人民警察证并表明身份，情况紧急来不及出示人民警察证的，应当先表明身份，并在处置过程中出示人民警察证。依照有关规定需要对处置过程录音、录像的，应开启录音、录像设备。

3. 制止违法犯罪行为

现场正在发生违法犯罪行为的，应当立即采取措施制止，控制违法犯罪嫌疑人。根据违法犯罪行为性质、暴力程度等不同情形可以分别采用口头制止、徒手制止、使用警械制止和使用武器制止，其适用条件、对象及操作步骤按照《公安机关人民警察现场制止违法犯罪行为操作规程》的规定执行。

4. 控制现场

处警民警判明警情后，根据现场情况及时设置警戒、控制和保护现场。有危险物品或者其他危险因素的，应及时排除险情，防止事态扩大。必要时，报告上级或 110 指挥中心采取交通管制、现场管制等措施，疏散周边或者围观人员。

5. 救治伤员

现场有人员伤亡的，处警民警立即向本单位口头报告人员伤亡情况、现场情况和现场采取措施情况，并根据伤势危急程度和所掌握的救护知识，迅速对受伤人员采取临时救治措施。

6. 现场追捕

处警民警到达现场后发现违法犯罪嫌疑人逃离现场的，应根据现场获取的信息实施搜索、堵截、追捕，或者根据具体情况报告上级或 110 指挥中心，迅速布置警力在主要路段、关卡实施堵截、检查。

7. 调查取证

需要调查取证的，应当针对现场情况和警情特点，及时、全面地收集、固定证据，查明当事人情况、案（事）件的原因、过程和结果，行为手段和方式等。

8. 现场处结

对情节轻微的报警案件，可以依据违法行为的情节、后果及违法性质的不同分别作出当场处罚决定或者现场调解。案情复杂，一时难以查清，需要继续办理的，应将有关人员和证据带回，依照有关规定办理。投诉现场处置完毕后，应当将有关人员和证据材料带回并转交警务督察或者具体承办单位。救助案件离开现场时应办理交接手续或报经本单位负责人批准。离开时，应当清理现场，收集、整理器材装备，撤除警戒，并将处警情况报告下达处警指令的单位。

9. 后续办理

处警结束返回单位后，应当制作、呈报《110 处警现场情况登记表》、《110 出警现场处结备案单》，并将警情处置情况录入接处警系统。对现场未处结带回的，应继续开展调查，依法处理。涉嫌违法犯罪的，应及时受（立）案进行调查，依法作出相关处理。当场实施了限制公民人身自由或者财产权的行政强制措施的，处警民警应当在 24 小时内依法向公安机关或者公安派出所负责人报告，并补办批准手续。现场处置过程中出现人员轻伤、重伤或者死亡的，处警民警应当在现场处置完毕后，及时将处置情况向本单位书面报告；处警民警使用了武器的，应当将使用武器的情况如实向所属单位书面报告。

二、情景设定

2015 年 5 月 7 日 20 时 15 分许，刘某驾驶一台棕色保时捷卡宴车从某省会城市八一路某小区驶出时，因避让问题与正在小区大门口步行的孙某夫妻发生口角，引发纠纷，后发展为互相殴打。打斗中，孙某头部受轻伤。路人李某见状拨打 110 报警电话，110 报警服务台值班员接到李某打来的报警电话后，简单询问了基本情况后，随即指令该市公安局所属某公安分局某派出所派警迅速赶赴现场处置，派出所民警王某立即带领一名协警陈某出警。在派出所民警王某赶往现场进行处置的过程中，孙某的妻子李某见丈夫受伤吃亏，随即拨打电话叫来了社会上的朋友帮忙。5 分钟后，孙某的 4 位朋友驾驶一辆本田 CRV 越野车赶到现场，并从车上拿下管制刀具。当派出所民警王某带领协警陈某赶到现场后，试图制止打架斗殴行为，但打架人数增多，事态已经扩大，王某难以控制局势，现场一度比较混乱，刘某被赶至现场的 4 名男子持砍刀等凶器追砍，致其左大腿被砍伤（重伤），砍人凶手随即驾车往人民路西方向逃离现场。

问题：

1. 假如你是接报案件的民警，你应如何按规范接报该案件？

2. 110 接处警工作中应如何进一步规范？

三、实训目的

通过模拟接处警的实训，使学生熟悉接处警的工作流程和工作规范。具体来讲，通过模拟接警，使学生熟悉接收报警的工作规范和基本要求；掌握询问警情的方法和技巧；学会分析判断警情，根据案件情况准确下达处警指令，并做好信息沟通和回复回访工作；熟练掌握填报、登记录入警情信息的内容和工作要求。通过模拟处警，使学生掌握处警民警处置此类警情应做的准备工作；学会根据案件变化情况及时与下达处警指令单位进行信息沟通，便于指挥中心根据现场反馈情况进行科学的指挥调度；使学生掌握处置该类警情的步骤、手段和方法；熟练掌握现场处结与离开现场的工作要求。

四、实训内容

（1）根据案情设定的情景模拟群众报警和110报警服务台接警；

（2）模拟110报警服务台（指挥中心）下达处警指令；

（3）模拟报警服务台的信息沟通和回复回访工作；

（4）模拟接警过程中的登记、录入工作；

（5）模拟处警民警接到处警指令后的出警准备工作；

（6）模拟处警民警与报警服务台信息沟通、现场反馈以及警情发生变化后的指挥调度工作；

（7）模拟处警民警如何控制现场违法犯罪、现场控制、救助伤员、调查取证以及抓捕违法犯罪人员的处警措施、手段和工作方法；

（8）模拟现场处结及离开现场的工作。

五、实训场地与器材

（一）实训场地

在校园内选择与现场环境相似的校园道路，周围有建筑，有行人和车辆。

（二）实训器材

1. 接警器材

手机若干台、电话一台、接处警登记本2个、黑色签字笔2支、对讲机若干台，电脑一台，接警录入系统。

2. 处警器材

处警车一辆、多功能腰带（含背带）、数码录音笔、对讲机2台、催泪喷射器、手铐、塑料手枪1支，枪套1个，执勤包（放置有现场取证笔记本、印泥、处警登记单、处结单等）、伸缩性警棍按照2人使用配备。

（三）情境模拟器材

汽车2台、砍刀等管制刀具若干、违法嫌疑人4人、当事人3人，现场围观群众若干人、小区门口保安2名。

六、实训步骤、方法与注意问题

（一）模拟案件情境

组织学生到实训场地，让3名学生扮演当事人，按照提供的基本案情介绍模拟现场纠纷和打架斗殴情况。在处警民警调查了解过程中，模拟孙某妻子李某避开民警打电话叫人时，要求尽量逼真，接近案件情境。

（二）模拟报警、接警

现场围观群众李某拨打110报警，指挥中心110报警服务台值班民警模拟接警，接受报警要做到语言规范、文明接警、问明情况并积极指导急救。问明情况要求引导报警人讲明警情，包括警情发生时间、地点、简要案情、原因、当事人情况、与警情相关的物品情况、警情造成受伤人数、财产损失等情况，并按照要求做好登记记录。

（三）模拟下达处警指令

在了解案件基本情况后，及时对警情作出分析研判，按照规范要求向处警责任单位、派出所下达处警指令，要求做到快速、准确、稳妥，便于处警单位根据警情确定处警人员和人数。

（四）模拟信息沟通与回复回访

接警民警与处警民警就现场情况、处警情况进行沟通，了解警情变化情况，做好指挥调度，指令、督促相关处警人员处置到位。做好与报警人的回复回访工作，了解当事人对处警的满意度。

（五）模拟接警工作记录

接警、指挥处置和回复回访的同时，使用录入软件，做好接报、调派警力及相关警种部门处警反馈情况的登记、存储。记录的内容一般包括报警的时间、地点、电话号码、警情性质、简要案情、接警员号；报警人的姓名、性别等基本情况和联系方法；处警单位名称、通知时间、处警人姓名和处理结果以及其他真实反映接处警情况的内容。

（六）模拟处警准备

处警单位接到指挥中心处警指令后，做好登记，并立即准备好处警人员、处警方案、处警装备、取证器材，立即赶赴现场处警。

（七）模拟赶赴现场及信息反馈情景

到达现场后，根据警情的变化升级情况向110指挥中心反馈、报告情况，向派出所领导报告情况，请求支援。到达现场要表明身份、出示证件，并做好现场摄录像的取证工作。处警民警应当根据现场警情的性质、危害程度、影响范围、涉及人数、当事人身份及警情敏感性等综合因素，快速判断，采取相应的处置措施。

（八）模拟制止违法犯罪、现场控制和组织救助工作

处警民警按照《人民警察现场制止违法犯罪操作规程》的要求演示制止违法犯罪步骤，及时疏散围观群众，做好现场控制工作，并立即组织救助伤员。要求程序、步骤和措施合理、合法。使用武器造成犯罪分子或者无辜人员伤亡的，应当及时抢救受伤人员，保护现场，并立即向当地公安机关或者该人民警察所属机关报告。

（九）模拟指挥中心组织追捕的指挥调度工作

模拟指挥中心根据处警民警反馈情况，按照就近原则调集巡警赶赴现场协助派出所制止、控制正在发生的违法犯罪行为，根据现场反馈的犯罪嫌疑人逃跑的路线、人员特征、车辆特征与号牌、通知交警、治安特警做好盘查、检查和围追堵截、工作。要求指挥得当、安排合理。

（十）模拟现场处结及离开现场工作

按照要求及时清理现场，根据现场询问、调查的情况，登记好与案件有关的线索，将与案件有关的人员、证据带回到派出所做进一步的调查处理。要求做好处警的登记、记录工作，离开现场时向指挥中心报告。

七、实训考核

（一）实训考核要求

通过接处警实际操作，考核学生对110接处警基础知识的掌握情况，对接处警各环节的熟悉程度，特别是学生对接处警流程和各环节工作规范的实际应用、操作能力，对整个案件处置的把控能力，处警过程中的组织、协调、沟通能力。

1. 基础知识考核

要求学生熟悉接处警工作的流程，熟练掌握公安部《公安机关110接处警规则》以及《公安机关执法细则》规定的接处警每个步骤的工作内容和规范要求。

2. 组织协调考核

要求学生根据基本案情，结合110接处警实训考核的目的合理进行情景设计，配合110接处警实训环节的顺利进行，考核学生的角色扮演和理解能力。实训中，重点考核学生作为110报警服务台（指挥中心）民警询问警情、下达处警指令中的协调沟通、组织指挥能力。

作为现场处警民警的随机应变和协调沟通能力，做到合理分工、组织有序。

3. 接处警能力考核

考核学生作为110指挥中心民警引导报案人说清案情的能力、准确下达处警指令能力。作为处警民警的制止违法犯罪、现场控制、驾驭现场能力、追缉违法嫌疑人和调查取证能力。

（二）实训考核标准

考核模块	考核要点	考核分值	考核得分
知识运用模块	1. 接受报警流程、规范	10	
	2. 处警工作流程、规范	10	
组织协调模块	3. 下达处警指令	5	
	4. 信息沟通、回复回访	5	
	5. 处警方案与团队协作	10	
	6. 现场警情反馈、沟通	10	
能力培养模块	7. 语音表达能力	10	
	8. 现场控制与驾驭能力	15	
	9. 调查取证能力	15	
	10. 现场处置能力	10	
考核得分合计			

八、思考题

1. 接警中，接警民警如何做好警情询问工作？
2. 现场制止违法犯罪的手段有哪些，如何准确适用？
3. 针对不同案件，现场处结有何要求？
4. 在对本次模拟实训进行总结、反思的基础上，谈谈如何进一步提高110接处警的工作水平？

实训项目二十二　110 接处警求助现场处置规范

一、基础知识

（一）110 接处警中求助现场处置的概念

救助危难群众是公安机关及其人民警察的基本职责，是公安机关 110 接处警工作的一项重要任务，是公安工作服务人民群众的具体体现。求助现场处置是指公安机关及其人民警察针对公众的求助，赶赴现场对处于危难和险境中群众进行帮助、协助、解救和抢救的行为和措施。110 求助现场处置具有法定性、公益性和紧迫性等特点。首先，救助危难群众和抢险解危是公安机关的法定职责。《中华人民共和国人民警察法》第 21 条规定：人民警察遇到公民人身、财产安全受到侵犯或者处于其他危难情形，应当立即救助；对公民提出解决纠纷的要求，应当给予帮助。《110 接处警工作规则》第 31 条规定：对于公安机关职责范围以外的可能危及公共安全、人身或者财产安全的紧急求助，110 报警服务台应当派警进行先期处置，同时通报相关部门或者单位派员到现场处置。在相关部门或者单位进行处置时，公安机关处警人员可以予以必要的协助。因此，对于人民群众对警察提出的求助，公安机关应当受理并立即采取措施给予帮助。其次，救助危难群众和抢险救灾具有公益性质，是公安机关服务人民群众，构建和谐警民关系的一项重要举措。1996 年，公安部全面推广“漳州 110”经验，提出了“有警必接、有难必帮、有险必救、有求必应”的“四有四必”接处警工作要求。公安机关向社会承诺“有危难找警察”，坚持“严格执法、热情服务”工作要求，为公安工作赢得群众的信任和支持，构建和谐的警民关系发挥了积极的作用。最后，求助现场处置具有紧迫性。110 求助处置针对的是正处在危险状态中的民众，不及时采取措施可能会导致群众死伤等严重后果。公安机关的人民警察是一支反应快速、训练有素、装备相对先进的纪律部队，能够及时采取有效措施救公民于危难险阻之中，在人民群众中享有一定的威望，值得群众信赖。

（二）110 求助现场处置的范围和类型

随着经济社会发展和人财物大流动加速，新型社会问题不断出现，社会矛盾日益凸显，人民群众对公安机关的要求和期望也越来越高，求助类报警不断增加。公安机由于警力有限、精力有限、资源有限，并不能满足群众的所有求助要求。2003 年，公安部出台《110 接处警工作规则》，明确了 110 接处警求助的范围包括五个方面：一是发生溺水、坠楼、自杀等危急情况，需要公安机关紧急救助的；二是老人、儿童、智障人员、精神疾病患者等行为能力、辨别能力差的人员走失，需要公安机关帮助查找的；三是公众遇到危难，处于孤立无援状况，需要公安机关立即救助的；四是水、电、气、热等公共设施出现险情，威胁公众生命或者财产安全和生产生活秩序，需要公安机关先期紧急处置的；五是其他可能引发人身伤亡事故或者公私财产重大损失的险情，需要公安机关紧急处置的。

公安机关常见的求助警情包括迷路、走失人员救助；流浪儿童、老人的救助；坠楼自杀者救助；溺水、触电等意外事故救助；涉及水、电、气、热等公共设施险情救助；弃婴报警求助。捡拾弃婴求助、失物求助、捡拾物品求助等。

（三）110求助现场处置的基本措施

值班人员接到求助报警后，应当向求助人了解求助事项发生的时间和地点、涉及人员的特征和所处状况、事发经过、求助人或者事发附近相关人员的联系电话等基本情况，并根据事态紧急程度进行分类处理。

1. 对公安机关职责范围内求助的处置

（1）公众遇到自身无法排除的危难，或者发生溺水、坠楼、自杀等情况的，值班人员应当迅速调派有关警种、部门和基层单位警力赶到现场实施紧急救援，维护现场治安、交通秩序；对已经出现或者可能出现人员伤亡的，应当提请卫生、医疗等政府有关职能部门、行业主管单位出动人员协助救助。

（2）老人、儿童以及智障人员、精神病患者等人员走失，求助人所述走失地点、情节比较明确的，应当及时调派属地派出所、巡逻（警）责任区、社区等基层单位警力，协助求助人在一定范围内查找；因走失时间较长，去向难以判明，无法在一定范围内查找的，应当记录走失人员特征及开展工作情况备查，转告走失人员走失或者居住地派出所，同时通知其家属到有关派出所登记备案。

（3）发现走失、迷路人员，应当调派属地派出所、巡逻（警）责任区、社区等基层单位警力，协助联系、寻找其亲属；因一时无法查明身份或者无法联系亲属的，应根据其本人意愿，协调、协助处警民警将其移送民政救助部门。属于疑似被侵害情形的，应及时联系刑侦等相关部门，依法进行相关处理。

（4）对涉及无依靠伤病人员、流浪乞讨人员、弃婴的求助，应当调派属地派出所、巡逻责任区等基层单位警力将其移送医疗单位、民政救助部门或者社会福利部门，并调查是否存在其他刑事、行政案件（胁迫、诱骗、利用他人乞讨、以滋扰他人的方式乞讨、婴幼儿拐卖、盗抢婴幼儿）。

（5）涉及水、电、气、热等公共设施出现险情，威胁公共安全、人身安全或者财产安全和工作、学习、生活秩序的，应当迅速调派基层单位警力赶到现场先期处置，维护治安、交通秩序，同时与政府有关职能部门和行业主管单位取得联系，协助他们开展抢险救援工作。

（6）对群众遗失物品求助的，应详细登记，并积极提供帮助，展开寻找，对暂时无法寻找的物品，建议失主暂时通过刊登失物找寻公告进行查找；对于遗失武器弹药，机密文件等物品的，应根据物品价值、机密等级进行立案，并展开寻找。

(7) 对群众送交捡拾物品的，应详细登记，尽快查找失主，对于归还物品的情况或者无主物品的处理情况，应当向送交捡拾物品的群众反馈。

2. 对公安机关职责范围外的可能危及公共安全、人身或者财产安全的紧急求助的处置

值班人员应当调派警力进行先期处置，同时通报政府有关职能部门、行业主管单位派员到现场处置。在政府有关职能部门、行业主管单位进行处置时，处警民警可以提供必要的协助。

3. 对公安机关职责范围外的非紧急求助的处置

值班人员应当告知求助人向政府有关职能部门、行业主管单位或者地方法院，以及可以提供有偿服务的工商企业求助，并视情给予必要的指引、解释或者协助。

(四) 110 群众求助接处警工作流程

1. 接受报警

接警过程中做到警容严整，语言文明，态度热情，语气平和。

2. 询问查询

接警员迅速向当事人问明求助事项的主要情况，并做好登记。对情况紧急的求助，可以视情况告知求助人有关应急处置办法，指导其救人或者自救。行为人未死亡的，应通知就近的医院进行急救，并指令辖区派出所调查原因，做好劝导工作。

3. 指挥处置

指挥中心接到求助警情后，应及时对求助警情作出准确的分析判断，明确相关职能部门的职责、任务，立即指派处警责任单位进行先期处置，同时通报相关部门或者单位派员到现场处置。

4. 跟踪反馈与登记备案

接警人员应当通过各种手段，随时掌握求助现场情况，指令、督促处警人员处置到位。对紧急、重大情况，要及时将处置结果报告相关领导。在接警、指挥处置和跟踪反馈的同时，要使用规格统一的表格（软件），做好接报、调派警力、处警反馈的登记、存储，并立卷备查。

5. 求助现场处置

处警责任单位接到指挥中心处警指令后，应根据不同警情的处置预案，做好处警的准备工作，并立即赶赴现场进行处置。处置工作中，应与指挥中心和所在单位随时保持联系、沟通，根据警情的变化，及时调整救助方案，采取进一步的救助措施。救助中要给予当事人同情和关怀，要及时与被救助者的亲属、朋友、所在的单位、社区或者当地民政部门取得联系，做好安抚、疏导、劝阻工作，进行妥善安排，在确保安全的情况下做好交接工作。处警人员到达现场后，要根据现场具体情况，正确划定现场保护范围，进行现场警戒，禁止无关人员进入，维护好现场秩序和交通秩序，积极抢险、抢救伤员和物资。

二、情景设定

2015 年 5 月 11 日 9 时 15 分，一男子爬上某县城区位于五一路的佳惠超市 4 楼楼顶，一

边举着白酒瓶喝酒，一边朝着地面上的人群高喊“我不想活了，我要自杀”，情绪异常激动，引来现场数百人围观。围观市民张某拨打了 110 报警求助，城区中心派出所及接到报警求助后，该派出所长田某带领民警立即赶到现场，消防官兵、特巡警队员随后赶到现场，并进行了工作分工。经询问现场群众和其家属得知，扬言自杀的男子为贺某，27 岁，与李某是某美容美发学校办学合伙人，近日，双方因工资、食宿费、伙食费等问题发生纠纷，僵持不下，贺某自觉吃了亏，与李某协商不成，情急之下爬到佳惠超市楼顶自杀。经过民警 20 余分钟的劝说，贺某同意离开楼顶，但其提出两个条件，一是让合伙人李某补偿自己经营理发店期间的损失；二是让公安民警用警车把自己还有老婆和孩子带离现场。民警和消防官兵本着对贺某生命高度负责的态度，决定对贺某提出的要求尽量满足，电话通知合伙人李某来到现场，并把警车开到超市楼下贺某能看得到的地方。现场的民警和消防官兵在不放弃劝说的同时，秘密迅速接近醉酒后情绪激动的贺某，寻求机会。期间，贺某一个向楼下张望的动作给营救工作带来了机会，民警和消防官兵迅速前进包抄，一拥而上，将其制服，安全带离现场，一起跳楼自杀事件得到成功处置。

问题：

1. 公安机关接到报警救助后应如何处置？

2. 110 群众求助接处警工作流程存在哪些问题？可以从哪些方面予以改善？

三、实训目的

通过实训，使学生熟悉 110 接处警中处置群众求助的工作流程和工作规范。掌握询问求助类警情的方法和技巧，准确下达处警指令；学会根据警情和现场反馈情况启动应急预案，指挥调度相关警种、部门和应急联动单位进行救助工作；在多警种部门参与处置的情况下，学会根据案件情况做好求助现场的组织、指挥和分工协作。掌握处置坠楼自杀警情处置的工作流程和步骤，现场安抚、劝阻自杀行为人的方法、技巧以及处置该类警情的善后处理和交接工作。

四、实训内容

（1）根据案情设定的情景进行模拟报警；

（2）模拟 110 指挥中心接到报警后下达处警指令和指挥调度；

（3）模拟派出所处警民警赶到现场后向指挥中心反馈、报告现场情况，以及请求指挥中心采取进一步的措施；

（4）模拟派出所、巡特警、消防现场救助、现场控制的组织指挥和分工协作安排；

（5）模拟处警民警安抚、劝解、营救自杀行为的方法、技巧；

（6）模拟救助成功后的现场处结和善后处理工作规范。

五、实训场地与器材

（一）实训场地

在校园内选择与现场环境相似的临近校园道路，且行人、车辆通行比较频繁的4层楼建筑。

（二）实训器材

1. 接警器材

手机若干台、电话一台、接处警登记本2个、黑色签字笔2支、对讲机若干台，电脑一台，接警录入系统。

2. 处警器材

处警车辆、消防车各2辆、救护车1辆、单警警用装备2套、充气床垫、安全绳2副、喊话器3个。

3. 其他物品

白酒瓶、香烟等物。

六、实训步骤、方法与注意问题

（一）模拟案件情境

组织学生到实训场地，让1名学生扮演当事人，3~4人扮演其亲属、现场围观群众若干人根据基本案情介绍模拟现场情境。要求尽量逼真，与警情环境、情节接近。

（二）模拟报警、接警

现场一围观群众拨打110报警，指挥中心110报警服务台一名民警模拟接警，接受报警要做到语言规范、文明接警、问明情况，指导救助，按照要求做好登记记录。要问明事发时间、地点、涉及人员的特征和所处状况、事发经过、求助人或者事发现场联系电话等基本情况。

（三）模拟下达处警指令

在了解求助事项的基本情况后，按照规范要求向处警责任单位（派出所、消防队、巡特警队）下达处警指令，进行指挥调度。要求对求助事项进行分析研判，迅速判明事件的性质以及可能出现的情况以及导致的后果，便于及时、准确下达处警指令和进行指挥调度。

（四）模拟派出所处警民警接受指令、处警准备和赶赴现场处警工作

要求携带好救助的器材、设备，做好工作预案，做到准备充分，方案完备。

（五）模拟赶赴现场后向指挥中心反馈、报告情况

到达现场后，根据救助警情和现场情况向指挥中心反馈、报告情况，请求支援。要求反馈信息准确、全面，请求合理。

（六）模拟消防、特警和救护车辆赶到现场后组织指挥和分工协作情况

要求明确一名指挥人员，及时做好疏散围观群众，控制现场工作，维护好现场秩序，确定救助方案并进行合理分工。

（七）模拟处警民警组织现场救助的流程、步骤和谈话、营救的技巧

要求符合处警工作流程和工作规范，喊话要注意方式、方法，做好对行为人的安抚、劝解工作，及时找到当事人和家属协助做好劝阻工作。选择强行控制的情景、时机要合理。

（八）模拟现场处结及离开现场工作

处置成功后，按照要求及时清理现场，恢复现场秩序，做好被救助者的移交工作。要求做好善后处理工作，确保安全、做到万无一失后离开现场，并将现场处置情况向指挥中心报告。

（九）组织学生就模拟实训情况进行互评

要求学生指出实训中存在的不足和欠规范之处，最后由指导老师进行点评。

七、实训考核

（一）实训考核要求

通过处置自杀类求助警情的实际操作，考核学生对110求助警情处置基础知识的掌握程度，对群众求助的接处警工作环节和工作要求的熟悉程度，特别是考核学生对求助警情发展态势的判断能力，现场控制能力、与行为人的沟通能力，以及多警种、部门参与救助过程中的组织、协调能力以及救助过程中的临场决断能力。

1. 基础知识考核

要求学生熟悉求助类接处警工作的流程、处置措施，熟练掌握公安部《公安机关110接处警规则》规定的求助范围、求助类警情处置的规范要求。

2. 组织协调考核

要求学生根据基本案情，结合110接处警实训考核的目的合理进行情景设计，配合110接处警实训环节的顺利进行，考核学生的角色扮演和理解能力。实训中，重点考核学生作为110指挥中心民警如何向有关警种、部门考核联动单位准确下达处警指令，组织处置突发事件的能力。现场处警民警如何迅速确定救助的行动方案，并进行合理分工，明确现场指挥人员，确保救助工作安全、有序、高效进行。

3. 接处警能力考核

考核学生作为处警民警，如何根据现场和求助警情的情况，及时与指挥中心沟通、反馈，求得支援。现场处置过程中，如何有效维护现场秩序，疏散周围群众，防止事态扩大；如何采取措施和运用语言有效安抚行为人情绪，劝阻、制止行为人的坠楼自杀行为；如何通过谈话、劝导分散行为人注意力或使其冷静、平静下来，找准时机，果断决策，采取强制措施，将行为控制并带离现场。

（二）实训考核标准

考核模块	考核要点	考核分值	考核得分
知识运用模块	1. 接受求助警情流程、规范	10	
	2. 求助现场处置流程、规范	10	
组织协调模块	3. 下达处警指令、指挥调度	10	
	4. 求助现场信息沟通、反馈	10	
	5. 救助方案与分工协作	10	
	6. 协调当事人、家属做工作	10	
能力培养模块	7. 警情描述与分析判断	10	
	8. 现场控制与驾驭、临场决断	10	
	9. 现场处置措施的运用	10	
	10. 现场处结及其他	10	
考核得分合计			

八、思考题

1. 群众求助现场处置的基本措施有哪些？

2. 求助现场处置的现场处结应注意哪些问题？

3. 贺某的行为是否违法，如果违法又构成何种违法行为，应该如何处理？

4. 在对本次模拟实训进行总结、反思的基础上，谈谈如何进一步提高群众求助现场处置工作水平？

实训项目二十三　群体性事件处置中行政强制措施的适用

一、基础知识

（一）公安行政强制措施的概念

根据2011年颁布的《中华人民共和国行政强制法》的规定，公安行政强制措施是指公安机关在行政管理过程中，为制止违法行为、防止证据损毁、避免危害发生、控制危险扩散等情形，依法对公民的人身自由实施暂时性限制，或者对公民、法人及其他组织的财物实施暂时性控制的行为。公安机关在处置群体性事件时，只有正确适用行政强制措施，才能保障公民的合法权益，才能有效制止违法犯罪，维护治安秩序。

（二）公安行政强制措施适用的原则

1. 行政强制法定原则

行政强制的设定和实施，应当依照法定的权限、范围、条件和程序，它包括实施主体法定、实施程序法定和行政强制设定权法定等。

2. 行政强制适当性原则

行政强制的设定和实施，应当适当，它包括有效性原则、必要性原则和比例原则。

3. 教育与强制相结合原则

教育与处罚相结合是指设定和适用强制措施既要体现行政强制措施的强制性，又要贯彻教育被强制对象自觉守法的精神，实现强制与教育的双重功能。因此，公安机关在适用公安行政强制措施时，应做到：一是教育先行，二是强制与教育并行。

4. 保障相对人权利原则

公安机关在适用行政强制措施时，应保障被强制人有陈述权、申辩权、复议申请权、提起行政诉讼权和要求国家赔偿权等基本人权。

（三）群体性事件处置中适用公安行政强制措施的法律依据

群体性事件处置中适用公安行政强制措施的法律依据主要包括：《人民警察法》、《治安管理处罚法》、《戒严法》、《道路交通安全法》、《集会游行示威法》、《集会游行示威法实施条例》、《公安机关办理行政案件程序规定》、《公安机关处置群体性事件规定》和《信访条例》等。

（四）群体性事件处置中常用的公安行政强制措施

1. 道路交通管制

道路交通管制是指公安机关交通管理部门出于保障安全或维护秩序的需要，依法对部分或者全部交通路段的车辆、人员通行以及与交通有关的活动所采取的带有疏导、禁止、限制或指示性质的行政强制措施。根据有关法律的规定，决定道路交通管制有口头和书面两种不同的方式。其中，口头决定由负责现场的指挥员在紧急情况下的现场口头宣布，由维护现场秩序的人民警察立即贯彻执行。书面决定由县级以上公安机关决定，公开发布实施交通管制的通告、通知，并组织人民警察实行道路交通管制的具体措施。道路交通管制的内容主要是限制人员和车辆进出管制区域，限制车辆在管制区域内停留，对进出管制区域人员、车辆和物品进行检查等。

2. 现场管制

现场管制是指公安机关根据法律规定，对某一特定区域的现场进行控制性特殊管理，以确保现场安全、维护现场秩序的行政强制措施。现场管制主要适用于发生严重危害社会治安秩序的突发事件现场，它一般由县级以上公安机关经上级公安机关和同级人民政府批准以后，根据情况决定并负责实施；在个别县、市的局部范围内发生严重骚乱，省级人民政府报经国务院批准后，可以直接决定并组织人民警察、人民武装警察实施现场管制。现场管制的内容包括：封闭现场和相关区域，未经检查批准，任何人不得进入；设置警戒线，划定警戒区域；实行区域性交通管制；查验现场人员的身份证件，检查嫌疑人员随身携带的物品；未经批准，任何人不得在事件现场进行录音、录像、拍照、采访、报道、演讲等活动。

3. 命令解散

命令解散是指公安机关在处置群体性事件中，根据治安管理法律法规的规定，发布命令或者通告，责令围观人员立即离开现场，责令聚众组织者立即解散人群，责令聚集的人员在限定时间内迅速疏散的行政强制措施。命令解散必须依照法律程序先行劝阻，劝阻无效时，以明确易懂的语言发布命令，并广为宣传，坚决执行。

4. 强行驱散

强行驱散是我国法律赋予公安机关的即时强制权，它是指公安机关依法将危害社会治安秩序或者威胁公共安全的群体，采取强制手段迫使其解散并离开违法犯罪或突发事件现场的行政强制措施。强行驱散可由公安机关负责维护现场秩序的现场负责人决定，无需书面批准或履行请示程序。在实施强行驱散之前，应该先发出警告，警告无效时方可使用；警告应以广播、举牌等方式明确告知聚集群众，并将告知方式以适当形式记录在案。人民警察采取强行驱散措施时，可以使用警械。

5. 强行带离现场

强行带离现场是指公安机关依法将危害社会治安秩序或者威胁公共安全的人员带离现场，以作进一步审查、处理的行政强制措施。强行带离现场也是一种即时强制措施，在适用时不需要上级审批（现场负责人决定也是一种程序），只要出现法定的情形由现场负责人决定即可。但是一般情况下，人民警察在适用之前应先进行劝告、警告，经劝告、警告无效后，人民警察才可使用强行带离现场。强行带离现场可以使用手铐、警绳等械具，但应注意不要对被带离人造成不必要的伤害。

6. 立即拘留

立即拘留是指公安机关依法对危害社会治安秩序或者威胁公共安全的人员，采取强制手段，将其带离违法犯罪或突发事件现场，限制其人身自由并进行审查的行政强制措施。立即拘留是公安机关人民警察处置群体性事件中最严厉的一种措施，主要适用于对经强行驱散仍拒不离去的人员或者进行煽动的人员，冲击党政机关和重点要害单位、卧轨拦截列车等首要分子和骨干人员等需要强行带离现场的人员。它不同于治安管理处罚中的行政拘留，无须持有《拘留证》。值得注意的是，对强行带离现场的人员应送拘留所，被立即拘留的人员必须在12小时内审查完毕，根据不同情形作出不同的处理。

7. 收缴

收缴是指公安机关对违法嫌疑人或行为人持有的非法财物收回并缴到公安机关，依法进行处置的行政强制措施。在群体性事件处置中，公安机关应对非法携带的武器、管制刀具、易燃易爆等危险物品和用于非法宣传、煽动的工具、标语、传单等物品，予以收缴，并处理有关责任人员。

二、情景设定

2009年6月17日20时36分，湖北省石首市公安局笔架山派出所接市公安局指挥中心110报警台指令：市笔架山街道办事处东岳山路“永隆大酒店”门前发现一具男尸。接警后，该所民警迅速赶往现场调查处理，并及时向市公安局领导和刑警大队报告。技侦人员迅速赶往现场进行勘查，法医对尸体进行了初检，没有发现身体致命伤。经初查，死者涂远高，男，24岁，生前为该酒店厨师。民警对死者所住房间进行了检查，发现了死者所留一份遗书，遗书的大致内容为自己悲观厌世而轻生，警方排除他杀，初步认定为自杀。民警多次与死者亲属进行了沟通，讲明了为查清死因，必须进行尸体解剖，但遭到家属拒绝，家属对死因表示质疑。众多不明真相的群众于19日在该市东岳山路和东方大道两大交通要道设置路障，阻碍交通，围观起哄。据悉，围观群众少时有数千人，最多时有数万人。湖北省公安厅、省武警总队、荆州市公安局从各地抽调了上千名武警、公安干警到石首处置事件。20日上午至夜间，部分围观群众多次与警察发生冲突，导致多名警察受伤，多辆消防车和警车被砸坏。

事件发生后，中央领导同志高度重视，明确批示对处理事件的要求，公安部、武警总部、湖北省、荆州市的党政主要领导迅速成立了事件处置领导小组，并亲临现场指挥，采取交通管制、现场管制、强行驱散和强行带离现场等强制措施，维护秩序，尽快平息了事件。

问题：

1. 湖北石首事件的危害主要有哪些？

2. 湖北石首事件处置过程中使用了哪些行政强制措施？这些强制措施应如何适用？

三、实训目的

行政强制措施的适用在群体性事件的处置过程中发挥重要的作用。通过实训，让学生掌握群体性事件中行政强制措施适用的原则、常用的行政强制措施以及行政强制措施适用的条件、对象、程序和应注意的问题等基础知识，熟练掌握道路交通管制、现场管制、命令解散和强行驱散等强制措施的运用，提高学生在处置群体性事件中适用行政强制措施的能力，为今后学生从事治安管理工作和处置处置群体性事件奠定良好的基础。

四、实训内容

（1）道路交通管制的适用；
（2）现场管制的适用；
（3）命令解散的适用；
（4）强行驱散的适用；
（5）强行带离现场的适用；
（6）立即拘留的适用；
（7）收缴的适用。

五、实训场地和器材

（一）实训场地

学院的实训广场内的模拟街区、模拟派出所和模拟拘留所；
实训前任课教师对模拟街区进行相应的布置。

（二）实训器材

（1）便携式宣传工具，宣传资料。
（2）警棍、盾牌、手铐、警笛、警绳、防暴头盔、辣椒喷剂等。
（3）对讲机、警戒带等。
（4）砖头、石头、管制刀具、非法宣传标语横幅等。
（5）人民警察证、居民身份证。
（6）照相机、录像机等。

六、实训步骤、方法与注意问题

（一）实施步骤、方法

（1）学生分组。根据实训需要，对学生进行分组，学生分为现场负责人（1人）、道路交通管制组（2人）、现场管制组（6人）、命令解散组（2人）、强行驱散组（10人）、强行带离现场和立即拘留组（10人）、收缴组（2人），其余学生归为群众组，确定每组负责人。

（2）实训前准备。布置实训场地，准备实训器材，布置实训内容和要求。

（3）群体性事件发生。根据案情要求，模拟一起群体性事件发生，冲击党政机关，出现“打砸抢烧”违法犯罪行为。

（4）警力到达现场。根据群体性事件的发展情况，警力到达现场。

（5）道路交通管制。由现场负责人决定对群体性事件现场周围道路进行交通管制，道路交通管制组开始设置交通管制标志，限制车辆、人员进入管制区域，检查相关证件和物品。

（6）现场管制。由现场负责人决定对群体性事件现场进行现场管制，现场管制组开始设置警戒线，划定警戒区域；封闭现场和相关地区，未经检查批准，任何人不得进入；查验现场人员的身份证件，检查嫌疑人员随身携带的物品；未经批准，任何人不得在事件现场进行录音、录像、拍照、采访、报道、演讲等活动。

（7）命令解散。根据现场指挥人员的指令，命令解散组先对群体性事件参与人员进行劝告，在劝告无效的情况下，利用便携式宣传工具命令解散，责令围观人员立即离开现场，责令聚众组织者立即解散人群，责令聚集的人员在限定时间内迅速疏散。

（8）强行驱散。在命令解散无效的情况下，现场负责人以广播、举牌等方式明确告知聚集群众将采取强行驱散措施，并将告知方式以适当形式记录在案；现场负责人发布强行驱散指令，强行驱散组利用警棍、盾牌、辣椒喷剂等工具对群众进行驱散。

（9）强行带离现场和立即拘留。经过强行驱散，仍有少数群众不离开现场，民警进行劝告，劝告无效后，现场负责人发布强行带离现场指令，强行带离现场组以“品”字型方式将有关人员带离现场送往拘留所进行立即拘留，并且要求强行带离组在12小时内对带离人员进行处理。

（10）收缴。收缴组根据现场指挥人员的指令，对群体性事件中非法携带的武器、管制刀具、易燃易爆等危险物品和用于非法宣传、煽动的工具、标语、传单等物品，予以收缴，并处理有关责任人员。

（11）每组负责人对本组实训情况进行总结。

（12）区队干部对整个区队实训情况进行总结。

（13）任课教师点评，并要求各实训小组提交实训报告。

（二）注意问题

（1）实训主要是要求学生对群体性事件初战过程中行政强制措施适用进行掌握，提高处置群体性事件的能力。

（2）扮演民警进行群体性事件处置的学生必须着警服，可以用学生证代替《人民警察证》。

（3）扮演群体性事件参与人员必须着便服。

（4）整个模拟过程必须要严肃、真实。

（5）教师和考核人员在实训过程中要全程进行监督。

七、实训考核

（一）实训考核要求

（1）严格按照考核标准进行考核。

（2）考核要公平、公正和客观。

（3）实训成绩按一定比例记入期末考核成绩。

（二）实训考核标准

考核模块	考核要点	考核分值	考核得分
知识运用模块	1. 道路交通管制	10	
	2. 现场管制	5	
	3. 命令解散	5	
	4. 强行驱散	10	
	5. 强行带离现场	10	
	6. 立即拘留	5	
	7. 收缴	5	
组织协调模块	8. 人员的分工	5	
	9. 实训器材的准备	5	
	10. 实训中的纪律	5	
	11. 行政强制措施适用的规范	5	
能力培养模块	12. 组织管理能力	10	
	13. 口头表达能力	5	
	14. 武器警械运用能力	5	
	15. 问题处理能力	10	
考核得分合计			

八、思考题

1. 行政强制措施在处置群体性事件过程中的作用有哪些？
2. 强行驱散与强行带离现场的区别是什么？
3. 立即拘留与行政拘留的区别有哪些？

实训项目二十四　群体性事件现场处置

一、基础知识

（一）现场指挥部的组成与权限

1. 人员组成

群体性事件现场处置指挥部主要由以下人员组成：一是指挥人员。现场处置只设一个指挥部的，可根据实际需要设1名指挥员和若干名副指挥员。二是参谋助理人员。正、副指挥员在现场处置中，除亲临现场面对事件主体、指挥处置队伍采取应对措施和组织指挥工作外，大量工作要依靠具有一定专业素质的参谋助理人员协助进行，因此，现场指挥部还应配合一定数量的参谋助理人员。三是保障人员。现场处置的保障工作，主要由通信保障人员、交通保障人员、后勤保障人员、宣传教育保障人员和特种作战保障人员完成。四是机动人员。

2. 指挥权限

现场指挥按照法律和有关规定以及党委、政府、上级公安机关的指示，可以根据现场情况，行使下列职权：

（1）统一组织使用各警种警力、装备和调用其他人员、器械、救护车、宣传车、交通工具、通信工具以及其他物资、装备。

（2）迅速采取控制现场事态的有效管制措施。

（3）迅速采取控制局势、平息事态、恢复正常社会秩序的紧急处置措施。

（二）现场形势的研判

1. 捕获信息

情报信息通过以下方法捕获：现场实地观察了解；详尽询问相关单位和知情人员；询问事件现场附近的公安派出所、治安交通岗亭、巡逻队、居委会或治保会以及其他单位的工作人员；事件现场在技术监控范围的，可调取相关资料观察。

2. 判断形势

现场处置指挥人员要对捕获的信息进行综合分析研判，通过以下几点判断现场形势：群体性事件目前状况；事件主体规模、类型、人员构成、情绪和行为状态；事件现场环境状况；现场围观群众状况；有无危害后果等。

3. 反馈信息

现场处置指挥人员应对研判情况及时作出信息反馈，反馈的方向主要是：对现场处置的准备工作及时进行调整部署；向总指挥部报告，并提出相应建议，为总指挥部决策提供新的依据；布置能够观察现场情况的各种力量继续进行观察；通知有关单位做好准备，如事件现场出现人员伤亡或发生火灾，要通知急救、消防部门。

（三）现场外围的控制

1. 开展宣传教育，耐心疏导思想

思想疏导工作要贯穿群体性事件处置全过程，在现场处置中，尤其要加强这方面的工作。宣传教育是现场处置工作的重要环节之一。运用车载、便携式扩音器材等宣传工具，或通过新闻媒介，讲明党和国家的有关政策法律，开展政治攻势，提出劝告或警告，进行疏导，分化瓦解，消除事件主体的不正常群体意识，引导其走上正确的认识轨道。

2. 依法现场管制

现场管制措施有：封闭现场和相关区域；设置警戒带、隔离设施等，划定警戒区和新闻采访区，隔离围观人员；实施区域性交通管制；守护重点目标；查验现场人员身份证件和随身携带的物品。

（四）现场主体的控制

1. 组织对话，缓解矛盾

对话的基本步骤：摸清情况；选择对话对象；选择对话地点；进行对话。对话的基本内容：宣讲法律、法规，晓以利害；提出劝告或警告，要求其依法行事；明确指出其实施过激行为应当承担的责任和后果；劝其向有关单位、部门反映问题，在法律允许的范围内求得问题的解决途径等。

2. 固定现场证据

现场取证是一项重要工作，其目的是为事后处理事件主体提供真实有力的证据，应予以高度重视。现场取证的工作贯穿于整个处置过程，可采用公秘结合的手段进行。

3. 依法采取强制措施

可采取的强制措施有：责令疏散；强行驱散；强行带离现场或拘留；收缴等。

4. 依法适时抓捕

对群体性事件中涉嫌严重违法犯罪的首要分子和骨干人员，应当选择有利时机，依法打击处理，但一般不宜在事件现场抓捕；确实需要当场抓捕的，应当充分考虑事态发展和现场情势，同时具备以下条件：

（1）抓捕对象的行为已经涉嫌犯罪，并已获取充分证据。

（2）现场局势得到控制，群众情绪趋于平稳，当场抓捕有利于震慑犯罪，教育群众，缓解矛盾，平息事态。

（3）有充足警力确保抓捕成功。

（五）现场舆论的控制

控制现场舆论的目的是瓦解闹事人员、争取围观群众、促使公众了解真相，群体性事件现场处置中常用的现场舆论控制方式有：

（1）有针对性地制定宣传提纲，印制宣传手册，发布法律通告。

（2）运用高音喇叭、宣传车、电台电视台、手机短信、网络等宣传工具，确保正面声音主导群体性事件现场。

（3）在动用警力采取强制措施前，发布命令或通告，明确告知。

（4）政府、公安机关及相关部门及时召开新闻发布会，确保信息公开。

（5）按“有序开放、有效管理”的要求做好采访报道和记者接待工作。

（六）清理现场，恢复秩序，防止反弹

1. 及时解除管制

事态平息后，应及时解除现场管制措施，尽快恢复正常秩序。

2. 妥善处理伤亡

了解伤亡原因、经过等情况，逐人登记造册；对应负有法律责任的伤者，加强监护工作。

3. 谨慎防止反弹

一是事件平息后，现场要留有部分警力实施控制，防止事件主体返回，再次引发事件。二是扩大警务活动范围，加强巡逻盘查。三是对可能再次煽动挑拨及组织策划者，实行严密的、绝对的监控，必要时可依法拘留审查或拘捕。

二、情景设定

2015年5月6日11时许，某县公安局接该县第一人民医院电话报警，称该院患者刘某某（男，65岁）于2小时前心脏病突发入院抢救无效死亡，死者家属目前情绪激动，正在积极酝酿闹事。民警赶赴现场后，发现死者家属已经聚集100多人，在医院急诊楼前搭设灵棚、放鞭炮、放哀乐，并已经与前来阻止的医院工作人员发生冲突，打伤2名工作人员，砸坏医院急诊楼玻璃门及一些医疗设备。少数家属向过往群众散布“医院操作不当致刘某某死亡”之类的言论，个别人甚至通过电话联系电视台记者，要求记者前来采访。

问题：

1. 群体性事件现场指挥部如何建立？

2. 群体性事件的情报信息如何研判？

3. 公安机关应采取哪些应对措施进行该群体性事件现场处置？

三、实训目的

群体性事件现场情况瞬息万变，现场处置不当极易激化矛盾，致使事态扩大。通过实训，可以让学员了解群体性事件现场处置的指挥体系，学会判断现场形势，熟悉事件现场外围的控制、现场主体的控制、现场舆论的控制及现场善后工作，掌握群体性事件现场处置过程中的相关方法和措施，从而提高学生对群体性事件现场处置能力，为今后学生从事治安管理工作和处置群体性事件奠定良好的基础。

四、实训内容

（1）现场指挥部的建立；

（2）现场形势的研判；

（3）现场外围的控制；

（4）现场主体的控制；

（5）现场舆论的控制；

（6）现场善后的处置。

五、实训场地和器材

（一）实训场地

学院的实训广场内的模拟街区、模拟派出所和模拟拘留所。

实训前任课教师对模拟街区进行相应的布置。

（二）实训器材

（1）便携式宣传工具，宣传资料。

（2）警棍、盾牌、手铐、警笛、警绳、防暴头盔、辣椒喷剂等。

（3）对讲机、警戒带等。

（4）砖头、石头、担架、管制刀具、非法宣传标语横幅等。

（5）人民警察证、居民身份证。

（6）照相机、录像机等。

六、实训步骤、方法和应注意的问题

（一）实施步骤、方法

（1）学生分组。根据实训要求，对学生进行分组，学生分为相关单位、警察与群众3大组。其中相关单位组有医院方代表（1人）、上级主管单位领导（1人）和媒体记者（1人）；警察组设现场指挥长（1人）、参谋人员（4人）、情报信息组（2人）、现场秩序维护组（10人）、强制措施组（10人）、主体沟通组（4人）、证据固定组（2人）舆情引导组（4人）；其余学生归为群众组。确定每组负责人。

（2）实训前准备。布置实训场地，准备实训器材，布置实训内容和要求。

（3）群体性事件发生。根据案情要求，模拟一起群体性事件发生，冲击医院，出现“打砸”等违法犯罪行为。

（4）组建现场指挥部。根据群体性事件的发展情况，警力到达现场，并迅速组建现场指挥部。

（5）现场外围的控制。包括：①开展宣传教育，耐心疏导思想。运用多种宣传工具，讲明党和国家的有关政策法律，开展政治攻势，提出劝告或警告，进行疏导。②道路交通管制。道路交通管制的内容主要是限制人员和车辆进出管制区域，限制车辆在管制区域内停留，对进出管制区域人员、车辆和物品进行检查等。③现场管制。由现场指挥部决定对群体性事件现场进行管制，由秩序维护组采取划定警戒区域、守护重点目标、现场查验证件等措施。

(6) 现场主体的控制。包括：①摸准信息。由情报信息组及时向指挥部反馈相关信息。②组织对话。主体沟通组积极与事件主体沟通，组织对话。必要时由上级主管单位领导主持，公安机关组织，院方代表参与，与事件主体进行对话。③证据固定。取证应贯彻整个现场处置过程。证据固定组可采取公密结合的方式固定证据。④命令解散。根据现场指挥人员的指令，利用便携式宣传工具命令解散，责令围观人员立即离开现场，责令聚众组织者立即解散人群，责令聚集的人员在限定时间内迅速疏散。⑤强行驱散。在命令解散无效的情况下，现场负责人以广播、举牌等方式明确告知聚集群众将采取强行驱散措施，并将告知方式以适当形式记录在案；现场负责人发布强行驱散指令，强行驱散组利用警棍、盾牌、辣椒喷剂等工具对群众进行驱散。⑥强行带离现场和立即拘留。经过强行驱散，仍有少数群众不离开现场，民警进行劝告，劝告无效后，现场负责人发布强行带离现场指令，强制措施组将有关人员带离现场送往拘留所进行立即拘留。⑦采取收缴措施，现场民警根据现场指挥人员的指令，对事件中非法携带的武器、管制刀具、易燃易爆等危险物品和用于非法宣传、煽动的工具、标语、传单等物品，予以收缴，并处理有关责任人员。

(7) 现场舆论的控制。包括：舆情引导组运用便携式宣传工具在围观群众中作法律宣传；发放宣传资料；做好媒体记者的接待工作。

(8) 现场善后。现场善后包括：及时解除管制；及时妥善处置伤员；谨慎防止反弹。

(9) 每组负责人对本组实训情况进行总结。

(10) 区队干部对整个区队实训情况进行总结。

(11) 任课教师点评，并要求各实训小组提交实训报告。

(二) 注意问题

(1) 实训主要是要求学生感受群体性事件现场氛围，对群体性事件现场处置进行整体掌握，提高处置群体性事件的实战能力。

(2) 扮演民警进行群体性事件处置的学生必须着警服，可以用学生证代替人民警察证。

(3) 扮演群体性事件参与人员必须着便服。

(4) 整个模拟过程必须要严肃、真实。

(5) 教师和考核人员在实训过程中要全程进行监督。

七、实训考核

(一) 实训考核要求

(1) 严格按照考核标准进行考核。

(2) 考核要公平、公正和客观。

(3) 实训成绩按一定比例记入期末考核成绩。

（二）实训考核标准

考核模块	考核要点	考核分值	考核得分
知识运用模块	1. 现场指挥部组建	5	
	2. 现场形势判断	5	
	3. 现场外围控制	15	
	4. 现场主体控制	10	
	5. 现场舆论控制	10	
	6. 现场善后处置	5	
组织协调模块	7. 人员分工	5	
	8. 实训器材准备	5	
	9. 实训中纪律	10	
能力培养模块	10. 组织管理能力	10	
	11. 口头表达能力	5	
	12. 武器警械运用能力	5	
	13. 问题处理能力	10	
考核得分合计			

八、思考题

1. 对群体性事件现场形势的判断主要包括哪些内容？
2. 对群体性事件主体采取组织对话是否应以公安机关为主？为什么？
3. 固定证据时，哪些情形适合采取公开的方式，哪些情形适合采取秘密的方式？

实训项目二十五　群体性事件处置的战术队形

一、基础知识

（一）群体性事件处置战术队形的概念及人员组成

1. 群体性事件处置战术队形的概念

群体性事件处置的战术队形，是在群体性事件处置过程中特警队员携带防暴盾牌、警棍、防暴枪、催泪瓦斯等装备，对闹事、骚乱、暴乱人群进行驱散、隔离、控制、平息事态时适用的行列组织结构与动作表现形式。

2. 群体性事件处置战术队形的人员组成和装备

特警处置群体性事件基本作战单元是指通过一定的人员编配、装备配置及技战术运用而组成的一线作战实体，特警处置群体性事件基本作战单元警力配置为18人。

（1）重装队员：防护手着盔甲服，内穿特警作战服，扎防暴战术腰带，带电台、“T”形警棍、手铐、胡椒喷罐、防毒面具（图1）；抓捕手和枪手着防爆战术背心、戴防暴头盔，内穿特警作战服，带电台、手铐、胡椒喷罐、防毒面具、灭火器、喊话器、摄像器材、警示旗、医药箱（图2、图3）。

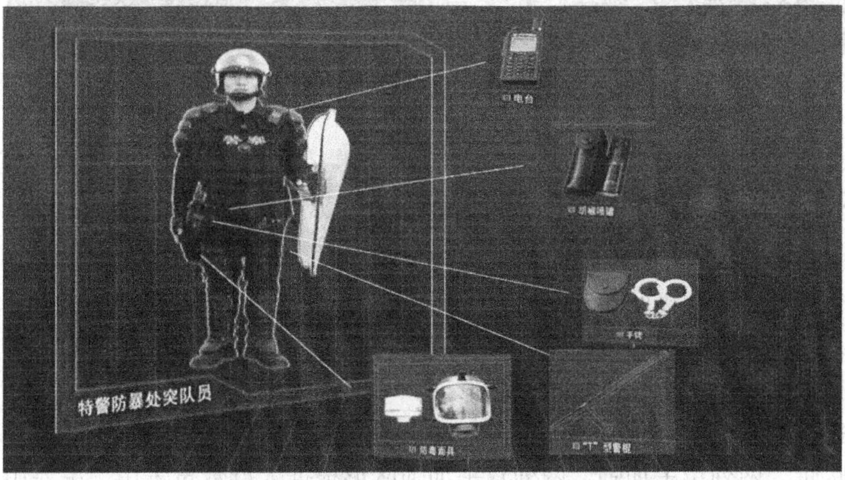

图1

（2）轻装队员：轻装统一着防爆战术背心，内穿特警作战服、作战手套、作战靴和单兵装备（图4）。

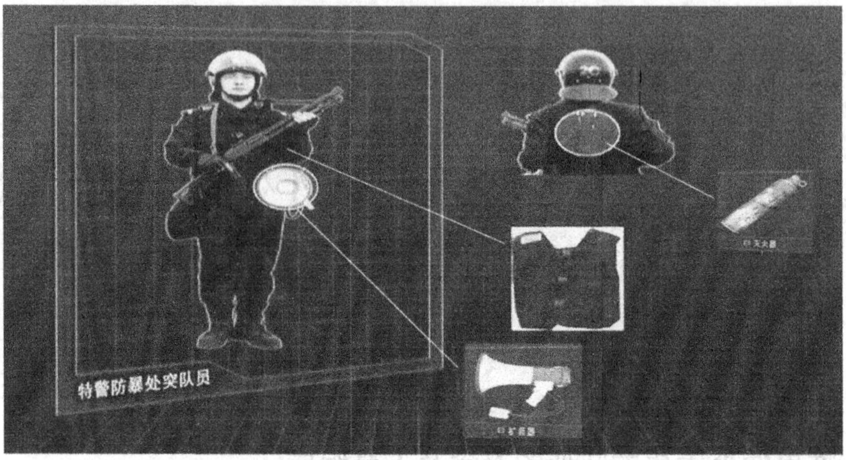

图 2

图 3

（二）群体性事件处置的战术队形的种类

1. 轻装战术队形

轻装战术队形成两列横队，队长在第 2 排第 5 名，副队长在第 1 排第 1 名。（图 5）

轻装战术队形共 6 种，即手挽手队形、双手握腰带队形、单手握腰带队形、两列单手加强队形、两列双手加强队形、推拉抬拽队形。

其中手挽手和双手握腰带队形根据人群的数量采用，主要用于拦阻人群拥挤和冲闯等情况；单手握腰带、两列单手加强、两列双手加强队形根据人群数量采用，主要用于拦阻和疏散人群；推拉抬拽队形主要采取 2 人拉或拽，4 人抬的战术动作，主要用于迅速带离滞留人员维护社会正常秩序。

2. 重装战术队形

重装战术队形成三列横队，第 1、2 排为盾牌手（防护手），第 3 排为防暴枪手和抓捕

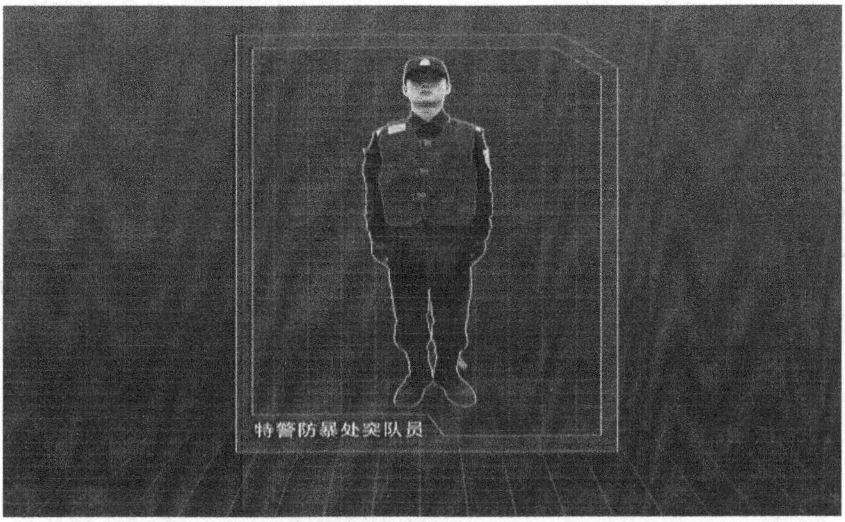

图 4

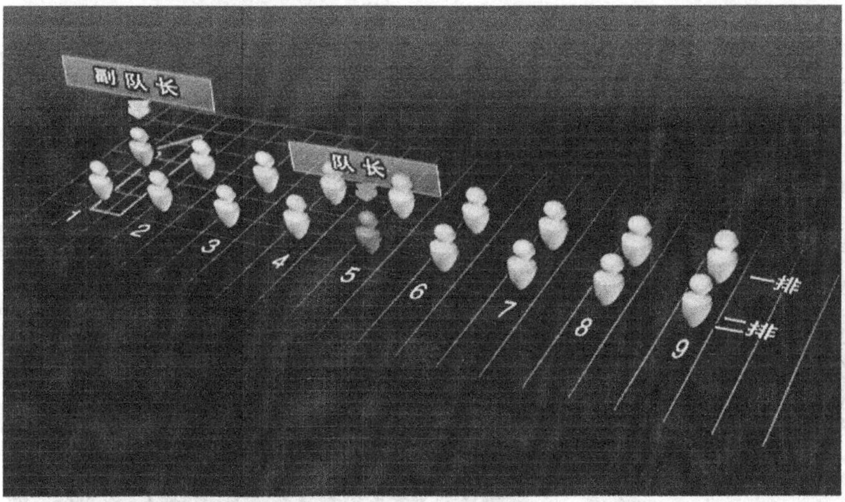

图 5

手，队长在第 3 排第 4 名，副队长在第 1 排第 1 名（图 6）。

重装战术队形共 5 种，即震慑队形、防护队形、高空防护队形、穿插分割队形、包围队形。其中，震慑队形用于警示威慑聚集人群；防护和高空防护队形用于防御投掷物；穿插分割队形用于驱散聚集人群，打开通道护送伤员或重要人员；包围队形用于抓捕闹事重点人员。

(三) 群体性事件处置的轻装战术队形的训练要求

1. 手挽手拦阻队形（图 7）

(1) 在两列横队的基础上，听到“成—手挽手拦阻队形”的口令后，后一列队员左跨半步靠脚，向前 3 步并入第 1 列，同时左脚向前上 1 步站立，手握手（所有队员左手掌心向后，右手掌心向前），目视前方。

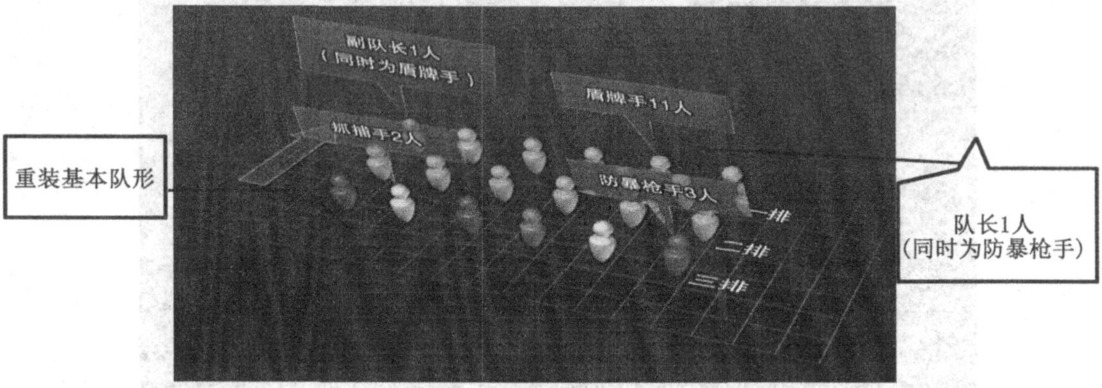

图 6

（2）听到“向前——推进”的口令后，向前推进 5 步。

（3）听到“停”的口令后，恢复立正姿势，第 1 列队员向前 3 步队形恢复成两列，自行看齐。

图 7

2. 双手握腰带拦阻队形（图 8）

（1）在两列横队的基础上，听到“成—双手握腰带拦阻队形”的口令后，后一列队员左跨半步靠脚，向前 3 步并入第 1 列，双手握腰带（每名队员的右手在右侧队员左手后，并握于右侧队员的腰带后方，左手在左侧队员右手前，握于左侧队员腰带后方）同时左脚向前上 1 步站立，目视前方。

（2）听到“向前——推进”的口令后，向前推进 5 步。

（3）听到“停”的口令后，恢复立正姿势，第一列队员向前 3 步队形恢复成两列，自行看齐。

3. 单手握腰带拦阻队形（图 9）

（1）在两列横队的基础上，听到“成—单手握腰带拦阻队形”的口令后，后一列队

图 8

员左跨半步靠脚，向前 3 步并入第 1 列，每名队员的右手在后，握于右侧队员的腰带后方，左手置于左胸前，掌心向内推出手臂，大臂与小臂成100 度角，同时左脚向前上 1 步站立。

(2) 听到“向前——推进”的口令后，向前推进五步，左脚上步时左手掌心翻转向前推，右脚上步时左手掌心向内收回，每步喊口号“闪开”；5 步结束后，左脚上 1 步站立，左手掌心向外正直推出，同时喊“嗨”。

(3) 听到“停”的口令后，恢复立正姿势，第一列队员向前三步队形恢复成两列，自行看齐。

图 9

4. 两列单手加强拦阻队形（图 10）

（1）在两列横队的基础上，听到“成—单手加强拦阻队形”的口令后，后一列队员向前上 1 步靠脚后，两列队员同时左脚向前 1 步，前一列队员左手置于左胸前，掌心向内推出手臂，大臂与小臂成 100 度角，同时左脚向前上 1 步站立，后一列队员左手推抵对应的前列队员后背。

（2）听到“向前——推进”的口令后，向前推进 5 步，前列队员左脚上步时左手向前推，右脚上步时左手掌心向内收回，每步喊口号“闪开”，5 步结束后，左脚上 1 步站立，左手掌心向外正直推出，同时喊“嗨”。两列推进时，动作要统一协调。

（3）听到“停”的口令后，恢复立正姿势，第一列队员向前上 1 步队形恢复成两列，自行看齐。

图 10

5. 两列双手加强拦阻队形（图 11）

（1）在两列横队的基础上，听到“成—双手加强拦阻队形”后，一列队员左脚向前上 1 步靠脚后，两列队员同时左脚向前 1 步，前一列队员双手置于胸前掌心向外正直推出，后一列队员双手推抵对应的前列队员后背。

（2）听到“向前——推进”的口令后，向前推进 5 步，前列队员左脚上步时左手向前推，右脚上步时左手收回，每步喊口号“闪开”，5 步结束后左脚上 1 步站立，同时喊“嗨”。两列推进时，动作要统一协调。

（3）听到“停”的口令后，恢复立正姿势，第一列队员向前上 1 步队形恢复成两列，自行看齐。

6. 推拉抬拽处置队形（图 12、图 13、图 14、图 15、图 16、图 17）

在两列横队的基础上，后列右边（前）4 名负责推、抬，左边（后）4 名分成两组负责拉、拽。完成推抬动作时，4 人要同时用力，同时起立，可有 1 人下达“起”口令。

图 11

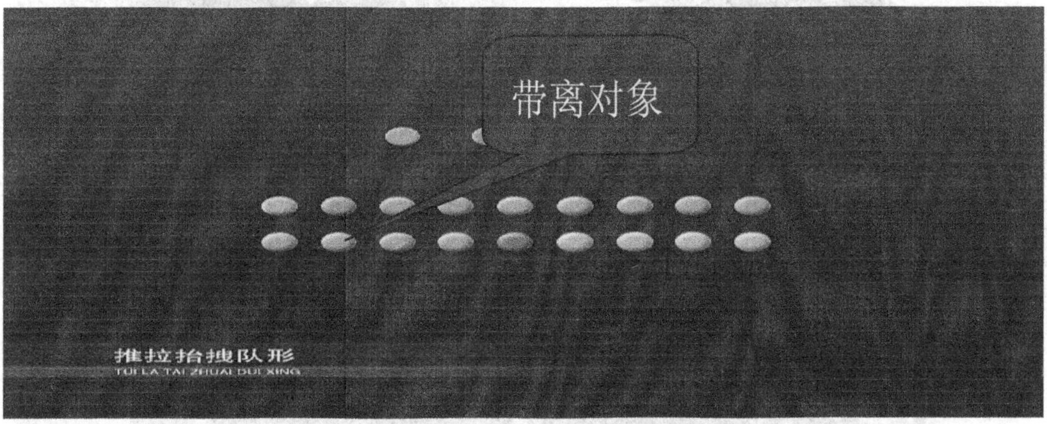

图 12

推抬动作：4 名队员出列后，前两名分别向对方身体左右两侧上步，一侧队员左手抓对方右手腕关节，左手推挤对方肩部使其倒地，同时右脚上步下蹲，右小臂从对方右腋下穿过上挑，挟抱其臂，以左臂下压右臂上挑之合力，将对方重心上移，另一侧队员同时进行，方向相反。后两人分别向对方左右脚外侧上步下蹲，一侧队员用右手按压对方右脚脚面，同时左小臂从对方右腿膝关节下穿过上挑，挟抱其腿，以右臂下压左臂上挑之合力将对方重心上移，另一侧队员同时进行，方向相反，而后 4 人同时起立，将其迅速抬离。

拉拽动作：当对方面对民警时，两名队员出列后，分别向对方身体两侧上步，一人右手抓住对方左手腕关节，左手从对方左臂腋下穿过上挑，挟抱其臂，以右手下压左臂上挑之合力，将对方重心上移，另一侧队员同时进行，方向相反，而后两人将其迅速带离。当对方背对民警时，两名队员出列后，分别向对方身体两侧上步，一人右手抓住对方右手腕关节，左手从对方右臂腋下穿过上挑，以右手下压左臂上挑之合力，将对方重心上移，另一侧队员同时进行，方向相反，而后两人同时将其迅速带离。

图 13

图 14

图 15

图 16

图 17

（四）群体性事件处置的重装战术队形的训练要求

1. 震慑队形（图18）

（1）在3列横队的基础上，听到“成—震慑队形”口令后，第2列队员左跨1步靠脚，向前3步并入第1列，靠脚的同时所有盾牌手成预备势，同时喊“嗨”。

（2）听到“向前——推进”的口令后，盾牌手敲击盾牌的右上侧向前推进五步，成预备势，同时喊“嗨”；第3列队员向前走5步，成立正姿势。

（3）听到“停”的口令后，第一列队员向前3步队形恢复3列，自行看齐。

图18

2. 防护队形

（1）在3列横队的基础上，听到“成—盾牌防护队形”的口令后，前两列队员成预备势，同时喊“打”。

（2）听到“预备”的口令后，第1列下蹲，盾牌贴近身体垂直地面，第2列上左步，将盾牌搭于第1列盾牌上方，形成盾牌防护墙，第3列迅速上步，半蹲掩藏在防护墙后（图19）。

（3）听到“停”的口令后，前两列迅速恢复预备势，后列恢复立正姿势，听到“停”的口令后，成站立姿势，3列自行看齐。

3. 高空防护队形

（1）在3列横队的基础上，听到“成—高空防护队形”的口令后，第1列第1名和第6名后撤到第2列，第2列的第1、2、5、6名后撤形成第3列，同时3列盾牌手将盾牌横向举过头顶，形成盾牌墙，原第3列人员迅速穿入到盾牌墙底部（图20）。

（2）听到“向前——推进”的口令后，所有人员向前推进5步，同时喊“嗨”。

（3）听到“停”的口令后，穿入到盾牌墙的人员迅速撤出，3列盾牌墙迅速成两列横队恢复预备势，后列恢复立正姿势，听到“停”的口令后，成站立姿势，3列自行看齐。

图 19

图 20

4. 穿插分割队形（图 21）

（1）在两列横队的基础上，听到“成—穿插分割队形”的口令后，第 1 列队员中间分开向内侧转体，成 2 列纵队喊“杀”向前跑进，听到“停”的口令后，向外侧转体成格斗势，同时喊“打”。

（2）听到“向前——推进”的口令后，盾牌手敲击盾牌右上侧成扇形向前推进 9 步，成格斗势，同时喊“打”。在推进的过程中，队长下达“齐步—走”的口令，第 3 列队员向前走 7 步，成立正姿式。

（3）听到“停”的口令后，第 1 列队员恢复站立姿势，两列自行看齐。

5. 包围队形

（1）在两列横队的基础上，听到“成—包围队形”的口令后，第 1 列队员从中间分开

图 21

分别向外侧转体。

（2）当听到“前进”的口令后，第 1 列队员排头、排尾同时向前跑进，实施包围，后列 3 名盾牌手跟上形成环状，听到“停”的口令后，盾牌手向内成预备势，喊“打”。抓捕手、枪手成一列自行看齐。（图 22）

图 22

（3）抓捕手在包围圈外进行摄录像，取证、救护工作。

（4）听到“成—原队形”的口令后，盾牌手恢复站立姿势，听到“靠拢”的口令后，迅速成原队形集合，自行看齐。

二、情景设定

2005年6月26日14时40分，安徽省池州市城区翠柏路菜市场门口，4名乘车者与行人刘亮发生争执，将刘亮殴打致伤，引发群众不满。当地派出所把4名打人者带至派出所进行处理。在少数不法分子的造谣煽动下，一些不明真相的群众在九华路派出所门前聚集，要求派出所交出车上4人。随后，不明真相的群众越聚越多，在少数不法分子的煽动下，打砸抢烧，造成多名武警官兵和公安民警受伤，4辆车被毁，九华路派出所门窗被砸，一家超市被抢。事件引发了大量群众围观。

问题：

1. 这是一起什么性质的事件？这类事件具有哪些特点？
2. 公安机关应采取哪些措施？
3. 假如你就是当时处理事件的民警，应采取哪些战术队形处置？

三、实训目的

群体性事件处置的战术队形实训是指在学校控制状态下，按照治安管理专业人才培养目标，对学生进行处置群体性事件实战应用能力训练的教学过程。实训教学当中，通过运用讲解演示、单项训练、对抗训练和实战演练等多样化的教学手段和方法，使学员了解群体性事件处置战术队形的基本内容，理解群体性事件处置战术队形在警务实战中的作用，掌握各种群体性事件处置战术队形的特点、编成要求和适用情形，熟练掌握群体性事件处置战术队形的编成，能够针对不同的群体性事件现场运用不同的战术队形进行处置，为以后参与群体性事件现场处置工作积累经验。

四、实训内容

（一）轻装战术队形实训

（1）手挽手队形、双手握腰带队形实训，主要用于拦阻人群拥挤和冲闯等情况。

（2）单手握腰带队形、两列单手加强队形、两列双手加强队形实训，主要用于拦阻和疏散人群。

（3）推拉抬拽队形实训，主要用于迅速带离滞留人员，维护社会正常秩序。

（二）重装战术队形实训

（1）震慑队形实训，用于警示威慑聚集人群。

（2）防护和高空防护队形实训，用于防御投掷物。

（3）穿插分割队形实训，用于驱散聚集人群，打开通道护送伤员或重要人员。

（4）包围队形实训，用于抓捕闹事重点人员。

五、实训场地、器材

(一) 实训场地

学院实训广场

(二) 实训器材

(1) 轻装统一穿特警作战服、作战靴，着防爆战术背心，戴作战手套和单兵装备。

(2) 重装防护手着盔甲服，内穿特警作战服，扎防暴战术腰带，带电台、“T”形警棍、手铐、胡椒喷罐、防毒面具；抓捕手和枪手着防暴战术背心、戴防暴头盔，内穿特警作战服，带电台、手铐、胡椒喷罐、防毒面具、灭火器、喊话器、摄像器材、警示旗、医药箱。

六、实训步骤、方法与注意问题

群体性事件处置战术队形实训教学形式为实际操作训练，组织方式为分班练习和集体练习；主要教学环节是准备阶段、实施阶段、结束阶段。

1. 准备阶段（包括整队报告、下达科目和准备活动的实施）

(1) 练习分组：群体性事件处置战术队形实训分 2 组，其中，一组扮演群众 10 人，二组扮演警察组 40 人，共 50 人。

(2) 人员分工：一组扮演群众 10 人，其中策划人员 1 名，闹事骨干 3 名，其余为围观人群；二组扮演警察组 40 人，推选指挥长 1 人，由指挥长指定助手、处置小组长若干名。

(3) 注意的问题：严格遵守训练场纪律，不准嬉笑打闹；认真听讲，仔细领会动作要领；爱护装备，防止丢失、损坏。

2. 实施阶段（包括对于动作要领的讲解和示范、练习的组织）

(1) 练习操作要点：轻装战术队形共 6 种，其中，手挽手和双手握腰带队形根据人群的数量采用，主要用于拦阻人群拥挤和冲闯等情况；单手握腰带、两列单手加强、两列双手加强队形根据人群数量采用，主要用于拦阻和疏散人群；推拉抬拽队形主要采取 2 人拉或拽，4 人抬的战术动作，主要用于迅速带离滞留人员维护社会正常秩序。

(2) 练习操作要点：重装战术队形共 5 种，其中，震慑队形用于警示威慑聚集人群；防护和高空防护队形用于防御投掷物；穿插分割队形用于驱散聚集人群，打开通道护送伤员或重要人员；包围队形用于抓捕闹事重点人员。

3. 结束阶段（包括对学生掌握程度的检查、指出存在问题和需要改进的方面）。

七、实训考核

(一) 实训考核要求

1. 群体性事件处置战术队形考核方法

确定考核动作，编制动作流程，实施操作考核。

2. 群体性事件处置战术队形考核要求

（1）按照指挥员的口令迅速移动变换队形，列与列之间的间隔距离要适当，利于每个队员连接处置动作。

（2）队形展开的速度要快，同时还要保持战术动作，不能左顾右盼，眼睛始终目视前方。

（3）多个处置动作衔接得要有序，速度要快，同时指挥员要根据情况作出调整。

（二）实训考核标准

考核模块	考核要点	考核分值	考核得分
知识运用模块	1. 处置战术队形种类	5	
	2. 处置战术队形人员组成和装备	5	
	3. 处置战术队形训练的目的和意义	5	
	4. 处置战术队形训练的基本要求	5	
	5. 处置战术队形训练的动作、口令	10	
	6. 处置战术队形训练的动作标准	5	
	7. 处置战术队形训练总结	5	
组织协调模块	8. 处置战术队形训练人员的分工、着装	10	
	9. 处置战术队形训练器材的准备	5	
	10. 处置战术队形训练中的纪律	10	
	11. 处置战术队形训练的规范	10	
能力培养模块	12. 处置战术队形选择	10	
	13. 实战意识	5	
	14. 应变能力	5	
	15. 问题处理能力	5	
考核得分合计			

八、思考题

1. 轻装战术队形分为哪几种？有何功效？
2. 拦阻人群拥挤和冲撞时应注意哪些问题？
3. 驱散聚集人群时如何运用好穿插分割？

实训项目二十六　公共安全危机管理应急预案的制定与演练

一、基础知识

(一) 应急预案

应急预案是突发公共事件应对的原则性方案，是突发公共事件应急管理的行动指南，它规定了危机反应行动的具体目标，以及为实现这些目标所做的所有工作安排。应急预案制定的好坏，关系到整个危机事件处理能否顺利、有效地进行。

1. 应急预案制定的法律依据

制定公共安全危机应急预案并进行演练的法律依据是《国家突发公共事件总体应急预案》和《中华人民共和国突发事件应对法》及有关法律、行政法规。

2. 应急预案的类型

应急预案的类型主要包括：

(1) 按照事件的发生机理、性质、管辖权等，可以分为自然灾害、事故灾难、社会安全事件、公共卫生事件四大类。

(2) 按照预警等级，可以分为一般（四级、预警分级颜色为蓝色）、较重（三级、预警分级颜色为黄色）、严重（二级、预警分级颜色为橙色）、特别严重（一级、预警分级颜色为红色）四个等级。

(3) 按照政府的级别，可以分为国家级、省（市、自治区）级、地（市）级、县、乡、街道办事处等若干级别。

(4) 按照制定的主体不同，可以分为政府、军队、社区、企业事业单位的应急预案。

3. 应急预案体系

举办大型会展和文化体育等重大活动应急预案；单位（社区）应急预案；地方应急预案（包括省级人民政府的总体应急预案、专项应急预案和部门应急预案；各市（地）、县（市）人民政府及其基层政权组织的应急预案；突发公共事件部门应急预案；突发公共事件专项应急预案；国家总体应急预案。

4. 应急预案制定的原则

包括完整性原则；预见性原则；主动性原则；可操作性原则；时间性原则。

5. 应急预案应体现的指导思想

以人为本、减少危害；居安思危、预防为主；统一领导、分级负责；依法规范、加强管理；快速反应、协同应对；依靠科技、提高素质。

6. 应急预案制定的过程及制定前应考虑的问题

通过调查与情报分析，确定潜在的公共安全危机问题；设计解决问题的可能性方法和选择；在制定战略决策的基础上，进一步研究与确定危机发生时的行动计划等。应急预案的制定过程实际上是一个危机信息的获得、整理和使用过程，在这个信息平台上，危机事件很大程度上得到预防和化解。

制定预案前应考虑以下问题：

（1）所在地区、单位、场具有哪些潜在危险。

（2）具有潜在危险的地区、单位、场所一旦发生公共安全危机事件，哪些人将会受到影响；

（3）是否有应急处置所需的人力资源。

（4）参与应急处置的机构与组织各自职责是什么。

（5）哪些机构与组织承担社会心理安慰与照顾的责任。

（6）如果不作为，将会产生什么后果（社会危害、法律责任等）。

（7）应急处置的经费是否有保障。

（8）参与应急处置的各部门和机构如何相互协作。

7. 应急预案的内容

应急预案的内容包括：

（1）确定危机的等级。公共安全危机大致可以分为四级：一般危机情况、较大危机情况、重大危机情况、特大危机情况。

（2）确定应急预案的基本目标：人员的安全；财产的保护；秩序的控制与恢复；实现分级与分类管理。

（3）明确方案执行规划。主要包括制定实现目标的一系列行动；制定纪律、颁布法令，以确保目标实施等。实现目标的一系列行动包括：明确参与部门的目标（任务分配）、职责及其性质与范围；明确执行计划的具体方法或方法体系等。

（4）确定预算范围。主要包括该等级危机事件处理工作的内容（包括现场、支援系统、救援系统等）及人员分配与调动；该等级事件处理过程特别是现场部分可能动用的物资装备；计算每一行动需要的时间及完成目标所需的时间总量；危机后重建所需的大概资金等。

8. 制定应急预案应注意的问题

预案制定要有弹性；制定不同的危机处理备选方案；要充分利用外部资源；信息要全面；权变性预案要与部分性预案相结合；预案要不断修改调整。

（二）应急演练

应急演练是让来自多个机构、组织或群体的人员针对假设事件，执行实际紧急事件发生时各自职责和任务的排练活动，是评价应急预案准确性的关键措施，演练的过程也是参演和参观人员的学习和提高的过程。应急演练检验应急预案是否科学合理、是否符合实际情况，包括预案中制定的处置危机事件的工作计划在什么状况下启动，启动以后参与处置部门怎样组织实施，怎样落实各方面的实际行动，怎样协调各单位、各部门的行动，以及怎样做好后勤保障工作等环节。

1. 应急演练的法律依据

公共安全危机应急演练的法律依据是《突发事件应对法》及有关法律、行政法规。其中《突发事件应对法》第28条 明确规定：“中国人民解放军、中国人民武装警察部队和民兵组织应当有计划地组织开展应急救援的专门训练。”第29条规定：“县级人民政府及其有关部门、乡级人民政府、街道办事处应当组织开展应急知识的宣传普及活动和必要的应急演练。居民委员会、村民委员会、企业事业单位应当根据所在地人民政府的要求，结合各自的实际情况，开展有关突发事件应急知识的宣传普及活动和必要的应急演练。”

2. 应急演练的目的和作用

（1）应急演练的目的。验证应急预案的整体或关键性局部是否可能有效地付诸实施；验证预案在应对可能出现的各种紧急事件方面所具备的适应性；发现预案需要进一步完善和修正的地方；检验应急参与机构和组织相互之间的协调和配合能力，是否已经熟悉并履行了各自的职责；检验应急管理各主要环节的衔接情况；提高公众应对危机的素质及应急救援的启动能力。其核心目的就是让参与处置的各单位、各部门，乃至每个人更好地理解预案，更好地检验预案，进而提高对公共安全危机事件处置工作的整体水平。

（2）应急演练的作用。评估组织应急准备状态，发现并及时修改应急预案、执行程序、行动核查表中的缺陷和不足；评估组织应急能力，识别资源需求，澄清相关机构、组织和人员的职责，改善不同机构、组织和人员之间的协调问题；检验应急响应人员对应急预案、执行程序的了解程度和实际操作技能，评估应急培训效果，分析培训需求；同时，作为一种培训手段，通过调整演练难度，进一步提高应急响应人员的业务素质和能力；促进公众、媒体对应急预案的理解，争取他们对应急工作的支持。

3. 应急演练的方式

（1）桌面演练。桌面演练是指由危机管理组织的代表或关键岗位人员参加的，按照应急预案及其标准运作程序，讨论危机事件时应采取行动的演练活动。桌面演练的主要特点是对演练情景进行口头演练，一般是在会议室内举行非正式的活动。主要作用是在没有时间压力的情况下，演练人员在检查和解决应急预案中的问题的同时，获得一些建设性的讨论结果。主要目的是在友好、较小压力的情况下，锻炼演练人员解决问题的能力，以及解决应急组织相互协作和职责划分的问题。

（2）功能演练。功能演练是指针对某项应急响应功能或其中某些应急响应活动举行的演练活动。功能演练一般在应急指挥中心举行，并可同时开展现场演练，调用有限的应急设备，主要目的是针对应急响应功能，检验应急响应人员以及危机管理体系的策划和响应能力。

（3）全面演练。全面演练是指针对应急预案中全部或大部分应急响应功能，检验、评价应急组织应急运行能力的演练活动。全面演练一般要求持续几个小时，采取交互式进行，演练过程要求尽量真实，调用更多的应急响应人员和资源，并开展人员、设备及其他资源的实战性演练，以展示相互协调的应急响应能力。

4. 演练方案

应急演练之前需编写演练方案，演练方案应以演练情景设计为基础。演练情景是指对假想事件按其发生过程进行叙述性的说明，情景设计就是针对假想事件的发展过程，设计出一系列的情景事件，包括重大事件和次级事件，演练情景中必须说明何时、何地、发生何种事件、被影响区域、气象条件等事项。情景设计过程中，应急小组应考虑如下注意事项：

（1）编写演练方案或设计演练情景时，应将演练参与人员、公众的安全放在首位。

（2）负责编写演练方案或设计演练情景的人员，必须熟悉演练地点及周围各种有关情况。

（3）设计演练情景时应尽可能结合实际情况，具有一定的真实性。

（4）情景事件的时间尺度可以与真实事件的时间尺度相一致。

（5）设计演练情景时应详细说明气象条件，如果可能，应使用当时当地的气象条件，必要时也可根据演练需要假设气象条件。

（6）设计演练情景时应慎重考虑公众卷入的问题，避免引起公众恐慌。

（7）设计演练情景时应考虑通信故障问题，以检测备用通信系统。

（8）设计演练情景时应对演练顺利进行所需的支持条件加以说明。

（9）演练情景中不得包含任何可降低系统或设备实际性能，影响真实紧急事件检测和评估结果，减损真实紧急事件响应能力的行动或情景。

以消防演练方案为例，演练方案的内容包括：

（1）确定演练的内容包括：

①报警与接警。

②初期火灾的扑救。

③人员的逃生、自救、疏散和重要物品的转移。

④火灾现场的安全保卫。

（2）划分演练的阶段如下：

①进行学习动员。

②成立演练领导组织机构，明确责任，严格组织实施演练活动，确保演练活动顺利完成，达到预期效果。如消防演练可分为指挥组；灭火组；接水组；抢救组；警戒组；保障组。

（3）组织演练。请公安和消防部门的同志来校，讲解消防知识及演练过程中的注意事项，并在消防队的指导下进行演练。

（4）总结汇报。演练结束后，各部门要对演练进行总结，针对演练中出现的问题要及时上报并进行整改。

二、情景设定

2008年11月14日6时13分许，上海商学院宿舍楼一宿舍违规使用“热得快”发生火灾，大火将宿舍楼走道和阳台封闭，4名女生被大火围困，被逼跑到东面的阳台上，4名女生情急下先后从6楼跳下身亡。

问题：

1. 大学宿舍消防安全问题有哪些？

2. 在大学宿舍发生火灾如何进行安全疏散？

三、实训目的

公共安全危机应急预案的制定及演练在危机事件的应对过程中意义重大。通过实训，让学生掌握应急预案的制定原则、内容及应注意的问题；熟练掌握模拟灭火和高空缓降等实训项目中所涉及的各种消防器材的性能和操作要点，掌握火灾中基本的自救和逃生方法；提高学生处置危机事件的能力，为将来指导企事业单位和社区进行公共安全危机应急预案的制定和演练、保障公共安全奠定良好的基础。

四、实训内容

（1）大学生宿舍安全疏散应急预案的制定；

（2）消防演练的内容。

①报警。

②初期火灾的扑救。

③人员的逃生、自救、安全疏散。

五、实训场地和器材

（一）实训场地

学院的学生宿舍；省防灾教育馆模拟报警、模拟灭火、高空缓降和模拟逃生实训室。

（二）实训器材

（1）模拟报警电话台。

（2）高空缓降器、消防软梯、缓降麻绳、窗帘布绳。

（3）模拟逃生疏散通道、应急照明灯、烟幕弹、手帕等。

（4）室内消火栓、模拟灭火水枪、电子模拟火灾屏等。

（5）照相机、录像机等。

六、实训步骤与注意问题

（一）实施步骤

（1）进行实训前的动员，通知实训时间、地点（省防灾教育馆）及辅助实训教师。

（2）对学生进行分组。每个区队学生分为四组，学生干部分别担任每组的组长兼现场负责人。

（3）实训前准备。任课教师与省防灾教育馆工作人员联系，布置实训场地，准备实训器材，布置实训内容和要求。

（4）观看案例视频。组织全体学生到防灾教育馆 1 楼大厅观看国内外灾害事故典型案例视频资料，了解当前重大灾害事故（特别是火灾事故）发生的基本情况。

（5）熟悉消防器材。组织学生到防灾教育馆 2 楼陈列室边参观消防器材装备边听防灾教育馆老师讲解。

（6）报警、灭火、缓降、逃生演练。组织学生到 3 楼实训室进行模拟演练。听从防灾教育馆老师的安排，分组依次轮流进行火灾模拟报警、模拟灭火、高空缓降和模拟逃生等演练。

（7）实训总结。实训结束后，每组负责人组织本组同学对实训情况进行总结，每个小组提交1份实训报告，每个学生写1篇实训总结。

（8）教师点评。任课教师对演练进行点评、总结，针对演练中出现的问题进行整改纠错。

（二）注意事项

（1）要求学生遵守纪律、不得擅自单独活动，要求学生统一着装。

（2）整个实训过程必须严肃、认真；在防灾教育馆服从工作人员指挥，不得嬉戏打闹、不得损坏器材。

（3）注意安全，各组组长负责清点人数、不得请假上街办私事，所有学生必须按时返程。

（4）教师和考核人员在实训过程中要全程进行监督。

七、实训考核

（一）实训考核要求

（1）严格按照考核标准进行考核。

（2）考核要公平、公正和客观。

（3）实训成绩作为一次平时作业、按一定比例记入期末考核成绩。

（二）实训考核标准

考核模块	考核要点	考核分值	考核得分
知识运用模块	1. 大学生宿舍安全疏散应急预案的制定	30	
	2. 火灾模拟报警	5	
	3. 模拟灭火	5	
	4. 高空缓降	5	
	5. 模拟逃生	5	
组织协调模块	6. 人员的协调、分工	5	
	7. 实训器材的准备	5	
	8. 实训中的纪律	5	
能力培养模块	9. 口头表达能力	10	
	10. 器材运用能力	10	
	11. 组织管理能力	5	
	12. 问题处理能力	10	
考核得分合计			

八、思考题

1. 一个完整的报火警电话应包括哪些内容？报火警时最重要的是要讲清楚什么？
2. 人在疏散逃生时的注意事项有哪些？

实训项目二十七　初起火灾扑救与安全疏散

一、基础知识

（一）火灾初起阶段的特点

火灾按照发展过程，可以分为初起阶段、发展阶段、猛烈阶段和熄灭阶段。其中，初起阶段一般是在火灾发生前几分钟内，燃烧面积不大，火焰不高，辐射热不强，烟气流动缓慢。这一阶段的火灾如果发现及时，用较少的人力和简易的灭火工具就能扑灭。假如火灾到了发展阶段以后，燃烧面积增大，热辐射增强，烟气对流加快，火灾温度升高，就难以扑救。

（二）火灾报警

火灾发生以后，任何单位和个人都有义务迅速准确地向消防队报告火警。全国统一的火警电话为“119”，拨通电话后，要准确地讲清楚以下内容：着火的具体地点或者单位，旁边有什么明显特征，着火的部位和物质，火燃的大小和范围，有无被困人员等，并立即派人在交叉路口等候消防车，开启移动电话随时与消防队保持联系。任何单位和个人都应给火灾报警人员提供方便，不准收取费用，通迅部门应顾全大局，优先传递火灾报警信息，不得延误。

（三）初起火灾扑救方法

1. 冷却灭火法

冷却灭火法是将具有冷却作用的灭火剂直接喷射到燃烧物体上，使可燃物的温度降到燃点以下，从而使燃烧停止的方法。具有冷却作用的灭火剂主要是水，一般固体物质如棉麻、稻草、木材、纸张、煤炭等物质都可以用水来冷却灭火。水除了灭火外，还可以冷却燃烧点附近未着火的可燃物，防止其达到燃点而着火。还可以用水冷却建筑构件、设备或者容器等，以防止其受热变形或者爆炸。

2. 隔离灭火法

隔离灭火法是将正在燃烧的物质与附近未燃烧的可燃物隔开，通过中断可燃物的供给从而使燃烧停止的方法。隔离灭火法的主要具体措施有：将火源附近的可燃、易燃或者助燃的物品搬离火场；关闭可燃气体、液体管路的阀门，防范可燃物进入燃烧区域范围；划分隔离带阻拦液体流淌；拆除与火源毗连的建筑物等。隔离灭火法适用于扑救各种固体、液体和气体的火灾。

3. 窒息灭火法

窒息灭火法是采取措施阻止空气进入燃烧区，或者用惰性气体稀释空气中的氧含量，从而使燃烧物因缺氧而熄灭的方法。运用窒息灭火法扑救火灾的具体措施有：采用湿麻袋、黄土、沙包等不燃烧或者难燃烧材料覆盖燃烧物；用水蒸气、惰性气体（如二氧化碳、氮气等）充入燃烧区域；利用建筑物上原有的门窗来封闭燃烧区，阻止新鲜空气进入；用水淹没可燃特等方法进行扑救。窒息灭火法适用于扑救封闭式的空间及容器内的火灾。

4. 抑制灭火法

抑制灭火法就是根据游离基链锁反应机理，将有抑制作用的灭火剂喷射到燃烧区，并参加到燃烧反应过程中去，使燃烧反应过程中产生的游离基消失，形成稳定的分子或者低活性的游离基，从而终止燃烧反应。

（四）灭火器的使用

灭火器的种类很多，一般单位和场所大多配置的是手提式干粉灭火器。下面以手提式干粉灭火器为例，简单介绍灭火器的使用方法。使用时，应手提灭火器的提把，迅速赶到火场，在距离起火点5米左右处，放下灭火器。使用前先把灭火器上下颠倒几次，使筒内干粉松动。拔下保险销后，一只手用力按下压把，另一只手握住喷嘴，对准燃烧物质的根部扫射扑救火灾。使用时应注意：始终保持灭火器的直立状态，不能横卧或颠倒，否则不能喷粉；在室外使用时应选择在上风方向喷射；扑救地面油火时要由近而远向前平推，左右横扫；人身上着火时，不能使用干粉灭火器扑救。

（五）火场安全疏散

1. 人员疏散

发生火灾之后，应坚持救人第一原则，立即组织人员疏散。在火场逃生人员较多、疏散困难的情况下，首先通知出口附近或者最不利位置的人员进行疏散，然后酌情公开通报，让全体人员疏散。在安全出口和疏散通道畅通，应急照明、事故广播和防排烟系统等安全设施工作正常时，可开启消防广播，应用镇定的语气说明起火的部位、火势蔓延的情况以及正确的逃生路线和方法，防止引起在场人员的恐慌而导致混乱，影响顺利疏散。人员疏散一定要有序进行，具有消防安全管理职责的工作人员应当组织和引导人员疏散。火场疏散先后顺序是：首先是逃生能力较差的老弱病残人员，其次是一般的观众、顾客等，最后是现场的工作人员。

2. 财物疏散

在确保人身安全条件下，应当组织人员抢救火场财物。在组织财物疏散转移当中，应注意以下事项：

（1）对被火势威胁的财物能就地保护的，为节约人力和时间可不必转移或疏散。

（2）对被火烧毁会造成重大损失或遇火后会引起火势扩大的物资，要及时疏散预案，妨碍接近火源、影响灭火行动的物资也应转移，比如易燃易爆品、液化石油气罐等。

（3）疏散应有组织、有秩序地采取流水作业方法进行，以此提高财物疏散效率。

（4）已经疏散到安全地带的财物，应放在火场的上风方向或者地势较高的地方，同时不能影响灭火作战；派人看护已经疏散出来的财物，防止哄抢、流失。

（5）搬运易燃易爆物品，应注意避震、避热、避明火，并做好标记，格外严加看管。对遇水燃烧的物质，应避免与水接触。对遇水会影响其功能或者会造成一定损失的财物，可用防水篷布遮盖，再往上面射水。

3. 逃生自救

发生火灾时情况紧急，险象环生，被困火场人员若想顺利逃生，关键在于平时熟知消防安全知识，懂得逃生自救的方法。出门在外，要善于观察自己所处的环境，记住安全出口、消防通道、避难间的位置。一旦遇到火灾，沉着不慌，冷静对待，根据实际条件采取正确方法逃离火场。被困火场时，一般可采取匍匐前进法、冲离火场法、楼梯转移法、巧用地形法等方法进行逃生自救。特别强调的是，火场跳楼逃生一定要慎重，不到万不得已时不要跳楼。跳楼时，要选择较低的地面作为落脚点，并将席梦思床垫、沙发垫、厚棉被等抛下做缓冲物。如果楼梯已经烧断或者被封堵住，就应当利用门窗、阳台、水落管或者竹竿等逃生。家中有绳索的，可直接将其一端拴在门、窗档或重物上沿另一端爬下。或者把床单、被罩或窗帘等撕成条或拧成麻花状，按绳索逃生的方式沿外墙爬下。

二、情景设定

2015 年 6 月 25 日下午 5 点，某大学七栋学生宿舍六楼 616 室刘同学违反消防安全规定，使用“热得快”引起附近的塑料桶燃烧，并迅速蔓延到整个房间。刘同学边自行组织扑救，边拨打“119”电话向公安消防队报告。学校志愿消防队知晓火情后，立即启动学生宿舍灭火和应急疏散预案，由灭火行动组进行火灾扑救，人员疏散组负责所在宿舍学生的安全疏散，秩序维护组加强火灾现场的安全管理，紧急救护组对受伤人员进行救助。半个小时后，火灾被扑灭。

问题：

1. 发生火灾时如何报火警？
2. 火灾扑救的方法有哪些？
3. 如何启动火灾扑救和应急疏散预案组织人员有序疏散？

三、实训目的

通过模拟演练，使学生了解初起火灾发生、发展和蔓延的过程，了解各类消防器材的工作原理和使用方法。发生火灾之初，能够及时通报火情，并拨打“119”报火警，根据不同的燃烧物质使用不同类别的灭火器、消防栓等消防器材扑救初起火灾。火场逃生当中，既掌握基本的逃生自救技巧和方法，又懂得人员疏散和物质疏散的主要措施。火灾发生之后，能够保护好火灾现场，协助公安机关开展火灾调查工作。

四、实训内容

（1）火灾报警；
（2）初起火灾扑救；
（3）人员安全疏散；
（4）财物安全疏散；
（5）火灾现场保护。

五、实训场地与器材

（一）实训场地

学校志愿消防队了解火情后，立即启动学生宿舍灭火和应急疏散预案，模拟火灾发生时的场景，并在实训前准备相应器材和设施，对拟用于安全疏散的场所进行布置。

（二）实训器材

柴火、汽油、火盆、干粉灭火器、二氧化碳灭火器和消防栓等；消防广播、烟雾产生器，高楼逃生缓降器、防烟救命袋、湿手帕，安全疏散标志，应急照明灯，警戒带，等等。

六、实训步骤、方法与注意问题

（一）实训步骤、方法

1. 成立指挥组织，就人员分工做出安排

成立宿舍灭火和应急疏散指挥部，设总指挥1人，副总指挥两人，指挥部下设灭火行动组、通信联络组、安全疏散组、秩序维护组和紧急救护组，每组组长1人，成员3~4人。另由两名同学扮演公安消防机构工作人员，在火灾扑灭之后来到火灾现场，组织开展火灾调查。

2. 模拟火灾场景

为增强实训演练的真实性，在确保安全的前提下模拟火灾发生时的场景。火灾发生地点为七栋学生宿舍六楼616室，在该房间内放置火盆并生火制造烟雾，但火盆必须远离可燃物。在宿舍楼梯间，使用烟雾产生器产生烟雾，为火场逃生和人员疏散设置必要的阻碍。

3. 及时通报火情并启动预案

一旦发生火灾，最先发现火情的人拨打“119”报火警，同时向学生宿舍灭火和应急疏散指挥部报告，启动火灾扑救和应急疏散预案。迅速打开建筑安全疏散设施，正确通报火情，用镇定的语气播报起火的部位、火势蔓延的情况以及正确的逃生路线和方法，防止引起在场人员的恐慌而导致纷乱，影响顺利疏散。

4. 迅速组织初起火灾扑救

灭火行动组在接到火警通知后，应迅速赶往火场，听从应急指挥部的统一指挥，利用干粉灭火器、二氧化碳灭火器和消防栓迅速扑救火灾，控制火势蔓延；如发现有人员被火势围困，应先救人，后救火。

5. 组织人员有序疏散

人员疏散组要有序疏散，一般应优先安排受火势威胁最为严重的区域内的人员进行疏散。在疏散中要首先帮助逃生能力较差的女学生撤离火场，然后是男学生逃离火场，最后是维护现场的人员。在疏散通道的拐弯、岔道等容易走错方向的地方，应设立“哨位”帮助指示方向，以防误入死胡同或者危险区域。

6. 抢救火场财物

在组织人员疏散的同时，火灾扑救组要发动和组织人员，抢救火场当中的财物。疏散财物时，先疏散被火势威胁最严重的财物。对疏散出来的财物，应存放在安全地带，提防再次受到火的威胁，并派专人看护，以防丢失。

7. 维护火场秩序

维护组负责维护火灾现场道路秩序，对火灾现场范围实施交通管制，确保火灾现场的道路畅通无阻，为公安消防队扑救火灾和抢险救灾开辟生命通道。设置警戒线，禁止无关人员进入火灾现场。对火灾现场围观的群众进行疏散或劝离，以免影响火灾扑救和安全疏散。对疏散到安全地带的人员，整队进行清点。同时要加强脱险人员的管理，防止其重返火场。

8. 保护火灾现场

为调查火灾原因、认定火灾责任和调查处理相关责任人，必须做好火灾现场保护工作。在组织扑救过程中，救火人员要根据起火的性质和燃烧的特点，划定保护范围。一般来说，火灾保护范围是被烧的全部场所及与火灾原因有关的一切地点。在模拟演练当中，秩序维护组使用警戒带划分警戒线，并在通往房间的疏散通道上设置关卡，对发生火灾的房间进行现场保护，防止无关人员进入破坏火灾现场。

9. 向公安消防机构汇报情况

当公安消防机构的人员到达现场后，保护现场的人员应将火灾的发现时间和经过、火灾扑救与人员疏散情况，周围群众和有关人员对事故的反映和意见，现场是否遭到破坏和变动，以及有关人员采取的保护措施等情况，如实地向公安消防机构的人员进行汇报，协助公安消防机构开展火灾调查。

10. 总结

实训结束后，先分组进行总结，再由实训区队干部进行总结，最后指导老师点评，要求每个实训小组写出实训报告后上交。

（二）注意问题

（1）火灾场景设计真实，各环节布置合理，防止走过场。

（2）注意用火安全，不能假戏真做，以防真的发生火灾事故。

（3）维护火场秩序，杜绝在疏散过程当中发生踩踏事故。

七、实训考核

（一）实训考核要求

（1）对照考核标准对实训全过程进行考核。

（2）实训考核要坚持公平、公正、全面和客观原则。

（3）实训成绩按一定比例记入期末考核成绩。

（二）实训考核标准

考核模块	考核要点	考核分值	考核得分
知识运用模块	1. 火灾发展阶段	5	
	2. 火灾报警	5	
	3. 初起火灾扑救方法	5	
	4. 火灾扑救原则	5	
	5. 灭火器的使用	10	
	6. 消防栓的使用	10	
组织协调模块	7. 准备工作	5	
	8. 每组分工与安排	10	
	9. 实训纪律	5	
	10. 配合与协调	10	
能力培养模块	11. 报火警的表达能力	5	
	12. 组织火灾扑救能力	10	
	13. 组织人员疏散能力	10	
	14. 开展逃生自救能力	5	
考核得分合计			

八、思考题

1. 火灾扑救的方法有哪些？
2. 发生火灾后如何启动应急处置预案？
3. 火场逃生如何做到人员安全有序地疏散？

实训项目二十八　治安调解

一、基础知识

（一）治安调解的概念

调解制度是指经过第三者的排解疏导，说服教育，促使发生纠纷的双方当事人依法自愿达成协议，解决纠纷的一种活动。在中国现行法律制度中，调解制度已形成了一套完整体系，主要有人民调解、司法调解、行政调解和仲裁调解。

治安调解属于行政调解的一种，根据《中华人民共和国治安管理处罚法》（以下简称《治安管理处罚法》）、《公安机关办理行政案件程序规定》和《公安机关治安调解工作规范》的有关规定，治安调解是指对于因民间纠纷引起的、情节较轻的、可以调解处理的治安案件，在当事人双方自愿的基础上，在公安机关的主持下，通过劝说、教育促使双方交换意见，达成协议，并以此对该治安案件做出处理的活动。

（二）治安调解的适用

1. 适用原则

包括合法、自愿、公正、及时原则。

2. 适用条件

当事人至少一方已构成违反治安管理行为，且情节轻微；违反治安管理行为是由于民间纠纷引起的；双方当事人接受调解；事实清楚、责任明确。其中，“违反治安管理行为”主要指殴打他人、故意伤害、侮辱、诽谤、诬告陷害、故意损毁财物、干扰他人正常生活、侵犯隐私、非法侵入住宅等情节较轻的违反治安管理行为；“民间纠纷”包括亲友、邻里、同事、在校学生之间因琐事发生的纠纷；行为人的侵害行为系由被侵害人事前的过错行为引起的纠纷；其他适用调解处理更易化解矛盾的纠纷。

3. 不适用调解的情形

具有下列情形之一的，不适用调解处理：雇凶伤害他人的；结伙斗殴或者其他寻衅滋事的；多次实施违反治安管理行为的；当事人明确表示不愿意调解处理的；当事人在治安调解过程中又针对对方实施违反治安管理行为的；调解过程中，违法嫌疑人逃跑的；其他不宜调解处理的。

（三）治安调解的实施

（1）依法受理。受理是治安调解的第一道程序，要做好受理工作，必须抓住两个环节：认真接待，稳定情绪；分清纠纷类型，作出正确处置。

（2）调查取证。决定受理后，公安机关应当查明案件事实，掌握纠纷的具体情况、动向、产生的原因，分清责任，全面把握证据材料。

（3）斡旋劝说，教育疏导。对因邻里纠纷引起的治安案件进行调解时，在及时调查取证的基础上，要积极斡旋劝说，掌握当事人双方的意见和请求、群众对此事的看法和意见。斡旋劝说是纠纷调解的重要环节，对因邻里纠纷引起的治安案件进行斡旋劝说时，还可以邀请当事人居住地的居（村）民委员会的人员或者双方当事人熟悉的人员参加帮助调解。对于符合治安调解的案件，治安调解员在进行斡旋劝说、教育疏导过程中，应遵循以下步骤：

①询问当事人是否愿意接受治安调解。正处在纠纷之中的双方当事人由于矛盾还没缓解，情绪没有稳定，处于对立状态，在这种情况下，调解员应当逐个与纠纷当事人进行沟通交流、缓解矛盾，目的是使当事人接受治安调解。

②引导当事人进一步认识各自的过错、分清责任。之前的调查取证工作必须扎实、客观，在分清责任的时候要具有说服力，做到公平公正、不偏不倚，只有这样调解员才能获得双方当事人的信赖，整个调解才能继续下去。

③教育疏导。治安调解员依据国家法律、党的政策、社会公德，实事求是地对当事人进行教育疏导，目的在于提高当事人的思想道德觉悟、法律意识，促成达成调解协议并履行。切忌为了达成协议而盲目夸大法律后果或者违反规定乱作承诺。

④提出调解意见。在了解全部事实真相基础上，明断是非，分清责任，根据法律法规提出公正合理的调解意见。

（4）制作调解笔录。

（5）达成调解协议。参与调解双方工作做通后，纠纷当事人双方意见达成一致，调解结束，制作《调解协议书》；纠纷当事人不能达成协议的，或达成协议后拒不履行的，调解结束，调解民警应当及时作出处罚决定。

（6）立卷存档。通过治安调解达成协议并履行的，要及时结案，制作治安调解案卷归档立卷存档。

（四）治安调解中应注意的问题

1. 讲究调解的效率

为了提高治安调解的效率，《公安机关办理行政案件程序规定》第158条特别规定："调解一般为一次。对一次调解不成，公安机关认为有必要或者当事人申请的，可以再次调解，并应当在第一次调解后的7个工作日内完成。调解应当制作笔录。"这就要求公安机关在决定受理纠纷调解后，应当迅速查清案件事实情况，认真组织调解，及时调结案件，不能久调不解。

2. 注意保障未成年人的合法权益

当事人中有未成年人的，调解时应当通知其父母或者其他监护人到场。但是，当事人为年满16周岁以上的未成年人，以自己的劳动收入为主要生活来源，本人同意不通知的，可以不通知。被侵害人委托其他人参加调解的，应当向公安机关提交委托书，并写明委托权限。违法嫌疑人不得委托他人参加调解。

3. 注意调解的方式方法

调解的方式方法对于做好调解工作至关重要，调解工作中，应当坚持"四宜四不宜"的基本原则，即宜解不宜结，宜和不宜激，宜缓不宜急，宜宽不宜严。

4. 调查取证工作应深入细致

对于符合调解处理条件的案件，公安机关受理后，不论将来是否适用调解处理，都要及时做好深入细致的调查取证工作，查清事实真相，客观、全面地收集证据。这既可以为调解创造有利条件，便于说服教育当事人，也可以为调解不成时及时作出处罚决定奠定坚实的基础。

5. 治安调解协议的法律效力

一方面，当事人达成协议的，不予处罚，《治安调解协议书》自双方当事人签字确认后即具有法律效力，当事人和公安机关都要受调解协议的约束。另一方面，治安调解协议不能强制执行。经治安调解达成的协议，如果当事人一方或双方没有履行或者没有完全履行，在一方或双方向公安机关提出并且经过核查属实后，公安机关不能强制执行、也不能申请法院强制执行，公安机关有权撤销调解协议，对违反治安管理行为由公安机关依法给予治安管理处罚；对民事侵权行为及其所造成的损失和伤害部分请求赔偿的，应告知当事人到人民法院起诉。

6. 制作调解笔录、治安调解协议书的注意事项

制作调解笔录，应当将治安调解的基本情况记入调解笔录，由双方当事人核对后签名或盖章。治安调解达成协议，应制作治安调解协议书，并加盖调解机关公章。案情特别简单，不需要制作治安调解协议书的，应当将治安调解过程、协议记入调解笔录。治安调解协议书的内容包括当事人的基本情况、简明案由、达成的协议内容、时间、双方当事人及主持调解的民警的签名。治安调解协议书一式三份，双方当事人各执一份，公安机关留一份备案。治安调解协议自治安调解协议书送达双方当事人手中，双方当事人均表示同意时起生效。调解协议当场履行的，应当将履行情况在治安调解协议书中注明。

二、情景设定

2015年6月9日，戚某（男，汉族，1977年10月生）因宅基地纠纷与邻居郑某（女，汉族，1980年5月生）发生争吵，遭到郑某破口大骂。次日，戚某叫上自己弟弟到郑某家中，将郑某院中水缸、门窗玻璃等共计450余元的东西砸毁，随后，郑某到某派出所报案。当天戚某两兄弟被传唤到某派出所接受调查。从戚某、郑某所属村委会工作人员卢某（男，汉族，1966年6月出生）处得知，戚某、郑某邻居数十年，两人的爷爷是亲兄弟，关系一般，此次争吵系郑某招婿，因结婚需建新房，在建房过程中新房宅基地超过事先协议基地一砖左右，郑某称其并未违背协议因而发生纠纷。双方对郑某院中财产损失数额并无争议，郑某提出自己在争吵过程中受伤，并当场出示给民警，其右手肘部皮外伤。受理此案的民警试图对双方进行调解，戚某、郑某愿意调解。

问题：

1. 治安调解的条件有哪些？可否对本案进行治安调解？

2. 受案民警在对此案进行调解的过程中对是否邀请人民调解员发生争议，一部分民警认为不需要人民调解员，认为人民调解员没有执法资格，调解无效；另一部分民警认为应当邀请人民调解员，认为人民调解员比民警更容易实现斡旋调解的效果，改善邻里关系。你认同谁的观点，为什么？邀请人民调解员参与治安调解是否合法、有效，有何好处？

3. 受理此案后、治安调解前，民警应当如何做好取证工作，这对此案的处理有何好处？

4. 假如你们负责对此案进行治安调解，将如何对该案进行调解？

三、实训目的

治安调解是对于因民间纠纷引起的、情节较轻的、可以调解处理的治安案件，在当事人双方自愿的基础上，在公安机关的主持下，通过劝说、教育促使双方交换意见，达成协议，并对该治安案件作出处理的活动。治安调解在化解社会矛盾纠纷和维护社会稳定方面发挥重要的作用。通过实训，让学生掌握治安调解适用的原则、条件，熟练掌握治安调解的步骤，掌握治安调解的方式方法、应该注意的问题和治安调解笔录、治安调解协议书的制作，提高学生开展治安调解活动的各种能力，为学生今后开展治安调解工作奠定基础。

四、实训内容

（1）治安调解的适用条件；
（2）治安案件的受理；
（3）治安调解的步骤；
（4）治安调解过程中有关的法律文书的制作；
（5）治安调解协议的履行；
（6）治安调解结案的材料归档。

五、实训场地与器材

（一）实训场地

学院实训广场、模拟派出所。

（二）实训器材

（1）办公设备：办公桌椅若干套、桌签、黑（蓝）钢笔（签字笔）、印泥等必要文具。
（2）法律文书：笔录纸、空白《治安调解协议书》若干份。
（3）证据材料：询问笔录、现场照片等。
（4）摄影照相设备。
（5）各组自行准备其小组实训所需器材，并通报实训教师。

六、实训步骤、方法与注意问题

（一）实训的步骤、方法

1. 实训前的准备
（1）授课教师根据实训要求准备好实训场地和实训器材。
（2）各组根据本组自行编选的基本案情自行准备好所需要的其他器材。

2. 实训分组

（1）学生3~4人一组，每5个小组为一队，共2个队。

（2）指导老师2名，每人指导1个队（5个组）。根据区队学生人数把学生分为若干组。

3. 组织分工

（1）各组设组长1名，负责角色分配、组织联络、介绍基本案情以及案件调查取证情况。

（2）现场指导教师负责现场指挥、点评总结、考核计分。

4. 实训指导（时间5~10分钟）

（1）指导老师向学生详细介绍预设情景，引导学生回答设定情景案例中的问题。

（2）讲解治安调解、制作调解笔录和《治安调解协议书》应注意的问题。

5. 实训实施（每组时间10~15分钟）

（1）组长介绍实训案例。由组长向大家介绍本组即将进行治安调解的基本案情、调查取证情况及相关情况的说明。

（2）模拟治安调解。由各学生小组按照小组安排的角色定位，模拟演示召集当事双方进行协商的过程，进行治安调解；每次两组同时进行，依次进行。

6. 制作《治安调解协议书》

各实训组完成治安调解后制作《治安调解协议书》1份。

7. 总结点评

（1）学生点评。点评到位的，即可为本组得分。

（2）教师点评。指导教师对各自负责的区队现场进行总评考核计分。

8. 布置作业

要求各小组于规定时间内交实训报告。

（二）注意问题

（1）参加实训的学生科学设置演示情景，认真操练，不得走过场。

（2）在对双方当事人进行斡旋协商中要认真调解矛盾并达成调解协议，切忌激化矛盾。

（3）服从现场指挥。

（4）制作文书应当完整、准确、规范，符合相应的要求，文书填写应当使用钢笔和能够长期保持字迹的墨水，做到字迹清楚、文字规范、卷面整洁。

（5）实训演练的总时长为90分钟，各小组要严格遵守各环节的时间规定，并在规定的时间内将《治安调解协议书》交授课老师处。

（6）每位参训学生训后上交1份“实训心得”，切忌敷衍了事。

七、实训考核

（一）实训考核要求

（1）严格按照考核标准进行考核。

（2）考核要公平、公正和客观。

（3）实训考核成绩实行百分制，满分100分。

（4）实训成绩按一定比例记入期末考核成绩。

（二）实训考核标准

考核模块	考核要点	考核分值	考核得分
知识运用模块	1. 案例编选	10	
	2. 案件受理	10	
	3. 调查取证	10	
	4. 斡旋劝说、教育疏导	15	
	5. 学生相互点评	5	
	6. 治安调解协议书	15	
	7. 治安调解材料的归档	5	
组织协调模块	8. 角色分配与合作	5	
	9. 实训场景、器材的准备	5	
	10. 实训秩序	5	
能力培养模块	11. 口头表达能力	5	
	12. 记录能力	5	
	13. 档案制作能力	5	
考核得分合计			

八、思考题

1. 治安调解的法律功能和社会价值是什么？
2. 治安调解的适用对公安机关的行政裁量权有何影响？应当如何规范？
3. 治安调解时应当注意的问题有哪些？

附表1：

（此处印制公安机关名称）

治安调解协议书

×公（ ）调解字〔 〕号

主持人姓名________________工作单位________________________________
调解地点____
当事人基本情况（姓名、性别、年龄、出生日期、身份证件种类及号码、工作单位、现住址）____
____
____
____

其他在场人员基本情况（姓名、性别、年龄、出生日期、身份证件种类及号码、工作单位、现住址）____
____
____
____

主要事实（包括案发时间、地点、人员、起因、经过、情节、结果等）：________
____
____
____

经调解，双方自愿达成如下协议（包括协议内容、履行期限和方式等）：________
____
____
____

本协议自双方签字之时起生效。对已履行协议的，公安机关对违反治安管理行为人不再处罚。不履行协议的，公安机关依法对违反治安管理行为人予以处罚；当事人可以就民事争议依法向人民法院提起民事诉讼。

本协议书一式三份，双方当事人各执一份，调解机关留存一份。

主持人　　　　　　　　　　　　　年　月　日

见证人　　　　　　　　　　　　　年　月　日

当事人　　　　　　　　　　　　　年　月　日

调解机关（印）
年　月　日

实训项目二十九　治安案件调查取证

一、基础知识

（一）治安案件调查取证的含义和作用

1. 含义

治安案件调查取证是指公安机关治安民警通过采取法律法规规定的调查手段和调查措施来收集、保全有关治安案件证据的行政执法活动。

2. 作用

查明治安案件的事实真相；为及时、公正地作出治安行政处罚决定提供事实支撑；维护治安案件当事人的合法权益。

（二）治安案件调查取证的基本要求

（1）公安机关及其办案民警对治安案件进行调查时，应当合法、及时、客观、全面；对收集、调取的所有证据材料应予审查、核实。

（2）调查取证时，人民警察不得少于二人，并应当表明执法身份。

（3）公安机关及其办案民警在调查取证时，应当防止泄露工作秘密。

（三）需要调查的治安案件事实

（1）违法嫌疑人的基本情况。

（2）违法行为是否存在。

（3）违法行为是否为嫌疑人实施。

（4）实施违法行为的时间、地点、手段、后果以及其他情节。

（5）违法嫌疑人有无法定的从重、从轻、减轻以及不予行政处罚的情形。

（6）与案件有关的其他事实。

（四）治安案件调查的措施

1. 调查的措施

（1）询问。询问包括询问违法嫌疑人和询问被侵害人、其他证人或者其他与案件有关的人；询问时应严格按照《治安管理处罚法》以及《公安机关办理行政案件程序规定》的要求进行询问查证。

（2）勘验。对于违法行为的案发现场，必要时应当进行勘验，提取与案件有关的证据材料，以判断案件的性质、确定案件的调查方向和调查范围，治安案件的现场勘查可以参照刑事案件现场勘验的有关规定去操作。

（3）检查。在治安案件调查取证过程中，对与违法行为有关的场所、物品、人身可以进行检查。检查时，应严格遵照《治安管理处罚法》以及《公安机关办理行政案件程序规定》的有关规定去执行，检查结束后应当场制作检查笔录。

（4）鉴定。在治安案件调查取证过程中，需要对专门性技术问题进行鉴定的，应当指派或者聘请具有专门知识的人员进行鉴定；需要聘请本公安机关以外的人进行鉴定的，应当经公安机关办案部门负责人批准，并制作鉴定聘请书；鉴定应当有鉴定意见书，并按规定送达违法嫌疑人或被侵害人。

（5）检测。在治安案件调查取证过程中，对有吸毒嫌疑的人员应当进行吸毒检测；目前对吸毒嫌疑人检测的具体的检测方法包括尿样检测和血液检测两种。

（6）辨认。为了查明案情，办案人民警察可以让违法嫌疑人、被侵害人或者其他证人对与违法行为有关的物品、场所或者违法嫌疑人进行辨认，辨认时应由两名以上办案人民警察进行。

2. 证据保全

（1）扣押或者扣留。在调查取证过程中，与治安案件有关的需要作为证据的物品，经公安机关负责人批准后，可以依法扣押或者扣留；但与案件无关的物品不得扣押或者扣留；公民个人及其抚养家属的生活必需品、被侵害人或者善意第三人合法占有的财产也不得扣押，但应当予以登记；扣押的期限为30日，情况复杂的，经批准可以延长30日。

（2）查封。在办理治安案件时，对专门用于从事无证经营活动的场所、设施、物品，经公安机关负责人批准，可以依法查封；但对于与违法行为无关的场所、设施，公民个人及其抚养家属的生活必需品不得查封，且场所、设施、物品已被其他公安机关依法查封的，不得重复查封；查封期限为30日，情况复杂的，经批准可以延长30日。

（3）抽样取证。收集证据时，经公安机关办案部门负责人批准，可以采取抽样取证的方法，抽样取证应当采取随机的方式进行，对抽取的样品应当及时进行检验，并作出相应的处理。

（4）先行登记保存。在证据可能灭失或者事后难以取得的情况下，经公安机关办案部门负责人批准，可以先行登记保存；对先行登记保存的证据，应当在7日内作出处理决定。

实施扣押、扣留、查封、抽样取证、先行登记保存等证据保全措施时，应当会同当事人查点清楚，制作并当场交付证据保全决定书。必要时，应当对采取证据保全措施的证据进行拍照或者对采取证据保全的全过程进行录像。

3. 治安行政强制措施

在调查取证过程中，为及时有效地收集证据材料，根据《行政强制法》的规定，公安机关及其办案民警可以依法采取扣押、扣留、临时查封、查封、先行登记保存、抽样取证、约束、继续盘问、强制传唤、强制检测、拘留审查、限制活动范围等治安行政强制措施。在实施治安行政强制措施时，必须遵守《行政强制法》以及《公安机关办理行政案件程序规定》的有关程序性规定，做到依法行使。

二、情景设定

姚某（男，27岁，2010年曾因吸毒被强制隔离戒毒2年），2015年3月16日在家中吸食海洛因被公安机关查获。在公安机关对其调查时，姚某交待其在2015年1月曾与卖淫女于某嫖宿，付给于某人民币100元。于某被抓获后交待，自2014年8月至2015年3月卖淫10多次，非法所得2300余元，并交待其自2014年8月以来和郭某（女，2000年2月出生，东北哈尔滨人）经人介绍来到薛某开设的个体旅社（该旅社平时既是薛某的经营场所也是薛某一家的居住场所）进行卖淫。2015年3月18日，薛某和郭某被公安机关传唤到案。

问题：

1. 在对这3起案件进行调查时应该查清哪些案件事实？
2. 对这3起案件进行调查时可以依法采取哪些调查措施？
3. 公安机关在办理吸毒类行政案件时应注意收集哪些证据材料？
4. 如果拟对薛某的旅社进行检查应履行哪些法律手续？

三、实训目的

治安案件的调查取证是公安机关办理治安行政案件的重要环节，是了解、查证案件事实真相的法律活动，是治安案件受案的继续和发展。通过治安案件调查取证的实训，让学生了解治安案件调查取证的作用，掌握办理治安案件过程中常用调查取证的方式、方法以及法定调查取证的具体措施，熟悉运用治安询问、扣押、检查等调查措施的法定程序，熟练掌握治安案件调查取证的具体策略，提高学生运用理论知识的能力以及办理治安案件的动手能力。

四、实训内容

（1）分析案情确定案件要调查的具体案件事实；
（2）违法嫌疑人到案后的人身安全检查；
（3）治安询问的整个过程以及询问笔录的制作；
（4）扣押的具体运用；
（5）治安传唤的具体运用；
（6）检查的具体运用；
（7）调查终结后的总结。

五、实训场地和器材

（一）实训场地

学院的实训广场、模拟街区和模拟派出所，实训前任课教师对模拟街区进行相应的布置。

（二）实训器材

（1）办案民警的证件。
（2）询问笔录、扣押物品清单、传唤证、检查证等空白法律文书。

（3）必要的警械。

六、实训步骤、方法与注意问题

（一）实施步骤、方法

（1）学生分组。对学生进行分组，根据案件调查的要求，每组以 8~10 人为宜，2 人扮演办案民警，4 人扮演违法嫌疑人员，在调查过程中，其他人根据案件调查的需要扮演其他需要扮演的角色，如办案部门负责人、公安机关负责人或见证人等。

（2）实训前准备。布置实训场地，准备实训器材。

（3）确定每组的实训指导老师。根据每组实训场地的选择，及时确定并通知实训指导老师，以便各实训指导老师对各小组的实训进行监督和具体的指导。

（4）对违法行为人进行传唤。要求对违法行为人进行传唤时既要演练口头传唤、书面传唤也要演练强制传唤。

（5）对到案行为人进行人身安全检查。要求扮演办案民警的学生必须对到案违法行为人进行针对性的人身安全检查。

（6）模拟演练询问的过程。要按照法定程序进行询问并按要求制作询问笔录。

（7）模拟演练扣押涉案物品的整个过程。要求按法律规定履行相应的法律手续并现场制作并交付扣押物品清单。

（8）模拟演练检查的整个过程问题处理。要求针对薛某旅社的不同经营时间段而进行模拟检查时的不同要求。

（9）学生自己开展实训后的总结。

（10）实训指导老师根据学生的实训情况及学生自己的总结情况进行有针对性的评议。

（二）注意问题

（1）每一小组的实训成员在实训过程中必须进行角色对调，以使小组的每一位成员都能正确地运用治安案件调查的具体措施。

（2）实训过程中，相关法律文书的制作应当在电脑上完成并打印出来，文书中设定的栏目，要逐项填写；摘要填写的，应当简明、完整、准确；签名和文书形成的日期必须清楚无误。

（3）文书中记录的内容应当具体详细，涉及案件关键事实和重要线索的，应当尽量记录原话。记录中应当避免使用推测性词句，防止发生词句歧义。

（4）在治安案件调查取证实训时，扮演民警、办案部门负责人、公安机关负责人的学生必须着警服，表明执法身份时可以用学生证代替人民警察证。

（5）扮演违法嫌疑人、证人或者其他人员时必须着便服。

（6）整个实训过程必须要严肃、真实，必须按任课教师的要求和步骤进行操作。

（7）任课教师和其他实训指导老师在学生实训过程中要进行全程的指导和监督。

七、实训考核

（一）实训考核要求

（1）严格按照考核标准进行考核。

（2）考核要公平、公正和客观。

（3）实训考核以百分制计算，实训成绩纳入期终考核成绩，实训成绩不及格期末总评不及格。

（二）实训考核标准

考核模块	考核要点	考核分值	考核得分
知识运用模块	1. 案件调查取证方向的确定	10	
	2. 口头传唤方式的运用	5	
	3. 书面传唤的运用	5	
	4. 强制传唤的运用	5	
	5. 人身安全检查	5	
	6. 询问的方法及询问笔录的制作	10	
	7. 扣押的适用	5	
	8. 检查的适用	5	
组织协调模块	9. 人员的分工	5	
	10. 实训器材的准备	5	
	11. 实训中的纪律	5	
	12. 实训后的总结	5	
能力培养模块	13. 组织管理能力	10	
	14. 口头表达能力	5	
	15. 制作法律文书能力	5	
	16. 问题处理能力	10	
考核得分合计			

八、思考题

1. 治安案件调查取证过程中应该注意哪些方面的问题？
2. 询问违法嫌疑人时采取什么样的策略才能达到最好的询问效果？
3. 如何围绕治安案件的具体案情开展有针对性的调查取证工作？

附表 1：

（此处印制公安机关名称）

传　唤　证

×公（　）行传字〔　　〕　号

________________：

因你（单位）涉嫌____________________________，根据

□《中华人民共和国治安管理处罚法》第八十二条

□《中华人民共和国出境入境管理法》第五十九条第三款

□《中华人民共和国消防法》第七十条第二款

□《公安机关办理行政案件程序规定》第五十三条

之规定，现传唤你于______年___月___日___时___分前到____接受询问。

无正当理由拒不接受传唤或者逃避传唤的，依法强制传唤。

公安机关（印）

年　　月　　日

被传唤人到达时间　　　年　月　日　时　分

被传唤人（签名）：

被传唤人离开时间　　　年　月　日　时　分

被传唤人（签名）：

一式两份，一份交被传唤人，一份附卷。

附表 2：

第___次

询问/讯问笔录

时间________年____月____日____时____分至________年____月____日____时____分

地点____

询问/讯问人（签名）________、________工作单位__________________________

记录人（签名）________________工作单位______________________________

被询问/讯问人__________性别______年龄______出生日期__________

身份证件种类及号码__________________________☐是☐否人大代表__________

现住址________________________联系方式______________________________

户籍所在地____

（口头传唤/被扭送/自动投案的被询问/讯问人____月____日____时____分到达，____月____日____时____分离开，本人签名____________）。

问：____

答：____

____

____

____

____

____

____

____

____

____

____

____

第__页　共__页

附表3：

（此处印制公安机关名称）

检　查　证

×公（　）检查字〔　　〕　　号

根据

□《中华人民共和国行政处罚法》第三十六条和第三十七条第一款

□《中华人民共和国治安管理处罚法》第八十七条第一款

□其他＿＿＿＿＿＿＿＿＿＿＿＿＿＿＿＿＿＿＿＿＿＿＿＿＿＿＿＿之规定，兹派我局民警＿＿＿＿＿＿＿＿＿＿＿＿＿＿＿＿＿＿＿＿＿＿＿＿对＿＿＿＿＿＿＿＿＿＿＿＿＿＿＿＿＿＿＿＿＿＿＿＿＿＿＿＿＿依法进行检查。

公安机关（印）

年　月　日

被检查人或见证人（签名）：

年　月　日　时　分

检查完毕后附卷

附表 4：

（此处印制公安机关名称）

__________**笔录**

（本文书可用于制作勘验笔录、检查笔录、辨认笔录和现场笔录）

时间________年____月____日____时____分至________年____月____日____时____分

地点____

办案民警或者勘验、检查人姓名及工作单位______________________________

检查或者辨认对象____

当事人/辨认人基本情况（姓名、性别、身份证件种类及号码）______________

____

____

见证人基本情况（姓名、性别、身份证件种类及号码）____________________

____

____

事由和目的____

过程和结果____

____

____

____

____

____

____

____

____

____

办案民警或者勘验、检查人　　　　　　　　　年　　月　　日

当事人、辨认人或者见证人　　　　　　　　　年　　月　　日

实训项目三十　办理治安案件中扣押财物强制措施的适用

一、基础知识

（一）扣押的含义和适用范围

1. 扣押的含义

扣押，是指公安机关在办理治安案件过程中，发现对与案件有关的需要作为证据的物品，依法予以提取，使物品脱离持有人的控制，由公安机关暂时保管的一种临时性证据保全的行政强制措施。

2. 扣押的适用范围

根据《治安管理处罚法》和《公安机关办理行政案件程序规定》的规定，公安机关办理治安案件时，对与案件有关的需要作为证据的物品，可以扣押。在对查获或者到案的违法嫌疑人进行安全检查时，发现违禁品或者管制器具、武器、易燃易爆等危险品以及与案件有关的需要作为证据的物品也可以依法扣押。但对被侵害人或者善意第三人合法占有的财产、与案件无关的物品以及公民个人及其所扶养家属的生活必需品不得扣押。

3. 对不宜扣押的物品的处理

根据《治安管理处罚法》和《公安机关办理行政案件程序规定》的规定，对不宜扣押，但又可以作为证据使用的物品，应当予以登记，写明登记财物的名称、规格、数量、特征，并由占有人签名或者捺指印。必要时，可以进行拍照。但是，与案件有关必须鉴定的，可以依法扣押，结束后应当立即解除。

（二）扣押的适用程序

（1）实施前须依法向公安机关负责人报告并经批准；情况紧急，当场实施扣押行政强制措施的，办案人民警察应当在24小时内依法向其所属的公安机关负责人报告，并补办批准手续。

（2）通知当事人到场，当场告知当事人采取行政强制措施的理由、依据以及当事人依法享有的权利、救济途径。当事人不到场的，邀请见证人到场，并在现场笔录中注明。

（3）听取当事人的陈述和申辩。

（4）制作现场笔录，由当事人和办案人民警察签名或者盖章，当事人拒绝的，在笔录中注明。当事人不在场的，由见证人和办案人民警察在笔录上签名或者盖章。

（5）实施扣押时，应当会同当事人查点清楚，制作并当场交付证据保全决定书。必要时，应当对采取证据保全措施的证据进行拍照或者对采取证据保全的过程进行录像。

(6) 对可以作为证据使用的录音带、录像带、电子数据存储介质，在扣押时应当予以检查，记明案由、内容以及录取和复制的时间、地点等，并妥为保管。

(7) 将扣押物品情况依照有关规定录入执法办案信息系统或者数据库。

(三) 扣押证据保全决定书的制作

扣押时所制作的证据保全决定书应当载明当事人的姓名、工作单位或者家庭地址；扣押的理由、依据和期限；申请行政复议或者提起行政诉讼的途径和期限；作出决定的公安机关的名称、印章和日期等事项。

证据保全决定书应当附清单，载明被采取证据保全措施的场所、设施、物品的名称、规格、数量、特征等，由办案人民警察和当事人签名后，一式两份，一份交当事人，一份附卷。有见证人的，还应当由见证人签名。当事人或者见证人拒绝签名的，办案人民警察应当在证据保全清单上注明。

(四) 扣押的期限

扣押的期限为30日，情况复杂的，经县级以上公安机关负责人批准，可以延长30日，法律、行政法规另有规定的除外。逾期不作出处理决定的，应当将扣押物品退还当事人。延长扣押期限的，应当及时书面告知当事人，并说明理由。

对扣押物品需要进行检测、检验、鉴定的，检测、检验、鉴定期间不计入扣押期间，但应当将检测、检验、鉴定的期间书面告知当事人。

(五) 扣押物品的处理

对扣押的物品，应当妥善保管，不得挪用、调换、损毁，并按以下规定处理：

(1) 对容易腐烂变质及其他不宜长期保存的物品，经公安机关负责人批准，在拍照或者录像后变卖或者拍卖，变卖或拍卖所得的价款暂予保存，待结案后按有关规定处理。

(2) 对扣押后查清属于被侵害人或者善意第三人合法占有的财物，应当在登记、拍照或者录像、估价后及时返还，并在案卷中注明返还的理由，将原物的照片、清单和领取手续存卷备查。返还他人合法财物，应当由接收人在扣押证据保全决定书返还情况栏签收。

(3) 对扣押后查清与案件无关的财物，应当及时返还，返还时应当由接收人在扣押证据保全决定书返还情况栏签收。

(4) 对应当返还的财物，通知原主或者公告后满六个月无人对该财产主张权利或者无法查清权利人的，应当公开拍卖或者按照国家有关规定处理，所得款项上缴国库。拍卖手续和上缴国库的凭证应当附卷。

(5) 对不宜入卷的物证，应当拍照入卷，原物在结案后按有关规定处理。

(6) 案件变更管辖时，与案件有关的财物及其孳息应当随案移送，由接收人、移送人当面查点清楚，并在交接单据上共同签名。

二、情景设定

2015年4月1日凌晨，李某（17周岁）、陈某（20周岁）正在盗窃窨井盖时被巡逻民警查获。民警将两人口头传唤至派出所询问后，两人陈述前几天曾盗窃窨井盖2只（价值

400元），其中1只已卖给收购废品的高某（31周岁），另1只尚在两人住处。陈某检举李某曾于2015年3月5日独自盗窃旧彩电一台（价值300元），当给邻县“发达典当行”。经查，此事属实，同时发现“发达典当行”工作人员长期承接典当物品不查验有关证明、不履行登记手续。另经查实陈某、李某没有因违反治安管理而被公安机关处罚的前科事实。

民警在李某、陈某到案后及时对二人进行了人身安全检查，在检查过程中发现陈某身上随身携带有iPhone5手机一部、现金2000元及其少量摇头丸。

问题：

1. 公安机关在查处本案时对哪些涉案财物可以予以扣押？
2. 对不宜扣押的财物怎么处理？
3. 公安机关在实施扣押时应履行哪些法律手续？
4. 对本案的扣押财物公安机关应如何处理？

三、实训目的

扣押作为一种证据保全措施在公安机关办理治安案件过程中被广泛使用，依法采取扣押证据的措施是公安机关获取证据，查处案件的有效手段。通过对办理治安案件中如何具体适用扣押财物强制措施的实训，让学生熟悉治安管理法律法规中有关扣押财物适用的相关法律规定，掌握扣押财物的适用范围和具体操作流程，在办理治安案件当中能针对不同的扣押财物采取不同的处理措施，并熟悉适用扣押财物过程中相关法律文书的制作，使学生养成依法收集、固定证据的良好习惯。

四、实训内容

（1）分析案情确定哪些涉案物品可以采取扣押强制措施；
（2）适用扣押财物强制措施前的报批程序；
（3）紧急情况下当场实施扣押的相关程序操作；
（4）扣押过程中如何具体适用相关法律规定；
（5）扣押证据保全决定书的制作；
（6）扣押物品情况信息的录入；
（7）采取扣押强制措施后的总结。

五、实训场地和器材

（一）实训场地

学院实训广场内的模拟街区和模拟派出所，实训前任课教师对模拟街区进行相应的布置。

（二）实训器材

（1）办案民警的证件。

（2）与扣押强制措施相关的空白法律文书。

（3）必要的警械。

六、实训步骤、方法与注意问题

（一）实施步骤、方法

（1）学生分组。对学生进行分组，根据案件调查过程中扣押财物的需要，每组以6~8人为宜，2人扮演办案民警，2人扮演违法嫌疑人员，其他学生扮演案件中涉及的其他角色，如办案部门负责人、公安机关负责人、被侵害人或者其他证人等。

（2）实训前准备。布置实训场地，准备实训器材。

（3）确定每组的实训指导老师。根据每组实训场地的选择，及时确定并通知实训指导老师，以便各实训指导老师对各小组的实训进行监督和具体的指导。

（4）对违法行为人进行口头传唤。

（5）对到案行为人进行人身安全检查。在人身安全检查过程中发现的相关物品在作出是否扣押的基础上，进行扣押模拟训练。

（6）在询问的基础上模拟演练扣押涉案物品的整个过程。要求按法律规定履行相应的法律手续，现场制作并交付扣押物品清单。

（7）在办案系统中模拟训练录入扣押物品情况信息。

（8）针对案件中已扣押物品的不同特征和性质，分别模拟训练如何处理已扣押的涉案物品。

（9）学生自己开展实训后的总结。

（10）实训指导老师根据学生的实训情况及学生自己的总结情况进行有针对性的评议。

（二）注意问题

（1）每一小组的实训成员在实训过程中必须进行角色对调，以使小组的每一位成员都能正确、恰当、熟练地适用扣押这种证据保全的法律措施。

（2）实训过程中，相关法律文书的制作应当在电脑上完成并打印出来，文书中设定的栏目，要逐项填写；摘要填写的，应当简明、完整、准确；签名和文书形成的日期必须清楚无误。

（3）文书中记录的内容应当具体详细，涉及案件关键事实和重要线索的，应当尽量记录原话。记录中应当避免使用推测性词句，防止发生词句歧义。

（4）在治安案件调查取证实训时，扮演民警、办案部门负责人、公安机关负责人的学生必须着警服，表明执法身份时可以用学生证代替人民警察证。

（5）扮演违法嫌疑人、证人或者其他人员时必须着便服。

（6）整个实训过程必须要严肃、真实，必须按任课教师的要求和步骤进行操作。

（7）任课教师和其他实训指导老师在学生实训过程中要进行全程的指导和监督。

七、实训考核

（一）实训考核要求

（1）严格按照考核标准进行考核。

（2）考核要公平、公正和客观。

（3）实训考核以百分制计算，实训成绩纳入期终考核成绩，实训成绩不及格期末总评不及格。

（二）实训考核标准

考核模块	考核要点	考核分值	考核得分
知识运用模块	1. 扣押的适用条件	10	
	2. 人身安全检查过程中扣押的适用	5	
	3. 扣押报批程序	5	
	4. 现场扣押的具体操作	10	
	5. 扣押证据保全决定书的制作	10	
	6. 扣押物品情况信息的录入	10	
组织协调模块	7. 人员的分工	5	
	8. 实训器材的准备	5	
	9. 实训中的纪律	5	
	10. 实训后的总结	5	
能力培养模块	11. 组织管理能力	10	
	12. 口头表达能力	5	
	13. 制作法律文书能力	5	
	14. 问题处理能力	10	
考核得分合计			

八、思考题

1. 采取扣押这种法律措施保全相关证据对治安案件的调查处理有什么重要意义？

2. 如何正确理解和适用扣押的法定程序？

3.《治安管理处罚法》与《公安机关办理行政案件程序规定》中有关扣押的规定有何区别，实际执法过程中具体应该如何适用法律？

附表 1：

（此处印制公安机关名称）

证据保全决定书

×公（　）证保决字〔　　〕　号

当事人姓名及其身份证件种类、号码，或者单位名称及其法定代表人姓名____________________
____

现住址及联系方式_______________________________________

因调查____一案，

□根据《_______________________》第____条第____款第____项之规定，

○决定对证据保全清单中的物品进行扣押、扣留/延长扣押、扣留______日（自________年____月____日至________年____月____日）。

○决定对证据保全清单中的场所、设施、财物予以查封/延长查封______日（自________年____月____日至________年____月____日）。

□根据《中华人民共和国行政处罚法》第三十七条第二款之规定，

○决定对证据保全清单中的物品予以先行登记保存____日（自________年____月____日至________年____月____日），保存地点为________________，在此期间，当事人或者有关人员不得销毁或者转移证据。

○决定对下列物品进行抽样取证。

□根据《中华人民共和国治安管理处罚法》第八十九条第一款之规定，决定对证据保全清单中的物品予以登记。

如不服本决定，可以在收到本决定书之日起六十日内向_____________申请行政复议或者在三个月内依法向________________人民法院提起行政诉讼。

附：证据保全清单

公安机关（印）

年　月　日

当事人

年　月　日

一式两份，一份交当事人，一份附卷。

附表 2：

证据保全清单

编号	名称	数量	物品特征或者场所地址	备注

当事人或者见证人 年　月　日	保管人 年　月　日	办案民警 办案单位（印） 年　月　日

一式三份，一份交当事人，一份交保管人，一份附卷。

实训项目三十一　办理治安案件简易程序

一、基础知识

(一) 简易程序的概念

办理治安案件简易程序是指公安机关及其人民警察在依法执行职务时，对事实清楚、证据确凿、情节轻微的违反治安管理行为，依法当场作出行政处罚决定所应当遵循的程序。简易程序对于公安机关及其人民警察及时维护社会治安秩序，迅速处理简单的治安案件，高效履行治安管理职责，提高行政效率，具有积极的作用。但由于程序简单，缺乏制约，如果适用不当，对相对人容易造成侵害，我国《行政处罚法》、《治安管理处罚法》、《公安机关办理行政案件程序规定》等法律法规对公安机关在办理行政案件中简易程序的适用条件作出了严格的规定。

(二) 简易程序的适用

1. 适用原则

合法、公正、及时、教育与处罚相结合。

2. 适用条件

(1) 主体条件：公安机关及其人民警察。

(2) 时间条件：在依法执行职务中。

(3) 对象条件：被当场发现的违反治安管理行为人。

(4) 案件条件：事实清楚、证据确凿、情节轻微、因果关系明确、被处罚人承认自己的违法事实。

(5) 处罚条件：依法对被处罚人的处罚符合适用简易程序的处罚种类和幅度，即对违反治安管理行为拟予以警告或者200元以下罚款的可以当场作出治安管理处罚决定。

3. 不能适用简易程序的情形

《公安机关办理行政案件程序规定》第34条第2款规定：“涉及卖淫、嫖娼、赌博、毒品的案件，不适用当场处罚。”

(三) 简易程序的实施

1. 表明执法身份

人民警察应当向违反治安管理行为人出示工作证件，并主动向违法行为人表明自己的执法身份。

2. 告知

口头告知违法行为人拟作出行政处罚决定的事实、理由和依据，并告知违法行为人依法享有的陈述权和申辩权，不得因当事人的申辩而加重处罚。

3. 听取违法行为人的陈述和申辩

充分听取违法行为人的陈述和申辩，违法行为人提出的事实、理由或者证据成立的，应当采纳。

4. 填写当场处罚决定书并当场交付被处罚人

决定当场处罚的人民警察要按照法定的格式、要求填写处罚决定书。处罚决定书上应当载明被处罚人的姓名、违法行为、处罚依据、处罚种类（如果是罚款，应当写明罚款具体数额）、处罚时间、处罚地点以及公安机关名称，并由经办的人民警察签名或者盖章。

处罚决定书当场交付被处罚人，并由被处罚人签名或盖章。有被侵害人的，应将决定书副本抄送被侵害人。

5. 当场收缴

下列情形可以适用当场收缴：

（1）人民警察适用简易程序当场作出处罚决定时，有违禁品的，可以当场收缴，登记造册后销毁。

（2）有下列情形之一的，人民警察可以当场收缴罚款：被处50元以下罚款，被处罚人对罚款无异议的；在边远、水上、交通不便地区，公安机关及其人民警察依照本法的规定作出罚款决定后，被处罚人向指定的银行缴纳罚款确有困难，经被处罚人提出的；被处罚人在当地没有固定住所，不当场收缴事后难以执行的。人民警察当场收缴罚款的，应当向被处罚人出具省、自治区、直辖市人民政府财政部门统一制发的罚款收据；不出具统一制发的罚款收据的，被处罚人有权拒绝缴纳罚款。

（四）适用简易程序时应注意的问题

1. 适用简易程序的治安案件应当是“违法事实清楚，证据确凿”的治安案件

“违法事实清楚，证据确凿”，一方面要求治安案件必须是案情简单，因果关系明确，即不需要进行多方查证即能认定违法事实，且不涉及其他违法犯罪案件的违反治安管理行为；另一方面要求证据充分确凿，即证据足以证明违法行为的存在、危害结果系此违法行为所致、违法行为系被处罚人所为（被处罚人应承认违法事实），且该证据合法有效具有法定证明力。

2. 适用简易程序的必须是“情节轻微”的治安案件

根据《治安管理处罚法》和《公安机关办理行政案件程序规定》“情节轻微”主要是指：尚没有造成社会危害，或者造成的社会危害轻微，依法只需“处警告或者200元以下罚款”处罚的情形。

3. 调查取证工作应当及时、客观、全面

及时、客观、全面地做好调查取证工作，是适用简易程序的前提条件，对设置简易程序初衷及其功能实现的意义重大。简易程序适用于“违法事实清楚，证据确凿”、“情节轻微”的部分治安案件，只有及时、客观、全面地做好调查取证工作，才能保证公安机关办理行政案件高效、公正、公平。公安机关在适用简易程序办理行政案件过程中，若发现条件不符合简易程序规定而按照一般程序进行处理的，及时、客观、全面地调查取证工作可以避免一些具有特殊性的有价值的证据的固定和保全，保障治安案件办理的顺利进行。

4. 在适用简易程序时要注意对涉案财物、违禁物品的处理

在做出行政处理决定时，应当对涉案财物一并作出处理。行政处罚决定书应当包括对涉案财物的处理结果及对被处罚人的其他处理情况。对涉案财物作出处理的，行政处罚决定书应当附没收、收缴、追缴物品清单。对于依法扣押、扣留、查封、抽样取证、追缴、收缴的财物以及由公安机关负责保管的先行登记保存的财物，公安机关应当妥善保管，不得使用、挪用、调换或者损毁。造成损失的，应当承担赔偿责任。私分、侵占、挪用、故意损毁收缴、扣押财物的，依法给予行政处分；构成犯罪的，依法追究刑事责任。根据规定，适用简易程序处理治安案件可以只由一位民警办理，由于缺乏监督，民警在适用简易程序办理治安案件过程中，一定要按照规定处理涉案财物和违禁物品。

5. 当场处罚与当场收缴的区别

简易程序又称当场处罚程序，是一种处罚决定程序。当场收缴是对罚款决定的执行方式之一。当场作出处罚决定时，有违禁品的，可以当场收缴。公安机关依法实施罚款处罚，应当依照有关法律、行政法规的规定，实行罚款决定与罚款收缴分离。受到罚款处罚的人应当自收到处罚决定书之日起15日内，到指定的银行缴纳罚款。对符合法定情形下的罚款，人民警察可以当场收缴罚款，并向被处罚人出具省、自治区、直辖市人民政府财政部门统一制发的罚款收据。当场收缴罚款不出具罚款收据或者不如实填写罚款数额的，依法给予行政处分；构成犯罪的，依法追究刑事责任。

二、情景设定

（一）情景演示

2015年7月13日，湖南省长沙市开福区公安分局四方坪派出所的民警张某、刘某在对其辖区内的某旅馆进行日常治安检查时，发现该旅馆的工作人员吕某（女，汉族，1988年出生）对当日住宿的近10名旅客没有按规定登记姓名、身份证件种类和号码，其他情况正常，日常检查记录显示该旅馆经营规范，治安状况良好，于是决定对该旅馆罚款200元。吕某辩称不是不按规定登记，是旅客入住时由于电脑故障不能及时登记，并承诺一定在当天内将没有登记的旅客信息逐个登记完整。同时，吕某向办案民警求情说，此事如果让老板李某（女，汉族，1966年出生）知道了，不但会予以责备，还可能会辞退她，所以恳请民警不予处罚。

问题：

1. 民警张某、刘某决定对该旅馆罚款200元的行为是否合法？

2. 民警张某、刘某可否适用简易程序对该旅馆进行治安管理处罚？

3. 如果你是办案民警，你是否听取并采纳吕某的申辩？面对吕某的申辩，你将怎么处理？有何法律依据？

（二）实训情景

学生自行编选基本案情，各小组编选的基本案情之间不得雷同或重复，指导老师同意使用后，即可得分。

三、实训内容

（1）简易程序的适用条件；

（2）简易程序的实施；

（3）适用简易程序时对违反治安管理行为人合法权利的保护；

（4）适用简易程序时规范处理涉案财物；

（5）适用简易程序办理的治安案件的执行；

（6）适用简易程序办理的治安案件的文书制作及归档。

四、实训目的

简易程序是公安机关办理治安案件常用的一项决定程序，该程序对提高公安机关的工作效率意义重大，规范使用简易程序还能使公安机关节省人力、财力、物力，为公安机关集中精力查处、侦破严重、复杂、重大案件提供有力支持。但是，简易程序如缺乏监督或者操作不规范，将给公安工作带来很大麻烦。因此，通过本项目实训，使学生掌握简易程序的适用条件与实施规定，能熟练地运用简易程序办理行政案件，在适用简易程序时能保障违反治安管理行为人的合法权益，规范涉案财物的处理，及时完成相关法律文书制作及材料归档工作。

五、实训场地与器材

（一）实训场地

实训广场内的模拟旅馆，根据各小组案例编选情况决定的具体实训场地。

（二）实训器材

（1）空白当场处罚决定书若干份，黑（蓝）钢笔（签字笔）、印泥等必要文具。

（2）根据各组基本案情需要的其他器材，由各组自行准备，并通报实训教师。

六、实训步骤、方法与注意问题

（一）实训步骤、方法

1. 实训前的准备

（1）各小组自行编选实训案例交授课教师审查，审查通过即可使用并得分。

（2）根据实训要求准备好实训场地和实训器材，模拟旅馆场景设定的准备工作、空白的当场处罚决定书（若干份）由教师负责。

（3）各组根据本组自行编选的基本案情自行准备好所需要的其他器材。

2. 学生分组

（1）每组2~3人、每10个小组为1队（由授课教师安排决定）。

（2）现场指导老师2名，每位指导教师指导1个队（10个组）。

3. 组织分工

（1）现场指导教师负责现场调度、点评总结、考核计分。

（2）各组设组长1名，负责分配角色、组织联络、介绍基本案情以及案件调查取证情况。

4. 实训指导（时间5~10分钟）

（1）指导老师向学生详细介绍案件基本情况和案件调查情况，引导学生回答设定情景中的问题。

（2）讲解本案适用简易程序进行处罚、制作当场处罚决定书及执行处罚时应注意的问题。

5. 实训实施（每组时间5~10分钟）

（1）组长介绍实训案例。实训组长向大家介绍本组即将进行治安调解的基本案情、调查取证情况及相关情况的说明。

（2）模拟实施。每次两组同时进行，每位指导老师负责一组，依次进行。要求同时完成对处罚的执行。

6. 制作文书

当场处罚决定书，每组1份。

7. 总结点评

（1）学生点评。点评到位的，即可为本组得分。

（2）教师点评。指导教师对各自负责的队现场进行总评考核计分。

8. 布置作业

要求各小组于规定时间内交实训报告。

（二）注意问题

（1）参加实训的学生科学设置演示情景，认真操练，不得走过场。

（2）行为、用语须规范。

（3）服从现场指挥。

（4）当场处罚决定书采用130毫米×160毫米的版心尺寸制作，制作文书应当完整、准确、规范，文书填写应当使用钢笔和能够长期保持字迹的墨水，做到字迹清楚、文字规范、文面整洁。

（5）实训演练的总时长为90分钟，各小组要严格遵守各环节的时间规定，并在规定的时间内将当场处罚决定书交授课老师处。

（6）按要求写好实训心得，切忌敷衍了事。

七、实训考核

（一）实训考核要求

（1）严格按照考核标准进行考核。

（2）考核要公平、公正和客观。
（3）实训考核成绩实行百分制，满分 100 分。
（4）实训成绩按一定比例记入期末考核成绩。

（二）实训考核标准

考核模块	考核要点	考核分值	考核得分
知识运用模块	1. 案例编选	15	
	2. 简易程序、治安业务知识的掌握	10	
	3. 学生点评	5	
	4. 简易程序的组织	10	
	5. 简易程序的实施	15	
组织协调模块	6. 治安业务知识与案件查处的衔接	10	
	7. 角色分配与合作	5	
	8. 实训场景、器材的准备	5	
	9. 实训秩序	5	
能力培养模块	10. 证据与法律的应用	5	
	11. 警民关系的处理技巧	10	
	12. 用语规范	5	
考核得分合计			

八、思考题

1. 你认为简易程序存在的价值及其适用时要注意的问题有哪些？
2. 当场处罚与当场收缴的区别，当场收缴罚款的法定情形有哪些？
3. 适用简易程序时应当注意哪些问题？

附表：

（此处印制公安机关名称）

当场处罚决定书

编号：

违法行为人姓名或者单位名称＿＿＿＿＿＿＿＿＿性别＿＿＿年龄＿＿出生日期＿＿＿

身份证件种类及号码＿＿＿＿＿＿＿＿＿＿＿＿＿＿＿＿

法定代表人＿＿＿＿＿＿＿＿＿＿＿＿＿＿＿＿＿＿＿＿＿＿＿＿＿＿＿

现住址或者单位地址＿＿＿＿＿＿＿＿＿＿＿＿＿＿＿＿＿＿＿＿＿＿＿＿

现查明＿＿＿＿＿＿＿＿＿＿＿＿＿＿＿＿＿＿＿＿＿＿＿＿＿＿＿＿

＿＿＿＿＿＿＿＿＿＿＿＿＿＿＿＿＿＿＿＿＿＿＿＿＿＿＿＿＿＿＿＿

＿＿＿＿＿＿＿＿＿＿＿＿＿＿＿＿＿＿＿＿＿＿＿＿＿＿＿＿＿＿＿＿

＿＿＿＿＿＿＿＿＿＿＿＿＿，以上事实有＿＿＿＿＿＿＿＿＿＿＿＿＿＿＿＿

＿＿＿ 等证据证实。

根据《＿＿＿＿＿＿＿＿》第＿＿条第＿＿款第＿＿项之规定，决定给予＿＿＿＿＿＿＿

＿＿＿＿＿的处罚。

执行方式：□当场训诫 □当场收缴罚款 □被处罚人持本决定书在十五日内到＿＿＿＿＿＿银行缴纳罚款。逾期不缴纳的，每日按罚款数额的百分之三加处罚款，加处罚款的数额不超过罚款本数。

如不服本决定，可以在收到本决定书之日起六十日内向＿＿＿＿＿＿＿＿＿＿＿＿申请行政复议或者在三个月内依法向＿＿＿＿＿＿＿＿＿＿人民法院提起行政诉讼。

处罚地点＿＿＿＿＿＿＿＿＿＿＿＿＿＿＿＿＿＿＿＿＿＿＿＿＿＿

办案人民警察＿＿＿＿＿＿＿＿＿＿＿＿＿＿＿＿＿＿＿＿＿＿＿＿

□附：收缴物品清单

公安机关（印）

年 月 日

处罚前已口头告知违法行为人拟作出处罚的事实、理由和依据，并告知违法行为人依法享有陈述权和申辩权。

被处罚人：

年 月 日

一式两份，一份交被处罚人，一份交所属公安机关备案。治安案件有被侵害人的，复印送达被侵害人。

实训项目三十二　办理治安案件的听证程序

一、基础知识

听证是行政机关在作出影响行政相对人合法权益的决定前，由行政机关告知决定理由和听证权利，行政相对人有表达意见、提供证据以及行政机关听取意见、接纳证据的程序所构成的一种法律制度。办理治安案件处罚程序中的听证，属于行政处罚程序的一种，它是指公安机关在作出公安行政处罚决定之前，对符合听证条件并且拟被处罚人要求举行听证的案件，由公安机关指派专人主持听取案件调查人员、当事人及利害关系人的陈述和申辩，就案件事实、拟作出的处罚及其证据进行陈述、质证和辩论的程序性法律制度。听证制度有利于有效保证行政处罚决定的合法性和合理性，保障当事人的合法权益，避免和减少行政纠纷，在治安管理处罚程序中具有重要的法律意义。

（一）听证的条件

治安管理处罚听证并不是治安管理处罚的必需程序，而是只有在符合法定条件，且拟被处罚人要求听证的情况下才举行听证。

1. 治安管理处罚听证的实体条件

《治安管理处罚法》第 98 条规定，“公安机关作出吊销许可证以及处二千元以上罚款的治安管理处罚决定前，应当告知违反治安管理行为人有权要求举行听证；违反治安管理行为人要求听证的，公安机关应当及时依法举行听证”。根据此规定，适用听证程序的治安管理处罚有两种，即吊销许可证或执照、较大数额的罚款。《公安机关办理行政案件程序规定》第 97 条规定：“公安机关在作出下列行政处罚决定之前，违法嫌疑人要求听证的，应当听证：责令停产停业；吊销许可证或执照；较大数额罚款；法律、法规和规章规定违法嫌疑人可以要求举行听证的其他情形。前款第三项所称较大数额罚款，是指对个人处以二千元以上罚款，对单位处以一万元以上罚款，对违反边防出入境管理法律、法规和规章的个人处以六千元以上罚款。对依据地方性法规或者地方政府规章作出的罚款处罚，适用听证的罚款数额按照地方规定执行。”

2. 治安管理处罚听证的程序规定

一是违法嫌疑人必须提出申请要求举行听证，行政机关才可以组织举行听证。二是违法嫌疑人的听证申请必须在法定期限内提出。这里需要注意的是公安机关组织听证不得向违法嫌疑人收取任何费用，并且不能因为违法嫌疑人申请听证而加重对其处罚。

（二）听证的组织机构

听证由公安机关法制部门组织实施，公安机关内设机构依法以自己的名义作出行政处罚决定的，由该机构非本案调查人员组织听证。

（三）听证的步骤

1. 听证的告知

对适用听证程序的行政案件，办案部门在提出处罚意见后，应当书面告知违法嫌疑人拟作出的行政处罚和有要求举行听证的权利。告知时应制作告知笔录，告知后应要求被告知人在告知笔录上签字，如果被告知人拒绝签字的，应当在《公安行政处罚告知笔录》中注明。

2. 听证的申请

根据《公安机关办理行政案件程序规定》的相关规定，违法嫌疑人要求听证的，应当在公安机关告知后3日内提出申请。违法嫌疑人放弃听证或者撤回听证要求后，处罚决定作出前，又提出听证要求的，只要在听证申请有效期限内，应当允许。违法嫌疑人的听证申请既可以是书面形式的，也可以以口头方式提出。

3. 听证的受理

公安机关收到听证申请后，应当在2日内决定是否受理。认为违法嫌疑人的要求不符合听证条件，决定不予受理的，应当制作不予受理听证通知书并告知听证申请人。逾期不通知听证申请人的，视为受理。不予受理听证通知书一式两份，一份交申请人，一份附卷。认为符合听证条件，公安机关受理听证后，应当在举行听证的7日前将《举行听证通知书》送达听证申请人，并将举行听证的时间、地点通知其他听证参加人。举行听证通知书一式两份，一份交申请人，一份附卷。

4. 治安案件听证的举行

（1）听证准备阶段

首先，确定听证部门。

其次，确定听证人员。公安机关负责人应当指定听证主持人1名，负责组织听证；听证主持人指定记录员1名，负责制作听证笔录。必要时，可以设听证员1~2名，协助听证主持人举行听证。本案调查人员不得担任听证主持人、听证员或记录员。

听证主持人在听证过程中行使下列职权：确定举行听证的时间、地点；决定听证是否公开举行；要求听证参加人到场参加听证，提供或者补充证据；决定听证的延期、中止或者终止；主持听证，并就案件的事实、理由、证据、程序、适用法律等组织质证和辩论；维持听证秩序，对违反听证纪律的行为予以制止；决定其他听证员、记录员的回避；依法享有的其他职权。

最后，通知听证参加人。听证参加人包括当事人及其代理人；本案办案人员；证人、鉴定人、翻译人员；其他有关人员。与听证案件处理结果有直接利害关系的其他公民、法人或者其他组织，作为第三人申请参加听证的，应当允许。

当事人在听证活动中享有下列权利：申请回避；委托一至二人代理参加听证；进行陈述、申辩和质证；核对、补正听证笔录；依法享有的其他权利。

（2）听证的举行。

听证应当在公安机关收到听证申请之日起10日内举行。其过程主要有以下环节：

第一，开始听证。开始听证时，听证主持人核对听证参加人；宣布案由；宣布听证员、记录员和翻译人员名单；告知当事人在听证过程中的权利和义务；询问当事人是否提出回避申请；对不公开听证的案件宣布不公开听证的理由。

第二，听证调查。听证开始后，首先由办案人员陈述听证申请人违法的事实、证据、法律依据及拟行政处罚的意见；当场出示证据，宣读证人证言、鉴定意见和其他作为证据的文书。其次听证申请人申辩。听证申请人对办案人员提出的违法事实、证据、法律依据及行政处罚的意见进行陈述、申辩和质证，并提出新的证据。听证人员应当全面的听取听证申请人的陈述和申辩。听证过程中，当事人及其代理人有权申请通知新的证人到会作证，调取新的证据。对当事人及其代理人的申请，听证主持人应当当场作出是否同意的决定。如有必要，由第三人陈述。第三人可以陈述事实，提出新的证据。

第三，听证辩论。听证申请人、第三人、办案人员应当围绕案件的事实、证据、程序、适用法律、处罚种类和幅度等问题进行辩论。

第四，最后陈述。辩论结束后，办案人员、听证申请人及第三人应进行最后总结陈述。

值得注意的是，听证过程中，遇有下列情形之一的，听证主持人可以中止听证：需要通知新的证人到会、调取新的证据或者需要重新鉴定或勘验的；因当事人提出回避申请，致使听证不能继续进行的；其他需要中止听证的。中止听证的情形消除后，听证主持人应当及时恢复听证。听证过程中，遇有下列情形之一的，应当终止听证：听证申请人撤回听证申请的；听证申请人及其代理人无正当理由拒不出席或者未经听证主持人许可中途退出听证的；听证申请人死亡或者作为听证申请人的法人或者其他组织被撤销、解散的；听证过程中，听证申请人或者其代理人扰乱听证秩序，不听劝阻，致使听证无法正常进行的；其他需要终止听证的。

5. 制作听证笔录

记录员应当将听证的情况如实记入《听证笔录》。《听证笔录》应当交听证申请人阅读或向其宣读。《听证笔录》中的证人陈述部分应当交证人阅读或向其宣读，听证申请人和证人认为《听证笔录》有误的，可以请示补充或者改正。听证申请人和证人核对无误后，应当在《听证笔录》上签名或者捺指印，拒绝签名或者捺指印的，由记录员在《听证笔录》记明情况。《听证笔录》经听证主持人审阅后，由听证主持人、听证员和记录员签名。

（四）审查决定

听证结束后，听证主持人应当写出听证报告书，连同记录听证情况的《听证笔录》一并报送公安机关负责人。听证报告书包括下列内容：案由；听证人员和听证参加人的基本情况；举行听证的时间、地点和方式；听证会的基本情况；案件事实；处理意见和建议。

二、情景设定

2015 年 10 月 6 日，接群众举报，称有人在××市××区××街××号室内赌博，××市公安局××派出所民警李××和胡××随即赶到现场，发现黄××与李××、林××、何××在用麻将牌赌博，当场查获麻将牌一副，桌面赌资 1300 元整，后将参赌人员带回派出所调查。经查证，认为黄××与李××、林××、何××等人构成赌博行为，根据《治安管理处罚法》第 70 条之规定，拟决定对黄××处以行政拘留 15 日并处 3000 元罚款的处罚，其他 3 人拘留 15 日。

问题：

1. 对黄××的处罚决定之前，需要听证告知吗？

2. 对李××、林××、何××等人的处罚需要听证吗？

3. 办案民警李××和胡××可以作为该案件的听证主持人吗？

4. 该听证应如何组织和实施，哪些人可以作为听证参加人参加听证？

三、实训目的

听证是公安机关办理行政案件过程的一项重要程序规定。听证实训项目主要训练内容为听证的适用条件和听证的具体组织实施，包括听证告知、听证申请的提出、听证受理、听证的相关事项的通知，重点是听证的组织实施，进一步查明案件真相。通过训练，使学生准确掌握听证程序的具体操作，包括听证告知、听证受理、听证的组织以及听证笔录的制作、听证报告书的制作等内容，进而培养学生的程序意识，提高学生对听证现场的驾驭能力。

四、实训内容

（1）听证的条件、听证告知和听证通知的相关规定；

（2）听证的组织实施；

（3）听证笔录的制作；

（4）听证报告书的制作。

五、实训场地与器材

（一）实训场地

学院实训广场内的模拟派出所。

（二）实训器材

（1）照相机、录像机。

（2）桌椅多套。

（3）治安管理处罚决定书 1 份。

（4）听证相关表格。

六、实训步骤、方法与注意的问题

（一）实训步骤、方法

1. 听证告知

公安机关告知违法嫌疑人拟要作出的行政处罚，告知其有要求听证的权利并制作《告知笔录》。

2. 听证受理

违法嫌疑人在公安机关告知后3日内提出听证申请；公安机关收到听证申请后，在2日内决定是否受理的决定。对于不符合听证申请条件的听证申请，不予受理，并制作《不予受理听证通知书》，告知听证申请人；公安机关决定受理听证后，应当在听证会举行前7日，制作好《举行听证通知书》，并将通知书送达听证申请人。同时公安机关将举行听证的时间、地点通知其他听证参加人。

3. 举行听证

听证记录员应当将举行听证的情况和过程记录，制作《听证笔录》。

(听证主持人宣布听证开始的相关事宜)

周××：听证会现在开始。本次听证会公开举行，允许旁听和媒体报道。

本次听证会违法嫌疑人，黄××；本案办案人员，李××、胡××，××市公安局××派出所民警。

本次听证会案件系黄××、林××等赌博案。

本次听证会主持人周××，××市公安局法制科科长；听证员，赵××，钱××，××市公安局法制科民警；记录员，赵××，××市公安局法制科民警。

违法嫌疑人黄××，在听证会举行过程中你享有以下权利：可以就办案人民警察提出的违法事实、证据和法律依据以及行政处罚意见进行陈述、申辩和质证，并可以提出新的证据；有权申请通知新的证人到会作证，调取新的证据。对上述申请，由本主持人当场作出是否同意的决定。同时在听证会举行过程中，要遵守法律规定，不得大声喧哗和吵闹，你听清楚了吗?

黄××：听清楚了。

周××：黄××，你是否提出回避申请?

黄××：不申请回避。

(听证调查阶段)

周××：现在请本案办案人员提出听证申请人违法的事实、证据和法律依据及行政处罚意见。

办案人员李××：2012年10月6日，我们接群众举报，称有人在××市××区××街××号室内赌博（即本案当事人黄××家），我和民警胡××随即赶到现场，发现黄××与李××、林××、何××在用麻将牌赌博，当场查获麻将牌一副，桌面赌资1300元整，后将参赌人员带回派出所调查。

以上事实有麻将牌一副、扣押物品、文件清单一份、询问笔录和邻居马××的证言一份为证，根据《中华人民共和国治安管理处罚法》第70条之规定，拟决定对其处以行政拘留15日并处3000元罚款的处罚。(宣读马××的证言：我叫马××，家住××市××区××街，2012年10月6日，我的邻居黄××与一伙人在他家里用麻将牌赌博，声音很大．因为我的小孩马上要参加高考，打麻将的声音让他无法安心学习，我同黄××讲道理，他不听，还说我多管闲事，我就报警了，后来警察就来了。

(出示黄××与李××、林××、何××的陈述。)

违法嫌疑人黄××：我参与赌博是真的，也是在我家打的麻将，但民警来时没有出具工作证，这与法律要求不符；我们打的麻将数额并不大，对其他三人只拘留15日，对我拘留15日还要罚款3000元，我不服，而且是他们非要在我家打，我不好意思拒绝。另外，对民警说的赌资1300元，我不同意，因为台面上只有300元，其他钱是我们带在身上，不应视为赌资。

（听证辩论阶段）

办案人员李××：我们出现场时，身着警服，并口头说明我们是××市公安局××派出所民警；这些人赌的钱并不全放在台面，基本上装在身上，而且根据他们的交待，赌博的数额较大，赌注为10元、20元，一次牌一般能赢近百元，最多的达1000多元。并且其他几人均称是黄××邀请他们去其家中赌博的。

违法嫌疑人黄××：我知道自己参与赌博不对，我一定吸取教训，再也不赌了。

（听证最后陈述阶段）

办案人员李××：我们认为对该案处理事实清楚，证据确凿，程序合法，适用法律正确，处罚内容适当，建议将拟作出的处罚建议报局领导审批。

听证主持人周××：现在我宣布听证会到此结束。

（记录员赵××持听证笔录分别让违法嫌疑人黄××、听证员钱××、听证主持人周××、本案办案人员李××、胡××签名）

4. 制作报告书

听证结束后，经听证组织人员评议，就听证情况及听证人员对该案的意见写出《听证报告书》连同听证笔录一并报送公安机关负责人。公安机关负责人应当根据听证情况，作出处理决定。

（二）注意的问题

（1）严格按照法律规定的程序，认真完成各项实训内容。

（2）在听证过程中，要准确使用法言法语，做到操作的规范。

（3）实训态度要严肃认真，扮演角色要“入戏”，切忌存在“游戏”的心态。

（4）听证过程要认真听取当事人的陈述和辩解，认真查明案件事实真相。

（5）认真做好听证笔录，并按照听证的情况，完成听证报告书。

七、实训考核

（一）实训考核的要求

（1）学生应在安排的时间内全部完成规定的实训内容。

（2）实训进行中要互相配合，互相协作。

（3）执法角色定位、听证笔录制作等要严格按照规定进行。

（4）实训成绩的评定严格按照下表所列标准执行，所列要点未完成的不能得分，不符合要求的适当扣分。各项得分总和为最终得分。

(二) 实训考核标准

考核模块	考核要点	考核分值	考核得分
知识运用模块	1. 执法角色定位是否准确	5	
	2. 听证笔录制作是否规范	10	
	3. 听证组织是否符合法律程序	5	
	4. 听证过程是否全面	20	
	5. 听证组织是否能驾驭现场情况	30	
	6. 关联业务知识运用是否熟练	10	
组织协调模块	7. 角色分工是否明确	5	
	8. 实训组织是否有序	5	
能力培养模块	9. 程序意识是否养成	5	
	10. 实训报告内容是否齐全	5	
考核得分合计			

八、思考题

1. 在作出哪些行政处罚决定前应当告知当事人有要求听证的权力？
2. 听证主持人在听证举行过程中具有哪些权力？应当履行哪些职责？
3. 办案人员在听证举行过程中应当履行哪些职责？

附表1：

（此处印制公安机关名称）

公安行政处罚告知笔录

告知单位＿＿＿＿＿＿＿＿＿＿告知人＿＿＿＿＿＿＿＿＿＿＿＿＿＿＿＿＿＿＿＿

被告知人＿＿＿＿＿＿＿＿＿＿＿＿＿＿＿＿＿＿＿＿＿＿＿＿＿＿＿＿＿＿＿＿＿

被告知单位名称＿＿＿＿＿＿＿＿＿＿＿＿＿法定代表人＿＿＿＿＿＿＿＿＿＿＿＿

告知内容：

1. （处罚告知）根据《中华人民共和国行政处罚法》第三十一条规定，现将拟作出行政处罚决定的事实、理由、依据告知如下：

对上述告知事项，你（单位）有权进行陈述和申辩。

2. （听证告知）拟作出的行政处罚：＿＿＿＿＿＿＿＿＿＿＿＿＿＿＿＿＿＿＿＿对公安机关拟作出的上述行政处罚，根据《中华人民共和国行政处罚法》第四十二条规定，你（单位）有权要求听证。如果要求听证，你（单位）应在被告知后三日内向＿＿＿提出，逾期视为放弃听证。

问：对以上告知内容你听清楚了吗？

答：

问：对上述告知事项，你是否提出陈述和申辩？（听证告知的，无需填写此问答）

答：（可另纸记录，笔录末尾由被告知人签名并注明日期。被告知人也可以提供书面陈述、申辩材料。）

附表 2：

（此处印制公安机关名称）

不予受理听证通知书

×公（ ）听不受字［ ］第 号

____________________：

你（单位）因________________________一案，提出举行听证要求，本机关经审查认为：

____

____

____

____

根据《中华人民共和国行政处罚法》第四十二条规定，决定不予受理。

特此通知。

（公安机关印章）

年 月 日

申请人（签名）：

年 月 日

附表 3：

（此处印制公安机关名称）

举行听证通知书

×公（ ）听字［ ］第 号

____________：

本机关定于______年____月____日____时____分在____就______________________________________一案举行听证会，请按时出席。听证申请人无正当理由拒不出席的，终止听证。

特此通知。

（公安机关印章）

年 月 日

被通知人（签名）：

年 月 日

附表 4：

第__页共__页

（此处印制公安机关名称）

听 证 笔 录

案由____

时间________年___月___日___时___分至________年___月___日___时___分

地点________________________举行方式__________________

听证主持人______________________________________

听证员____

记录员____

____

违法嫌疑人______________________________________

法定代表人______________________________________

委托代理人______________________________________

本案其他利害关系人______________________________

____

本案办案人民警察________________________________

____

听证内容记录____________________________________

____

____

____

____

____

（可附页）

违法嫌疑人或者代理人（签名）：____________________

其他利害关系人或者代理人（签名）：________________

证人（签名）：__________________________________

听证员（签名）：________________________________

听证主持人（签名）：____________________________

记录员（签名）：________________________________

年　　月　　日

实训项目三十三　办理治安案件一般程序

一、基础知识

（一）办理治安案件一般程序的含义和作用

1. 含义

办理治安案件一般程序是指查处治安案件一般的、通常适用的程序。是指公安机关对适用简易程序以外的治安案件，经过受理案件、传唤、调查、处罚前的告知、审核审批、听证、决定、送达等环节进行处理的法律适用过程。

2. 作用

严格按照一般程序的相关规定办理治安案件有利于保障公安机关依法行政，真正把公安机关的“自由裁量权”关进程序的“笼子”，确保办案质量，让公平、正义以一种看得见的方式实现，并有利于保护治安案件当事人的合法权益。

（二）办理治安案件一般程序的具体环节

1. 受案

受案是指公安机关对报案、控告、举报、群众扭送或者违法嫌疑人投案，以及其他主管部门、司法机关移送的案件，经审查表示接受并拟作为治安案件处理的一种行政执法活动。

公安机关在受案时应当制作受案登记表，同时还应制作受案回执单一式两份，一份交报案人、控告人、举报人、扭送人，一份附卷。对报案人、控告人、举报人、扭送人、投案人提供的有关证据材料、物品等应当登记，出具接受证据清单，并妥善保管。必要时，应当拍照、录音、录像。

公安机关在受案过程中应注意自己对所接受的案件是否有管辖权，对属于公安机关职责范围但不属于本单位管辖的案件，如具有法律规定的情形，受理案件或者发现案件的公安机关及其人民警察应当依法先行采取必要的强制措施或者其他处置措施，再移送有管辖权的单位处理，在案件移送时，有关证据材料和物品应当一并移送。

2. 调查

具体内容见实训项目三十。

3. 处罚前的告知

根据《行政处罚法》和《治安管理处罚法》的规定，公安机关在调查终结后治安管理处罚决定作出前，应当告知违法嫌疑人作出治安管理处罚的事实、理由及依据，并告知违法嫌疑人依法所享有的权利。

根据规定，公安机关在运用一般程序办理治安案件履行告知程序时，应该采取书面形式或者笔录的形式告知。对违法行为事实清楚，证据确实充分，依法应当予以处罚，因违法行为人逃跑等原因无法履行告知义务的，公安机关可以采取公告方式予以告知。自公告之日起7日内，违法嫌疑人未提出申辩的，可以依法作出治安管理处罚决定。

4. 听证

听证是指公安机关在对法定处罚形式和内容作出决定前，听取违反治安管理嫌疑人的陈述和申辩，并由听证程序的参加人就有关事实相互进行质问、辩论和反驳，从而查明事实，以保证处罚公正合理的法律程序。

在办理治安案件一般程序中，听证程序只是一个选择性程序，只有符合法定条件，听证程序才会启动，根据规定，公安机关作出吊销许可证以及处2000元以上罚款的治安管理处罚决定前，应当告知违反治安管理行为人有权要求举行听证；违反治安管理行为人要求听证的，公安机关应当及时举行听证。

违法嫌疑人要求听证的，应当在公安机关告知后3日内提出申请，公安机关收到听证申请后，应当在2日内决定是否受理。公安机关受理听证后，应当在举行听证的7日前将举行听证通知书送达申请人，并将举行听证的时间、地点通知其他听证参加人。听证应当在公安机关收到听证申请之日起10日内举行。

5. 审核、审批

该环节包括两个内容：

（1）审核。是指公安机关的案件审核部门对调查终结的治安案件，就违反治安管理行为的事实、证据、认定依据和处理意见进行审查核实，提出处理意见的过程。治安案件的审核一般由公安机关的法制部门来承担，法制部门在对办案部门所办案件进行审核时一般从以下六个方面来予以审核：一是审核违反治安管理行为人的基本情况是否清楚；二是审核案件事实是否清楚；三是审核案件的定性和适用法律是否正确；四是审查办案部门的量罚是否适当；五是审核程序是否合法；六是审核法律文书是否完备、规范。法制部门从以上六个方面对办案部门所报案件审核完毕后应提出对案件的处理意见，然后交由公安机关负责人进行审批。

（2）审批。审批是指公安机关负责人对经审核后的治安案件进行审查并签署处罚意见的过程。对办案部门所办治安案件在审核、审批后，应当根据案件的不同情况分别作出下列处理决定：确有违法行为，应当给予行政处罚的，根据其情节和危害后果的轻重，作出行政处罚决定；确有违法行为，但有依法不予行政处罚情形的，作出不予行政处罚决定；有违法所得和非法财物、违禁品、管制器具的，应当予以追缴或者收缴；违法事实不能成立的，作出不予行政处罚决定；对需要给予社区戒毒、强制隔离戒毒、收容教育、收容教养等处理的，依法作出决定；对符合劳动教养条件的，依法呈报劳动教养；违法行为涉嫌构成犯罪的，转为刑事案件办理或者移送有权处理的主管机关、部门办理，无需撤销行政案件。公安机关已经作出行政处理决定的，应当附卷；发现违法行为人有其他违法行为的，在依法作出行政处理决定的同时，通知有关行政主管部门处理。

6. 制作治安管理处罚决定书及相关法律文书

在制作处罚决定书时，决定书的正文部分应注意载明以下内容：（1）违法行为人的基本情况（姓名、性别、年龄、出生日期、身份证件种类及号码、户籍所在地、现住址、工作单位、违法经历以及被处罚单位的名称、地址和法定代表人）；（2）违法事实和证据以及从重、从轻等情节（证人不愿意暴露姓名的，应当注意保密）；（3）法律依据；（4）处罚种类及幅度（包括对外国人适用或者附加适用限期出境）；（5）执行方式及期限（包括当场训诫、当场收缴罚款、到指定银行缴纳罚款、送拘留所执行以及合并执行的情况，对罚款处罚，要注明逾期不缴纳罚款时加处罚款的标准和上限）；（6）对涉案财物的处理情况及对被处罚人的其他处理情况；（7）不服本决定的救济途径；（8）附没收违法所得、非法财物清单及收缴/追缴物品清单。

7. 送达法律文书

根据《治安管理处罚法》第97条的规定，公安机关应当向被处罚人宣告治安管理处罚决定书，并当场交付被处罚人；无法当场向被处罚人宣告的，应当在2日内送达被处罚人。决定给予行政拘留处罚的，应当及时将处罚情况和执行场所或者依法不执行的情况通知被处罚人的家属，如被处罚人拒不提供家属联系方式或者不讲真实姓名、住址，身份不明的，可以不予通知，但应当在附卷的决定书中注明。有被侵害人的，公安机关应当在作出处罚决定之日起2日内将决定书复印件送达被侵害人。无法送达的，应当注明。

二、基本案情

2015年4月5日晚8时许，张某（30岁）、李某（21岁）、王某（35岁）、陈某（17岁）4人在湖南省长沙县安沙镇张某的家中打100元钱一注的麻将。晚上10时许，张某邻居周某因张某家中打麻将声音太大影响其休息，向当地派出所报警称张某家中有人聚众赌博，公安民警随即前往抓赌。经审查，参赌人员陈某如实交待了自己的参赌事实，并向办案民警交待说自己于2015年3月4日晚在长沙县北山镇自己朋友赵某家玩时，趁赵某家人没注意从赵某家的床头柜中盗得现金700元，离开赵某家后还在长沙县北山镇衡山路23号门面前盗得五成新立马牌电动车一台（后经物价鉴定该电动车价值1200元）藏于自己家中，赵某被盗后未报案，立马牌电动车车主被盗后于2015年3月5日向长沙县北山镇派出所报过案，且长沙县北山镇派出所对电动车车主的报案已经受理。

问题：

1. 如果你是派出所办理该案的民警，接到报警后如何按一般程序办理案件？
2. 如本案涉及案件的移送，你作为案件的主办民警应该如何处理？

三、实训目的

公安机关在办理治安案件过程中是否依照法定程序办理案件直接影响到案件的处理结果是否公平公正。所以，在治安案件查处过程中，程序起着决定性因素。以法定程序查处治安案件，保障当事人合法权益，是查处治安案件的核心。作为执法人，在查处治安案件的过程中，应该要有严谨的程序规范意识。通过治安案件查处一般程序的实训，让学生体会治安案件查处一般程序的重大意义，掌握办理治安案件一般程序的具体环节，熟悉一般程序中各个具体环节的具体操作，能熟练运用治安案件查处程序的各个环节查处治安案件，提高学生运用理论知识的能力以及办理治安案件的动手能力。

四、实训内容

（1）分析案情确定是否适用一般程序处理具体的治安案件；

（2）受理治安案件；

（3）对受理的治安案件进行调查；

（4）调查终结后填制治安管理处罚审批表；

（5）调查终结后处罚决定作出前履行告知程序；

（6）治安管理处罚的审核审批程序；

（7）治安管理处罚决定书的制作；

（8）治安管理处罚决定书的送达；

（9）治安案件的移送；

（10）调查终结后的总结。

五、实训场地和器材

（一）实训场地

学院实训广场中的模拟街区和模拟派出所，实训前任课教师对模拟街区进行相应的布置。

（二）实训器材

（1）办案民警的证件。

（2）受案登记表、接受证据清单、受案回执、移送案件通知书、鉴定聘请书、行政处罚告知书、行政处罚决定书、收缴/追缴物品清单、询问笔录、扣押物品清单、传唤证、检查证等空白法律文书。

（3）必要的警械。

六、实训步骤、方法与注意问题

（一）实施步骤、方法

（1）学生分组。对学生进行分组，根据案件调查的要求，每组以8~10人为宜，2人扮演办案民警，4人扮演违法嫌疑人员，在调查过程中，其他人根据案件调查的需要扮演其他需要扮演的角色，如办案部门负责人、公安机关负责人或见证人等。

（2）实训前准备。布置实训场地，准备实训器材。

（3）确定每组的实训指导老师。根据每组实训场地的选择，及时确定并通知实训指导老师，以便各实训指导老师对各小组的实训进行监督和具体的指导。

（4）对群众所报案件进行受案。要求在受案过程中注意收集相关证据材料，并对受案过程中相关人员及涉案物品进行处理，同时要求受案过程中按法律要求制作受案过程中的法律文书。

（5）对所受理的案件进行必要的调查。

（6）调查终结后按要求填制治安行政处罚审批表。

（7）履行处罚决定作出前的告知程序，要求以书面的形式或者以笔录的形式告知，并且告知的内容符合法律的规定。

（8）履行治安管理处罚的审核审批程序。

（9）制作治安管理处罚决定书，要求形式和内容规范，并能根据案件的具体情况制作与治安管理处罚相关的其他法律文书。

（10）送达法律文书，严格地按《治安管理处罚法》和《公安机关办理行政案件程序规定》的要求将处罚决定书及其他文书送达当事人或当事人的家属。

（11）按要求将不属于自己管辖的案件移送有管辖权的公安机关。

（12）学生自己开展实训后的总结。

（13）实训指导老师根据学生的实训情况及学生自己的总结情况进行有针对性的评议。

（二）注意问题

（1）每一小组的实训成员在实训过程中必须进行角色对调，以使小组的每一位成员都能正确地运用治安案件调查的具体措施。

（2）实训过程中，相关法律文书的制作应当在电脑上完成并打印出来，文书中设定的栏目，要逐项填写；摘要填写的，应当简明、完整、准确；签名和文书形成的日期必须清楚无误。

（3）文书中记录的内容应当具体详细，涉及案件关键事实和重要线索的，应当尽量记录原话。记录中应当避免使用推测性词句，防止发生词句歧义。

（4）在治安案件调查取证实训时，扮演民警、办案部门负责人、公安机关负责人的学生必须着警服，表明执法身份时可以用学生证代替人民警察证。

（5）扮演违法嫌疑人、证人或者其他人员时必须着便服。

（6）整个实训过程必须要严肃、真实，必须按任课教师的要求和步骤进行操作。

（7）任课教师和其他实训指导老师在学生实训过程中要进行全程的指导和监督。

七、实训考核

（一）实训考核要求

（1）严格按照考核标准进行考核。

（2）考核要公平、公正和客观。

（3）实训考核以百分制计算，实训成绩纳入期终考核成绩，实训成绩不及格期末总评不及格。

(二) 实训考核标准

考核模块	考核要点	考核分值	考核得分
知识运用模块	1. 案件讨论确定是否可以适用简易程序或调解程序	10	
	2. 受案的具体操作	5	
	3. 受案后的处理	5	
	4. 受案后的调查及相应文书的制作	5	
	5. 处罚前的告知	5	
	6. 案件的审核、审批	10	
	7. 法律文书的制作	5	
	8. 法律文书的送达	5	
组织协调模块	9. 人员的分工	5	
	10. 实训器材的准备	5	
	11. 实训中的纪律	5	
	12. 实训后的总结	5	
能力培养模块	13. 组织管理能力	10	
	14. 口头表达能力	5	
	15. 制作法律文书能力	5	
	16. 问题处理能力	10	
考核得分合计			

八、思考题

1. 规范治安案件查处程序对于治安案件的查处具有哪些方面的意义?

2. 治安案件查处过程的告知程序具体应该如何适用?在具体适用过程中应该注意哪些问题?

3. 目前法律规定的治安管理处罚的听证程序有何意义和局限性?

附表 1：

受 案 登 记 表

（受案单位名称和印章）　　　　　　　　　×公（　）受案字〔　　〕　号

<table>
<tr><td colspan="2">案件来源</td><td colspan="6">□110 指令□工作中发现□报案□投案□移送□扭送□其他</td></tr>
<tr><td rowspan="4">报
案
人</td><td>姓　　名</td><td></td><td>性 别</td><td></td><td>出生日期</td><td colspan="2"></td></tr>
<tr><td>身份证件种类</td><td></td><td colspan="2">证件号码</td><td colspan="3"></td></tr>
<tr><td>工作单位</td><td colspan="2"></td><td>联系方式</td><td colspan="3"></td></tr>
<tr><td>现 住 址</td><td colspan="6"></td></tr>
<tr><td colspan="2">移送单位</td><td></td><td>移送人</td><td></td><td>联系方式</td><td colspan="2"></td></tr>
<tr><td colspan="2">接报民警</td><td></td><td>接报时间</td><td>年　月　日
时　分</td><td>接报
地点</td><td colspan="2"></td></tr>
<tr><td colspan="8">简要案情或者报案记录（发案时间、地点、简要过程、涉案人基本情况、受害情况等）以及是否接受证据：</td></tr>
<tr><td colspan="2">受案
意见</td><td colspan="6">□属本单位管辖的行政案件，建议及时调查处理
□属本单位管辖的刑事案件，建议及时立案侦查
□不属于本单位管辖，建议移送____________处理
□不属于公安机关职责范围，不予调查处理并当场书面告知当事人
□其他
受案民警　　　　　　　　　　　年　　月　　日</td></tr>
<tr><td colspan="2">受案
审批</td><td colspan="6">受案部门负责人　　　　　　　　年　　月　　日</td></tr>
</table>

一式两份，一份留存，一份附卷。

附表 2：

接受证据清单

编号	名称	数量	特征	备注

提交人 年 月 日	保管人 年 月 日	受案民警 受案单位（印） 年 月 日

一式三份，一份交提交人，一份交保管人，一份附卷。

附表 3：

受 案 回 执

____________________：

你（单位）于________年____月____日报称的____

____

____一案我单位已受理（受案登记表文号为×公（　）受案字〔　　〕　　号）。

你（单位）可通过____________________________________查询案件进展情况。

联系人、联系方式____。

受案单位（印）

年　月　日

报案人、控告人、

举报人、扭送人

年　月　日

一式两份，一份交报案人、控告人、举报人、扭送人，一份附卷。

附表 4:

（此处印制公安机关名称）

行政处罚告知笔录

执行告知单位＿＿＿＿＿＿＿＿＿＿＿＿＿＿告知人＿＿＿＿＿＿＿＿＿＿＿＿＿＿＿＿

被告知人＿＿＿＿＿＿＿＿＿＿＿＿＿＿＿＿＿单位法定代表人＿＿＿＿＿＿＿＿＿＿＿

告知内容：

☐ 处罚前告知

根据《中华人民共和国行政处罚法》第三十一条之规定，现将拟作出行政处罚决定的事实、理由、依据告知如下：＿＿＿＿＿＿＿＿＿＿＿＿＿＿＿＿＿＿＿＿＿＿＿＿＿＿＿

＿＿

＿＿

＿＿

＿＿

问：对上述告知事项，你（单位）是否提出陈述和申辩？（对被告知人的陈述和申辩可附页记录，被告知人提供书面陈述、申辩材料的，应当附上，并在本告知笔录中注明）

答：＿＿＿＿＿＿＿＿＿＿＿＿＿＿＿＿＿＿＿＿＿＿＿＿＿＿＿＿＿＿＿＿＿＿＿＿＿＿

＿＿

＿＿

＿＿

＿＿

＿＿

＿＿

对你提出的陈述和申辩，公安机关将进行复核。

被告知人

年　月　日　时　分

附表5：

（此处印制公安机关名称）

行政处罚决定书

×公（　）行罚决字〔　　〕号

违法行为人（姓名、性别、年龄、出生日期、身份证件种类及号码、户籍所在地、现住址、工作单位、违法经历以及被处罚单位的名称、地址和法定代表人）__________________________________

____

现查明____

____

____，以上事实有_______________

____等证据证实。

根据__________________________________之规定，现决定____________________

____。

执行方式和期限____。

逾期不交纳罚款的，每日按罚款数额的百分之三加处罚款，加处罚款的数额不超过罚款本数。

如不服本决定，可以在收到本决定书之日起六十日内向______________________________申请行政复议或者在三个月内依法向______________________________人民法院提起行政诉讼。

附：________________清单共______份

公安机关（印）

年　月　日

行政处罚决定书已向我宣告并送达。

被处罚人

年　月　日

一式三份，被处罚人和执行单位各一份，一份附卷。治安案件有被侵害人的，复印送达被侵害人

参考书目

[1] 李健和主编:《治安学原理》，中国人民公安大学出版社 2013 年版 .
[2] 熊一新等主编:《治安学总论》，中国人民公安大学出版社 2008 年版 .
[3] 王精忠等主编:《治安秩序管理》，中国人民公安大学出版社 2014 年版 .
[4] 邱煜等主编:《治安秩序管理》，群众出版社 2012 年版 .
[5] 刘建昌主编:《公安群众工作实训教程》，中国人民公安大学出版社 2011 年版 .
[6] 陈志军、张晶、靳新主编:《犯罪情报信息学》，中国人民公安大学出版社 2010 年版 .
[7] 陈刚主编:《犯罪情报分析》，中国人民公安大学出版社 2007 年版 .
[8] 熊一新、王太元主编:《最新社区警务工作指南》，群众出版社 2003 年版 .
[9] 杨瑞清等主编:《社区警务》，中国人民公安大学出版社 2014 年版 .
[10] 刘琳丽、杨宝宏主编:《社区警务教程》，甘肃民族出版社 2004 年版 .
[11] 王和、莫德升主编:《公安群众工作》，群众出版社 2009 年版 .
[12] 洪谨主编:《社会调查方法》，中国轻工业出版社 2008 年版 .
[13] 杨玉海主编:《社区警务教程》，中国人民公安大学出版社 2005 年版 .
[14] 黄超、杨跃杰主编:《安全技术防范》，群众出版社 2012 年版 .
[15] 范晓莉、吕立波、杨世臣主编:《安全防范技术教程》，中国人民公安大学出版社 2013 年版 .
[16] 张恩伟主编:《新编防爆安全检查概论》，群众出版社 2008 年版 .
[17] 张维成主编:《安全防范技术》，中国人民公安大学出版社 2002 年版 .
[18] 商小平主编:《治安管理学》，中国人民公安大学出版社 2014 年版 .
[19] 廖志恒等主编:《治安勤务教程》，中国人民公安大学出版社 2006 年版 .
[20] 王丽英编著:《公安机关适用行政强制法规范与指引》，中国法制出版社 2011 年版 .
[21] 张雷、钟华明、黄燕主编:《公安人口管理》，中国人民公安大学出版社 2012 年版 .
[22] 覃泽敏、马红玲主编:《户政与人口管理》，中国人民公安大学出版社 2010 年版 .
[23] 张雷等主编:《公安人口管理》，中国人民公安大学出版社 2014 年版 .
[24] 熊桂桃、董青青主编:《治安学》，中国人民公安大学出版社 2010 年版 .
[25] 公安部治安管理局、国务院法制办编:《大型群众性活动安全管理条例释义及使用指南》，中国人民公安大学出版社 2008 年版 .
[26] 刘金龙主编:《大型活动安全保卫工作教程》，中国人民公安大学出版社 2010 年版 .
[27] 张弘主编:《大型群众性活动安全管理》，中国人民公安大学出版社 2011 年版 .
[28] 王龙天等主编:《安全风险管理》，中国人民公安大学出版社 2014 年版 .
[29] 杨隽等主编:《消防监督管理》，群众出版社 2004 年版 .
[30] 王精忠等主编:《消防管理教程》，中国人民公安大学出版社 2011 年版 .
[31] 黄超等主编:《危险物品管理》，中国人民公安大学出版社 2011 年版 .

[32] 蔡少铿等主编：《危险物品管理教程》，中国人民公安大学出版社 2009 年版.

[33] 张先福等主编：《危险物品管理》，群众出版社 2009 年版.

[34] 李斌杰主编：《公安基层民警接处警情规范与技能 300 问》，中国法制出版社 2009 年版.

[35] 谢川豫著：《治安行政措施通论》，中国人民公安大学出版社 2001 年版.

[36] 寇丽平编著：《应对危机——突发事件与应急管理》，中国人民公安大学出版社 2013 年版.

[37] 肖唐镖主编：《群体性事件研究》，上海学林出版社 2011 年版.

[38] 曾庆香等主编：《群体性事件：信息传播与政府应对》，中国书籍出版社 2010 年版.

[39] 中华人民共和国公安部：《"公安特警五项"训练课目纲要（试行）》[Z]. 2012 年版.

[40] 公安部政治部：《警务实战基础训练教程》，群众出版社 2007 年版.

[41] 周兴国等编著：《警察战术与训练教程》，中国人民公安大学出版社 2003 年版.

[42] 颜松春主编：《人民警察依法使用武力规范》，中国人民公安大学出版社 2013 年版.

[43] 郭太生主编：《公共安全危机管理》，中国人民公安大学出版社 2008 年版.

[44] 张学魁主编：《建筑灭火设施》，中国人民公安大学出版社 2004 年版.

[45] 石向群等主编：《公安消防管理》，群众出版社 2009 年版.

[46] 杨玲等主编：《火灾安全科学与消防》，化学工业出版社 2011 年版.

[47] 杨玉海等主编：《治安案件查处》，中国人民公安大学出版社 2012 年版.

[48] 曾坚等主编：《行政法与行政诉讼法》，上海财经大学出版社 2013 年版.

[49] 王树民著：《公安民警如何做好调解工作——公安机关社会矛盾化解规范与技巧》，中国人民公安大学出版社 2012 年版.

[50] 石向群等主编：《治安案件查处》，中国人民公安大学出版社 2014 年版.

[51] 岳光辉主编：《治安管理处罚法实用教程》，中国人民公安大学出版社 2009 年版.

[52] 乔建主编：《治安案件查处案例评析精选》，浙江大学出版社 2007 年版.

[53] 李春华等主编：《治安案件查处教程》，中国人民公安大学出版社 2015 年版.

[54] 李兴林等主编：《公安机关办理行政案件程序规定实务解读》，中国人民公安大学出版社 2013 年版.

[55] 刘建昌主编：《治安案件调查实务要领》，中国人民公安大学出版社 2011 年版.

公安院校创新应用型精品规划系列教材

公安基础理论
治安案件查处
治安管理处罚法
治安秩序管理
犯罪学
侦查学
治安学
法医学
物证技术学
现场勘查
文件检验学
道路交通事故相关法律法规汇编及释义
道路交通事故司法鉴定
警察职业道德
公安公文写作
警察学原理
警察心理健康
犯罪心理咨询与矫正
安全防范技术应用
安防工程设计
监狱学基础理论
安保勤务与安全检查
法院执行实务
书记员工作实务
警察防卫与控制技术
公安内勤工作手册
公安应用写作教程
信息化警务
乘警勤务
警察法学
道路交通事故处理
刑事影像学
刑事科学技术概论
车辆和驾驶员管理
社区警务
户政与人口管理
消防管理
保卫学
计算机应用技术
网络信息安全
逻辑学
公安机关办案程序
治安学专业实训教程

欢迎广大教师和读者就系列教材的内容、结构、设计以及使用情况等，提出您宝贵的意见、建议和要求，我们将继续提供优质的售后服务。

联系人：田红恩
电 话：137 2030 4986
E-mail：113391595@qq.com

武汉大学出版社（全国优秀出版社）